Mindset of the Arbitrator

仲裁员的思维

以商事仲裁与民商事审判比较为视角

蒋 琪 / 主编

From the Perspective of Comparison Between
Commercial Arbitration and Civil & Commercial Trial

法律出版社 LAW PRESS·CHINA
北京

图书在版编目（CIP）数据

仲裁员的思维：以商事仲裁与民商事审判比较为视角 / 蒋琪主编. -- 北京：法律出版社，2025. -- ISBN 978-7-5244-0002-8

Ⅰ. D925.704

中国国家版本馆 CIP 数据核字第 2025HW9190 号

仲裁员的思维
——以商事仲裁与民商事审判比较为视角
ZHONGCAIYUAN DE SIWEI
—YI SHANGSHI ZHONGCAI YU MINSHANGSHI SHENPAN BIJIAO WEI SHIJIAO

蒋　琪　主编

策划编辑　朱轶佳
责任编辑　朱轶佳
装帧设计　汪奇峰

出版发行	法律出版社	开本	710 毫米×1000 毫米　1/16
编辑统筹	司法实务出版分社	印张	16.75　　字数　206 千
责任校对	晁明慧	版本	2025 年 4 月第 1 版
责任印制	胡晓雅	印次	2025 年 4 月第 1 次印刷
经　　销	新华书店	印刷	北京盛通印刷股份有限公司

地址:北京市丰台区莲花池西里 7 号(100073)

网址:www.lawpress.com.cn　　　　　销售电话:010-83938349

投稿邮箱:info@lawpress.com.cn　　　客服电话:010-83938350

举报盗版邮箱:jbwq@lawpress.com.cn　咨询电话:010-63939796

版权所有·侵权必究

书号:ISBN 978-7-5244-0002-8　　　　定价:77.00 元

凡购买本社图书,如有印装错误,我社负责退换。电话:010-83938349

编委会

主编
蒋 琪

编委会成员
王英民 杨东勤 何云凤 牛正浩 王秋月

序

蒋琪先生及其团队所作的《仲裁员的思维》一书马上就要付梓，很高兴收到为此书作序的邀请。

自 1995 年《仲裁法》施行以来，我国仲裁机构审理仲裁案件数量和标的额逐年增长，仲裁已经成为解决商事纠纷最为重要的替代性争议解决机制。《仲裁法》更是以其独特的法律智慧与人文关怀，为我国仲裁制度的统一、社会的和谐稳定和经济繁荣做出了不可磨灭的贡献。2024 年 11 月 4 日，《仲裁法修订草案》提请全国人大常委会会议首次审议。这是现行仲裁法自 1995 年施行以来的一次重要修订。此次修订着眼于解决仲裁制度和实践中的突出问题，健全完善具有中国特色、与国际通行规则相融通的仲裁法律制度，着力提升仲裁公信力和国际竞争力。未来，仲裁作为解决国际商事争议的重要机制，其作用会更加凸显。在此背景下，蒋琪先生以其十年的仲裁庭审经验为基础，对仲裁员在庭审中的思维方式进行探索和研究，并撰写此书，力图将其转化为系统科学的理论成果。

纵观我国仲裁领域研究成果，多聚焦于仲裁制度本身的完善与发展，以及我国和域外相关仲裁制度的比较研究等方面，无论学术界抑或仲裁实务界鲜少站在仲裁员的视角，系统研究仲裁员如何思维、如何裁决案件。实际上，一切制度、一切程序本质上都是人在操作和实施，客观上制度设置的科学合理性是良法善治的前提，但制度的实践者在主观方面秉持科学方法论参与制度的运行与操作亦是良法善治的重要保障。仲裁员的自由裁量是在仲裁员个人法律意识支配下进行，仲裁员的个人成长经历不同使其对于法律和社会的认识也不同，而每个仲裁员的个人法律意识决定了其裁判思维和判断依据。尽管如此，仲裁员进行自由裁量也必须根据法律，是在法律规则下找到裁判空间，从而进行裁量，而不是在法律之外运用法律。系统性地研究仲裁员思维将有助于完善我国仲裁法律制度，推动仲裁案件审理质效的提升。

该书具有以下特色：

首先，作者并不是枯燥抽象的讲解，而是通过大量案例从法律思维、主要差异、当事人主义、商事逻辑、外观主义、自由裁量、个案个判、程序正义、法律效果九个方面对仲裁员的思维进行研究与分析，将"仲裁员的思维"从枯燥、抽象的概念以案例分析的形式一一具象化，向读者生动地展现了仲裁员的思维方式。

其次，法律思维复杂多面，不同法律从业者的法律思维目的各不相同。律师的法律思维目的是在法律框架内，通过逻辑思维、逆向思维、程序思维等方式，高效、准确地解决法律问题，保护当事人的合法权益；法官的法律思维目的是公正裁判案件；仲裁员的法律思维目的是公正裁决，确保结果的正义性和公平性。该书通过研究商事仲裁程序中仲裁员的法律思维方式与商事诉讼程序中法官的法律思维方式的异同，让读者能够更加客观立体地感受仲裁员在裁决案件时的法律思维方式和考量因素。

最后，作为一本兼具理论深度与实务经验的书籍，许多内容是针对仲裁领域实务问题的探讨。书中援引的绝大多数案例颇为经典，具有较高的研究和参考价值。

作为一名高校教师，我深知写作一本这样的书籍不仅需要花费大量的时间与心血，而且还要具有很强的使命感。我衷心地希望能看到更多像蒋琪先生一样的有心人愿意将自己优秀的实务经验分享出来，以飨读者。

恭喜蒋琪先生这本非常有意义的书籍出版，推荐对仲裁实务感兴趣，渴望了解仲裁员的思维方式、更好地参与仲裁过程、预测仲裁结果的读者阅读此书。相信读者会从中受益。

杜新丽[*]

2025 年 3 月 17 日于北京

---

[*] 杜新丽：法学博士，中国政法大学国际法学院教授，博士生导师，仲裁研究院院长。最高人民法院国际商事专家委员会专家委员，中国仲裁法研究会副会长，中国国际经济贸易仲裁委员会、北京仲裁委员会/北京国际仲裁院、上海仲裁委员会、深圳国际仲裁院、海南仲裁委员会等机构仲裁员。

自　序

在十年的仲裁生涯当中，有一个问题一直吸引我的关注，即仲裁员应当秉持什么样的裁判思维，才能达到裁判的效果尽如人意。2023年年中，某仲裁委邀请我进行一场关于"仲裁员的思维"的学术讲座，我诚惶诚恐，对于一个仅有200余起案件审结量的仲裁员来讲，讲案例易，谈思维难。

长期以来，思维只存在于学者的学说之中。经验主义者英国人培根曾说，"法官一旦偏离了法律条文就成了立法者"；美国大法官霍姆斯也说过，"法律的生命在于经验，而不在于逻辑"。"我思故我在"的理性主义者法国人笛卡尔"通过分析思维过程来达到知识的确定性"；"敬畏头顶星空和心中的道德法则"的德国人康德则调和了培根的经验主义和笛卡尔的理性主义，从经验到理性将两者结合。梁慧星老师深入浅出地分析了法官的法律思维，沈四宝老师也多次演讲到仲裁员的思维，这些闪耀的思想和著名的演讲时时刻刻涤荡着我们的心灵、指导着我们的行动。在《仲裁法》全面修订正在如火如荼开展的当下，如何理解仲裁员的思维这一问题极具理论价值和实践意义。

仲裁员的思维是一种法律思维，应当根据案件事实，符合法律规定作出裁决，以追求公平公正为目标。法律思维从主体划分，包括但不限于仲裁员思维、法官思维、检察官思维、学者思维、律师思维等。仲裁员思维与法官思维的相同性都是居中裁判思维，作为争议解决最后一站，均强调合法性、逻辑性和稳定性。相异性主要体现在法律规范、价值追求和方法论层面。例如，在对合同效力的认定态度上，在《合同法》（已失效）实施之前存在大量法院对于合同无效的判决及司法理由，《合同法》实施之后则将违反法律与行政法规作为合同无效的唯一理由，无效合同在司法案件中大幅下降，随着穿透式审判思维的推广和公序良俗成为合同无效的司法审查理由，合同无效之风渐起。然而，商事仲裁对商事合同的态度相对稳定，"意思自治"和"契约严守"原则成为商事仲裁的基本态度。从"海富对赌案""华工案"等典型案例中法院判决与仲裁裁决对于对赌协议效力认定的差异和变迁过程可以看出，仲裁思维与审判思维存在诸多联系和区别，从某种意义上讲，仲裁员的商业判断思维引导了裁判逻辑。又如，在对待违约金态度方面，法官凭借对于公平公正的绝对追求，经常会调整过高或过低的违约金，仲裁员则普遍尊重商人在商业环境中反复磋商形成的商业合同条款，轻易不会根据公平正义原则强行对违约金等问题进行干预。

穿透式审判思维和构成要件思维成为新形势下民商事审判思维的重要体现。传统诉讼思维主要依赖三段论推理方法，其结构如下：（1）以法律规定为大前提；（2）以案件的具体事实为小前提；（3）基于这两个前提，运用三段论推导出裁判结论。在2019年全国法院民商事审判工作会议上，最高人民法院要求，对金融创新业务，要按照"穿透监管"要求，正确认定多层嵌套交易合同下的真实交易关系，打破刚性兑付。要按照功能监管要求，对以金融创新为名掩盖金融风险、规避金融监管、进行制度套利的金融违规行为，以其实际构成的法律关系认定合同效力和权利义务，防止金融风险在不同金融行业和金融机构之间快速传播。最高人民法院审判委员会副部级专职委员刘贵祥也强调，要树立穿透式审判思维，在准确揭示交易模式的基础上，探究当事人真实交易目的，根据真实的权利义务关系认定交易的性质与效力。《全国法院民商事审判工作会议纪要》明确提出，要注意处理好民商事审判与行政监管的关系，通过"穿透式审判思维"查明当事人的真实意思，探求真实法律关系。而构成要件思维，以邹碧华法官提出的"要件审判九步法"为代表。要件分析方法是指以构成诉讼基础的基础规范为出发点，通过分析并涵摄规范要件对案件作出裁判的方法。其实质也就是请求权方法，最关键的是将权利请求基础作为诉讼的出发点。"要件审判九步法"以要件分析方法为基础，同时发展了要件分析方法。它是以权利请求为出发点、以实体法律规范构成要件分析为基本手段的审判方法，围绕当事人的权利请求基础，将审判活动划分为环环相扣的9个步骤，分别是：固定权利请求—确定权利请求基础规范—确定抗辩权基础规范—基础规范构成要件分析—诉讼主体的检索—争点整理—要件事实证明—事实认定—要件归入并作出裁判。该方法着眼于提高法官的逻辑思维能力和法律适用能力，对法官审理案件和制作裁判文书具有很好的指导意义。胡云腾大法官曾经在《裁判文书的说理艺术》一文中总结了裁判文书的"五理"，即"事理、法理、学理、情理、文理"，裁判文书说理的最高境界是五理并茂，五理有机统一。"五理"学说的提出，是对裁判文书说理非常凝练的一个总结。

方法论层面，商事仲裁的思维更强调当事人主义、商事逻辑、外观主义、自由裁量、个案个判、程序正义与法律效果。这7个方面不仅是我总结的演讲稿的主要内容，也构成本书的基本内容，本书将商事仲裁与民商事审判通过比较法的视角进行7个方面的分析论证，希望探究仲裁员思维的真谛。当然，这一课题宏大又深邃，非我们全部笔者的学识与经验所能胜任，只求抛砖引玉，在学海中不停泛舟，掀起一小片涟漪，起到启发广大法律人思维，为仲裁事业贡献绵薄之力的目的。基于此，本书编写委员会根据商事仲裁与民商事审判实践，从当事人主义/职权主义、商事逻辑/穿透式审判、外观主义/表示主义、自由裁量/要件审判、个案个判/同案同判、程序正义/实质正义、法律效果/三效统一这7个方法论层面，结合自身担任仲裁员、律师所办理的相关仲裁案件经验以及国内外知名、典型仲裁案件，就仲裁员在仲裁案件审理过程中如何思维这一重要问题进行研讨，以期为仲裁实务界和理论界作出绵薄贡献。

当前我国《仲裁法》修订已经纳入全国人大立法议程，对于如何打造国际一流仲裁机构、完善我国国内和国际仲裁规则亦提出更高要求，我们认为，正是由于《仲裁法》的良法善治，才有了今天仲裁业的繁荣发展，对于《仲裁法》的修改，意思自治原则充分体现问题、临时仲裁问题、临时措施的决定权问题、仲裁的撤销与不予执行合并问题、紧急仲裁员问题、选择性复裁问题等应当提上日程。本书兼具理论性与实务性，如果对于繁荣完善我国仲裁法相关热点问题的研究能够起到一定的理论助力，给仲裁法学理论界提供一定的思路参考，便为笔者之大幸。

2024 年 9 月 19 日

目 录

第一章　法律思维　　　　　　　　　　　　001
　一、思维的界定　　　　　　　　　　　　002
　二、法律思维　　　　　　　　　　　　　006
　三、法律思维面临的挑战　　　　　　　　009
　四、仲裁员如何进行法律思维　　　　　　018
　本章小结　　　　　　　　　　　　　　　033

第二章　诉讼与仲裁的主要差异　　　　　　034
　一、法律规定层面　　　　　　　　　　　037
　二、价值追求层面　　　　　　　　　　　038
　三、方法论层面　　　　　　　　　　　　053
　本章小结　　　　　　　　　　　　　　　058

第三章　当事人主义　　　　　　　　　　　060
　一、当事人主义的内涵　　　　　　　　　060
　二、职权主义的内涵　　　　　　　　　　064
　三、当事人主义与职权主义的优势与劣势　070
　四、仲裁实践中的当事人主义　　　　　　073
　本章小结　　　　　　　　　　　　　　　082

第四章	商事逻辑	084
	一、法律渊源	086
	二、商业判断	092
	本章小结	120

第五章	外观主义	121
	一、意思主义和外观主义	121
	二、民商事审判侧重于意思主义	123
	三、商事仲裁侧重于外观主义	137
	本章小结	150

第六章	自由裁量	151
	一、自由裁量权	151
	二、自由裁量权存在的必要性及问题	155
	三、仲裁员自由裁量权的内容	158
	四、对仲裁员自由裁量权的规制	167
	本章小结	169

第七章	个案个判	171
	一、同案同判和个案个判	171
	二、民商事审判追求同案同判	177
	三、商事仲裁遵循个案个判	185
	本章小结	191

第八章	程序正义	192
	一、程序正义概述	192
	二、程序正义的价值	195

三、仲裁注重程序正义　　196
　　四、商事仲裁违背程序正义的相关后果　　202
　　五、商事仲裁程序正义的基本维度　　209
　　六、商事仲裁实现程序正义的主要对策　　214
　　本章小结　　219

第九章　法律效果　　220
　　一、概述　　220
　　二、平等保护　　222
　　三、效率优先　　224
　　四、法律效果强调仲裁裁决对于社会公序良俗的维护　　228
　　五、"三个效果"有机统一的重要性　　230
　　六、仲裁裁决实现良好且理想法律效果的路径　　234
　　七、仲裁政治效果和社会效果的兼顾　　238
　　本章小结　　241

附录　《中华人民共和国仲裁法》（修订草案）征求意见稿　　242

致谢　　255

第一章

法律思维

公元前 5 世纪，巴门尼德提出了"理性即存在"的命题，这一命题开启了"以思维研究思维"的历史。他突破了感性直观的局限性，通过理性概括对世界本原进行了全新的解释，为哲学提供了一个崭新的起点。巴门尼德继承了自然哲学对世界本质的不懈追求，并开创了理性哲学对人类思维的创新研究，使人类思维从与自然界融为一体的状态中脱离出来，成为独立的认知对象。这一变革开启了人类认识史上用思维研究思维的先河。[①] 法律思维则是一种特殊的思维方式，它基于法律的品性，通过对人的思维走向进行抽象和概括，进而形成一种思维定式。这种思维方式受到法律意识和操作方法的影响，是人类认识社会现象的一种方法。法律思维的特征包括规范性、逻辑性，以及注重事实和证据，它要求根据法律的逻辑来观察、分析、解决社会问题。这种思维方式不仅限于法官、检察官、仲裁员、法学教师、执业律师、法务等组成的法律职业群体，而是对所有人都有指导意义，因为它提供了一种系统的、逻辑性的方法来理解和应用法律。正确的法律思维为解决法律问题提供了系统的、逻辑性的方法，确保了法律的正确实施，

---

① 参见王裕宁：《"思维"如何成为认识对象？》，载《文教资料》2006 年第 1 期。

促进了公平正义，提高了社会治理的效率。

一、思维的界定

（一）国外学者对于思维的界定

关于思维，法国著名的哲学家勒内·笛卡儿认为，思维是心灵的唯一功能，即灵魂只有一个功能，那就是思维，人的所有其他活动都是身体的功能。① 笛卡儿对于思维的定义处于高度抽象的层面，尽管具有一定的启发意义，但对于思维这一复杂而多面的现象来说，并不能提供更多的具体信息。

美国心理学家、教育学家杰罗姆·布鲁纳将思维定义为"对给出信息的超越"。在这里，"给出信息"可以指来自客观刺激、他人、书本等途径的信息，这些信息是思维者可直接获取的。对于思维者而言，这些信息是已知的；而"超越"指通过思维加工得到的产物不同于最初的给定信息，是思维者对这些信息进行内部加工的过程。这种加工是内在的，思维者通过它获得了更深刻的理解，从而超越了感官所能直接获取的范畴。② 从杰罗姆·布鲁纳的上述界定中可以看出，思维是一种对已有经验进行内部加工的过程，通过这种加工，人们能够获取更深层次的认识和理解，可以更清晰地看到思维过程中的创造性和主动性。思维者不仅仅是被动地接收信息，更是积极地对信息进行加工和重构，以获得新的认知成果。这一观点不仅丰富了对思维本质的理解，也为进一步研究思维提供了重要的理论依据。

当然，还有学者认为思维是处理外部事物的"符号表征"，并产生新

---

① 参见王东承编译：《笛卡儿说理性与心灵》，华中科技大学出版社2022年版，第153~164页。

② See J. S. Bruner et al. eds., *Contemporary Approaches to Cognition*, Harvard University Press, 1957, p. 41 - 69.

结果的活动。例如，埃里克森和哈斯提指出："思维是一系列内部的符号活动，活动最终产生了新的结果。"该定义指出思维的特征是系列的、内部的、符号活动的、产生新结果的。① 也有学者从问题解决的角度出发，将思维定义为一系列内部的解决问题过程。例如，著名的认知心理学家西蒙和纽厄尔基于信息加工心理学的背景，将思维视为个体在问题空间中进行搜索的过程。他们认为，思维就是问题解决，是基于问题表征的一系列内部操作过程。②西蒙和纽厄尔的定义强调了思维在问题解决中的核心作用。他们认为，思维过程本质上是个体在一个"问题空间"内进行的搜索和探索。这一过程包括了对问题的表征、可能解决方案的评估以及最终选择最佳解决方案的步骤。这一观点突出了思维的目的性和系统性，强调了认知过程中的逻辑推理和信息整合。随后，巴伦提出了一种更通俗易懂的表述，将思维描述为在我们不知道如何行动、不知道该相信什么或者不知道该希望什么的时候所做的事情。这一概念的核心在于：思维是比较、判断、规划和想象的过程。③ 巴伦的定义则从更实际的角度出发，强调了思维在日常生活中的应用。他将思维描述为一种在不确定情况下的认知活动，这种活动包括比较、判断、规划和想象等多种认知过程。巴伦的观点使我们更容易理解思维在面对复杂和未知情境时的重要性，强调了思维在应对现实问题中的灵活性和创造性。

马克思认为，人类在精神上主要是通过理论、艺术、宗教和实践这四种方式来掌握世界的。他指出："从抽象上升到具体的方法，只是思维用来掌握具体、把它当做一个精神上的具体再现出来的方式。但决不是具体本身的产生过程……整体，当它在头脑中作为思想整体而出现时，是思维

---

① See K. A. Ericsson & Hastie R., *Contemporary Approaches to The Study of Thinking and Problem Solving*, Academie Press, 1994, p. 37–79.
② See H. A. Simon & A. Newell, *Human problem solving: The state of the theory in* 1970, American psychologist 26 (2), 1971, p. 145.
③ See J. Baron, *Thinking and Deciding* (4th ed.), Cambridge University Press, 2006, p. 20–40.

着的头脑的产物,这个头脑用它所专有的方式掌握世界,而这种方式是不同于对于世界的艺术精神的,宗教精神的,实践精神的掌握的。"① 可见理论作为人类在精神上掌握世界的一种重要方式,是思维着的头脑的产物。恩格斯亦认为思维着的精神是地球上最美丽的花朵。② 可见思维对人类精神的重要性。

(二) 国内学者对于思维的界定

相较于西方学者对思维多角度、多方面的定义,中国学者对思维的定义则更为统一。主流观点是"反映说"。这一观点认为,思维是人类反映客观世界及其规律的活动。比如,我国心理学家曹日昌认为思维是"对客观现实的概括的、间接的反映"③。同样,《大辞海(哲学卷)》中也写道:"思维是人脑对客观事物能动的、间接的和概括的反映。包括逻辑思维和形象思维,通常是指逻辑思维。"④ 可以看出,我国学者普遍认为思维是对客观事物的间接和概括的反映,即反映事物的本质属性和事物间规律性的联系。本质属性指一类事物的特征,规律性的联系则是事物间的必然关系。由于这一定义具备高度的抽象性,所以被国内学者视为最严谨、最能揭示思维本质的概念。

中国管理科学研究院思维科学研究所原所长田运教授在《思维是什么》一文中认为:"人确有一部分思维对于现象是间接和概括的反映,但也确有另一部分思维不是对于对象间接的和概括的反映。"他认为思维是"在特定物质结构(脑)中以信息变化的方法对对象深层远区实现穿透性反映的、可派生出和可表现为高级意识活动的物质运动"⑤。田运教授给出

---

① 韦建桦:《马克思主义经典作家在文艺理论领域的划时代变革和历史性贡献》,载《马克思主义与现实》2023年第6期。
② 参见[德]马克思、[德]恩格斯:《马克思恩格斯全集》(第20卷),中共中央马克思恩格斯列宁斯大林著作编译局译,人民出版社1971年版,第379页。
③ 曹日昌主编:《普通心理学:合订本》,人民教育出版社1987年版,第252页。
④ 大辞海编辑委员会编纂:《大辞海(哲学卷)》,上海辞书出版社2003年版,第107页。
⑤ 田运:《思维是什么》,载《北京理工大学学报(社会科学版)》2000年第2期。

的定义指出思维是人脑的一种"穿透性反映",对原有定义作出了某种程度的扩展。但这一定义对思维本质的认知仍然停留在"反映和认识"上,认为思维是"揭示"客观对象之间各种联系的过程。持"反映说"观点的定义的问题在于,"揭示"暗指"联系"早已存在,思维仅是在发现现存的"联系";而事实上,"联系"是可以被思维主动建构的。"反映说"思维定义有深厚的哲学传统,即建立在"在场"哲学的基础上。在这种哲学背景下,人们关注的是客观世界的实存之物,即如何反映、认识、认同、复制、掌握它;但对于那些未出现、未来和预构的创造之手想象之物并不太感兴趣。然而,随着当代世界哲学的主流转向思考"世界应该怎样",主体的创造性想象能力成了人们关注的焦点。

马正平教授在《从反映走向与创构、应对的结合——对人类思维概念和分类的当代思考》一文中提出了他的新定义,即思维是"人类在精神的生产过程中,反映客观现实世界、创构未来理想世界、应变现实环境的(秩序化)意识行为"。可以看出,这一定义并未完全抛弃"反映说",而是进一步将"创构和建构、选择和应变"纳入了思维的活动。[①]

综上,本书认为思维是人脑对客观事物的间接的、概括的反映,是人类特有的一种精神活动,它是一种基于表象、概念而进行分析、综合、判断、推理等认识活动的过程。这种精神活动不仅涉及对事物的概括和间接的反映,还包括通过语言工具进行基本的形式逻辑推理。思维与感觉、知觉有所区别,感觉和知觉是对客观事物直接的反映,而思维是对这些直接反映的进一步加工和处理,通过其他媒介来认识客观事物,具有间接性。思维包括多种形态和技巧,这些形态和技巧帮助人们在解决问题时从不同角度和层面进行思考,寻找多种解决方案,并对这些方案进行比较和研究,最终得出合适的结论或解决方法。

---

① 参见马正平:《从反映走向与创构、应对的结合——对人类思维概念和分类的当代思考》,载《哈尔滨学院学报(社会科学)》2002年第1期。

二、法律思维

如前所述，从理论上讲，思维是指以思维理论或学说为指导引导个体按照自己认为的某种规律去感知、体会、思考、判断的思维趋向、思维定式、思维惯式。简言之，它是指人们按照自己的思维习惯进行思维的方式。将理论运用到诉讼或者仲裁领域来就是法律思维，它是法律人在长期法律实践中形成和发展起来的，是基于法律职业的内在视角和职业传统来观察、分析、判断和思考法律问题及现象的一种思维方式，是法律人的特殊思维方式。[1]

（一）法律思维的意义和价值

法律思维首先是一种规范思维，从是否具有适当的法律依据出发，来建构社会行为或执法司法行为的正当性基础。同时，法律思维是以权利义务为核心要素的一种思考方法。如同良善、丑恶之于伦理思维，收益、成本之于经济思维，权利、义务则是法律思维中的一组核心范畴。此外，法律思维还是一种价值评判性的思维模式，当事人的行为、诉求是评判的对象，法律规范是评判的主要标尺。[2]

法律思维的意义在于：首先，为商事仲裁或者审判工作提供理念指引。在商事仲裁或者审判中，法律思维尊重主体自治、遵循效益优先、重视商事外观，这些原则为商事纠纷的解决提供了明确的指导。其次，促进公平正义。法律思维强调公平正义，坚持法律面前人人平等，这有助于减少社会不公，维护社会稳定。最后，提高社会治理效率。通过法律思维，

---

[1] 参见韩凤丽、贾成宇：《论审判中的商事思维》，载商丘市中级人民法院网2011年9月23日，https：//hnsqzy.hncourt.gov.cn/public/detail.php？id=5715。

[2] 参见玄玉宝：《法律思维的理解和运用》，载微信公众号"上海高院"2024年8月19日，http：//mp.weixin.qq.com/s/MnORJ3p3hTWAT1rtUKnfUW。

可以更加有效地运用法律原则和规定来解决具体问题，提高社会治理的效率和效果。

法律思维的价值体现在：首先，确保法律的正确实施。通过系统的法律思维，可以避免对法律的误解或误用，确保法律意图的正确实现。其次，促进法治社会的建设。法律思维有助于培养公民的法治意识，推动法治社会的形成和发展。最后，维护社会秩序和稳定。通过法律思维解决社会问题，有助于维护社会秩序和稳定，保障人民的权利和自由。

（二）仲裁员法律思维的主要特性

普通人、法学教科书以及法官对审判的通常看法大致是法条主义的。依据明确的法律（大前提）、事实（小前提），法官得出一个确定无疑的法律决定（结论、判决）。[①] 这种想法通常认为，法律思维的本质特征是严格按照法律条文进行判断。[②] 然而，这种司法理论忽略了两点：人和制度。法官首先不是自动售货机，是而且必须是有利益追求、兴趣爱好、性格特点和能动性的人，他们在司法中不可能仅消极地使用法律，即使他们声称如此。其次，尽管法官独立，但法官仍然受制于具体的司法制度。由于各国的制度约束不同，各国法官的司法行为也一定不同。[③] 对仲裁员而言，仲裁员的法律思维是仲裁员遵循法律适用的一般原则，依照法律的逻辑，运用仲裁的技术，将法律适用于仲裁案件，使仲裁案件得以公正审理。对这些原则、逻辑、技术的理性认识，就是仲裁员的法律思维。因此，仲裁员职业思维方式应当是指仲裁员在行使仲裁权的过程中，为公正、公平、高效、专业地处理案件，按照法律逻辑观察、分析、解决问题的理性思维

---

① 参见苏力：《经验地理解法官的思维和行为》，载［美］理查德·波斯纳：《法官如何思考》，苏力译，北京大学出版社2009年版，代译序。

② 参见韩凤丽、贾成宇：《论审判中的商事思维》，载商丘市中级人民法院网2011年9月23日，https://hnsqzy.hncourt.gov.cn/public/detail.php?id=5715。

③ 参见苏力：《经验地理解法官的思维和行为》，载［美］理查德·波斯纳：《法官如何思考》，苏力译，北京大学出版社2009年版，代译序。

方式，这种思维方式是仲裁员审理仲裁案件的"指引棒"。同其他思维相比，仲裁员法律思维的特性主要体现在以下几个方面。

1. 强调合法性

法律是一个国家统治阶级意志的一种表达方式，它代表着国家的公权力，而仲裁员的职责和权力不仅限于私权利的行使，还承担着确保仲裁活动公正、有效的责任。如果仲裁员作出裁决前需要在合理性与合法性之间作出抉择，那么他首先考虑的应是裁决的合法性，这是立法的原则决定的。也正如郑成良教授指出的，"如果一个人选择用法律来思维，那么，他就会在一般情况下，把政治上的利弊、经济上的效益、道德上是否高尚视为第二位的考虑因素，而把合法性作为第一位的考虑因素"，因此，合法性应是仲裁员法律思维的首要特点。

2. 强调逻辑性

同法官一样，由于仲裁具有准司法的性质，仲裁员职业的特殊性决定了其始终是仲裁中的主角，仲裁员在仲裁中引导仲裁程序的顺利进行，居中听取对立当事人之间的意见，并通过对已有证据的仔细分析，构造一个法律上的事实，最后据以作出理性裁决，这整个过程本身就是一个逻辑，仲裁员在处理这个大逻辑的过程中必须不断对当事人阐述仲裁各阶段处理结果的逻辑性理由。如果仲裁员没有一个清晰的逻辑性头脑，就有可能导致仲裁引导失败，继而产生事实真伪难辨、证据难以取舍等一系列问题，甚至可能导致当事人质疑仲裁裁决的公正性，即使裁决是公正的，也会申请撤裁，产生诉累，浪费司法资源。仲裁的逻辑性是保障仲裁结果公正、合理的重要手段之一，它要求仲裁员在撰写裁决书时必须遵循逻辑规则，确保裁决书的每一个部分都是逻辑严密、相互支持的。

3. 强调中立性

仲裁具有准司法的性质，例如，仲裁机构作出的裁决具有法律效力，当事人必须遵守。如果一方不服仲裁结果，可以向法院提起撤销裁决书的诉讼。如果被申请人不按照仲裁裁决书主动履行其应当承担的责任和义务，申请人有权向法院申请强制执行，这说明仲裁裁决虽然不是由法院作出的，但其具有类似于法院判决的法律效力和权威性。仲裁员在仲裁过程中应当遵循一定的程序规则和证据规则，这些规则确保了仲裁的公正性和合法性。仲裁员或仲裁庭作为第三方，居中调解并作出裁决，类似于司法审判中的法官角色。同诉讼程序中的法官一样，仲裁员作为公众心目中正义的象征、公平的化身、良知的守护神，在仲裁中始终以一个居中裁判者的身份出现，为了达到定分止争的目的，仲裁员必须保持中立性的思维方式。

仲裁的中立性是仲裁过程的核心原则之一，它要求仲裁员在处理案件时不能有任何特定的偏向，不能在客观信息上附加某种主观色彩以满足特定信息使用集团的需要。仲裁员应当平等对待各方当事人，无论是在程序权利上还是在行为表现中，都应给予当事人平等的待遇。这包括但不限于给予双方当事人同等的权利，如在提交材料的机会上，以及在庭审和其他与当事人接触的场合中，不能表现出对一方的偏袒或偏爱。此外，仲裁员还应避免与任何一方当事人及其代理人单独接触，以防止中立性、独立性的丧失，确保裁决结果的公正性得到保障。仲裁的中立性不仅体现在仲裁员的行为上，还体现在仲裁机构的整体运作中。仲裁机构应当始终坚持独立、公正、高效、专业的理念，保证仲裁的中立性、公正性、权威性。

三、法律思维面临的挑战

（一）经验和理性

经验和理性是人类思维和认识世界的两种方式。个人的经验来自自己的亲身经历和观察，也可以通过他人的经验和传授获得。经验可以帮助人们理解世界和解决问题，但它也可能是局限性的，因为个人的经验往往只是一部分，不能代表整体。理性是一种基于思考和推理的认知方式，能够帮助人们进行抽象思考、推理、判断和决策。理性的优点是它可以超越个人的经验和偏见，使人们更客观地看待问题和分析情况。

然而，美国现实主义法学家霍姆斯在《普通法》开篇就指出，法律的生命不在于逻辑，而在于经验。① 无论是理性逻辑，抑或司法经验，在法律思维的过程中都起到重要作用。经验和理性既有对立的一面，也有统一的一面。对立的一面，是指经验和理性是两种不同的认知方式，它们所强调的途径和方法不同。经验主义认为，通过感官经验可以获得知识，而理性主义认为可以通过推理和逻辑思考来获得知识。在一些问题上，经验和理性的观点可能会产生冲突和对立。统一的一面，则指经验和理性并非孤立存在的，它们相互支持和补充。理性需要依赖经验的基础来进行分析和推理，而经验的基础也需要依赖理性的解释和整理来产生系统性的知识。另外，经验和理性也会相互调整和修正，经验会对理性产生启示和启发，理性也会指导经验的获取和整理。经验和理性是对立统一的。在认识世界和解决问题的过程中，需要综合运用经验和理性，如此才能够获得更加深入和全面的认识和理解。

1. 经验法则在我国司法规范中的体现

最高人民法院在 2001 年 12 月 21 日发布的《关于民事诉讼证据的若干规定》（以下简称《民诉证据规定》）第 9 条中首次正式确立了经验法则在我国民事诉讼中的法律地位。该条第 1 款第 3 项将"根据法律规定或者已知事实和日常生活经验法则，能推定出的另一事实"规定为"当事人无需举证证明"的事实，并在第 2 款规定对该类事实"当事人有相反证据足以推翻的除外"。此外，2001 年《民诉证据规定》在第 64 条中还规定，审判人员可以"运用逻辑推理和日常生活经验，对证据有无证明力和证明力大小独立进行判断"。此后，最高人民法院在 2015 年 1 月 30 日发布的《关于适用〈中华人民共和国民事诉讼法〉的解释》（以下简称《民诉法解释》）第 105 条中直接沿用了 2001 年《民诉证据规定》第 64 条的上述内容，即

---

① 参见［美］小奥利弗·温德尔·霍姆斯：《普通法》，郭亮译，法律出版社 2021 年版，第 3 页。

进一步明确了"日常生活经验"作为法官自由心证智识来源的重要功能。之后,最高人民法院在2019年12月25日发布的新修正的《民诉证据规定》的第10条与第85条中,仍然继续沿用2001年《民诉证据规定》第9条、第64条与2015年《民诉法解释》第105条的相关内容,继续在民事诉讼中赋予"日常生活经验"极为重要的证明价值。

除民事诉讼外,在最高人民法院、最高人民检察院、公安部、国家安全部、司法部于2010年6月13日发布的《关于办理死刑案件审查判断证据若干问题的规定》第5条第1款关于证据确实、充分的认定标准中,第5项首次明确规定:"根据证据认定案件事实的过程符合逻辑和经验规则,由证据得出的结论为唯一结论"。在第33条第1款关于运用间接证据证明被告人有罪的认定标准中,第5项明确规定:"运用间接证据进行的推理符合逻辑和经验判断。"此外,在2019年发布的《人民检察院刑事诉讼规则》第368条关于"证据不足不起诉"的认定标准中,第5项同样规定,"根据证据认定案件事实不符合逻辑和经验法则,得出的结论明显不符合常理的",属于证据不足,不符合起诉条件。不仅如此,最高人民检察院在《人民检察院公诉人出庭举证质证工作指引》第3条中更是明确要求,公诉人出庭举证质证,应当"注意运用逻辑法则和经验法则……提高举证质证的质量、效率和效果"。最高人民法院在《关于加强和规范裁判文书释法说理的指导意见》第4条与第13条中也提出,裁判文书对证据的认定,可以"运用逻辑推理和经验法则",法官可以将"经验法则"作为论据论证其裁判理由。

我国经验法则及其类同概念的规范内容呈现以下四个特点:(1)有关经验法则的解释性或适用性规定均出现在相应的司法解释或司法解释性质文件或最高人民法院、最高人民检察院的工作文件当中,而从未出现在《民事诉讼法》或《刑事诉讼法》中。这可能是因为在司法审判中,虽然经验非常重要,但为了尽量降低可能的适用风险,暂未赋予其明确的证明力,而是采取更为缓和的形式,如解释性规定。(2)有关经验法则的上述内容基本只涉及民事诉讼中除自认外免证事实的认定或对证据证明力与证据链闭环的综合审查判断等内容，而基本不涉及具体经验事实或个别经验法则的列举或概括。（3）有关经验法则的规定不仅缺乏适用上的强制性规定，同时缺少有效规制法官恣意适用经验法则的条款，其总体上并不符合法律规则的一般结构性要求。（4）从规范意旨或效果来看，对于如民事诉讼中除自认外的免证事实来说，这种免证事实所使用的经验法则或类同概念本质上只能属于高盖然性常态联系的经验法则，否则其会因极易被当事人推翻而失去可能的证明效果。

2. 经验法则在司法实践中的运用与限制

在司法实践中，经验是一种重要的证明方式。法官、仲裁员和律师在处理案件时，经常需要根据以往案例和实践经验进行分析和判断，以此来确定案件的事实和法律适用。经验法则对于司法实践是必要的，这是因为，在诉讼和仲裁中所需证明的通常不是严格逻辑上从既定前提条件中推导出的结论，而是需要在特定案件中重构和确认事实。尽管在理想的情况下，彻底了解案情并恢复与裁决有关的事实是司法活动的目标，但在实际的事实认定中，这是很难做到的。裁判者必须基于当事人提供的事实，并且只能以社会认知背景提供的经验法则为思考事实的前提。但是，由于经验的局限性，需要对经验进行科学合理的分析，以避免基于个人主观意识和偏见的判断。这是因为经验法则的概念本身存在模糊性和不周延性。法官和仲裁员应该对经验法则进行审慎的分析和应用，而不是简单地依赖经验法则作出裁决。如果法官和仲裁员不加以分析和论证，仅仅依赖经验法则作出裁决，那么这种做法可能会损害司法或者仲裁的公正性，使其成为不当的工具。因此，在司法实践中对经验法则的运用必须有所限制。

为了确保经验法则在商事审判和仲裁实践中的合理应用，需要对其进行限定：

首先，在概念边界上，证据法上的"经验法则"仅指一般性的生活或社会经验，其主要为人文经验，而非科学经验。这是因为除了一般性的生活或社会经验外,其他类似的概念,如特殊经验法则,已经超出了司法证明的范围。这些概念要么是不需要证明的科学公理,要么是纯粹的个人或群体偏见,已经失去了证明价值或解释可能性。其次,在证据法的定义中,"经验法则"指的是高度确定性的一般规律性联系。这种经验法则不是个人所特有的个别经验,而是社会共同的经验。换言之,经验法则作为一种常识性的、具有内在约束力的不成文规则,本质上属于人们对客观外界普遍现象与内在规律的认识而形成的一种认知规范。

3. 逻辑与经验在司法实践中的共同作用

首先,经验的局限性使理性思考在司法实践中也是至关重要的。理性思考是指基于推理和逻辑思考来获得知识和理解的过程。在处理案件时,法官、仲裁员和律师需要运用法律知识和法理推理来进行分析和判断,以保证司法裁决的公正和合理性。在司法实践中,经验和理性的运用需要相互结合,如此才能够得到正确和公正的判断。法官、仲裁员和律师需要依据事实和法律进行理性推理和判断,同时需要借鉴和参考过去的案例和实践经验,以达到科学合理的裁判结果。在司法实践中,经验和理性并非对立的关系,而是相互支持和补充的关系。实际上,经验和理性都是司法裁判的重要依据和基础。在具体的司法活动中,经验提供了一个基本的事实基础,使法官或者仲裁员能够准确地了解案件的情况和证据,从而进行合理的判断和决策。然而,在经验的基础上,也需要裁判者运用理性思考进行判断。理性思考是通过逻辑推理和法理分析,从经验中提取出结论和规律,为司法裁判提供科学的理论基础。

其次,从诉讼认识论上讲,经验法则并不表明命题完全符合事实的必然性,而只表明命题对应于事实的盖然性;而相对于经验法则,逻辑法则的作用是从已知事实推导出未知事实,并通过这种司法推理及判断达到一般理性人均认同的程度。与逻辑法则相比,正如所有通过归纳法所获得的法则一样,经验法则缺少逻辑上的确定性,其始终只是一种有关真实性的近似值而已。因此有观点认为,经验法则之适用实际上并不像人们所想象得那样普遍，逻辑法则仍然是法官和仲裁员评价证据及认定事实的首选工具，只有在逻辑法则无法发挥评断作用的个别场合，法官和仲裁员才会将经验法则派上用场。然而，尽管逻辑法则对处理简单案件的法律推理所发挥的作用比较明显，但在面临多项法律规范选择的疑难案件中，逻辑并不能告知法官或者仲裁员应该选择或放弃哪一个，此时法官和仲裁员必须借助经验法则。即使在逻辑法则内部，部分逻辑方法也无法完全与经验法则相脱离，因为演绎、类比与非形式逻辑虽仅需相应的大前提作为推理的基础，但归纳推理需要诸多个别经验或知识作为前提。法律上所谓的经验在证据推理方面所能发挥的作用，实际上就是为证据推理提供逻辑前提。

再次，经验法则和逻辑法则都是司法推理的必要工具，二者共同构成了法官和仲裁员等证明活动参与者的认识体系，用于评估证据和确定事实是否妥当和合理。这两者的应用并没有明显的个别区分，也无法在涉及多个规范选择或复杂事实认定的证明活动中进行个别化的选择和应用。另外，在结果检验方面，经验法则的适用需要符合基本的前提要求，如符合经验法则的盖然性和共识性特征，同时需要经过逻辑法则的原则性检验或校对，以确保其符合基本的社会认知和诉讼价值。经验法则和逻辑法则是相互补充的，共同构成事实推定的主要经验和理性基础。其中，经验法则作为基础性的智识来源，主要为适用者提供除法律规范外的基本判断依据。在此基础上，逻辑法则对法官进行证据评价和事实认定的结果起到基本的理性检验作用。事实推定一方面需要逻辑法则的理性作用因素，以在事实之间建立必要且充分的推论关系，另一方面还需要以经验法则为基本前提依据，对基础事实进行有针对性的择取和整合，以使其符合基本的逻辑推论要求。

最后，裁判者的心证也会受到经验和理性的共同作用。现代的自由心证制度实质上是法官和仲裁员根据案件审理中出现的所有具有证据能力的信息和情况，基于经验法则和逻辑法则自由判断证据的可信度形成关于案件事实的具体确信，进而认定案件事实的原则性制度。

（二）客观事实与法律事实

"以事实为依据，以法律为准绳"是中国司法的基本原则，这也意味着事实在司法裁决中扮演着至关重要的角色。但是，事实是什么？此时就面临着客观事实与法律事实的问题。

1. 客观事实与法律事实概述

首先，通常认为，客观事实这一名词属于哲学范畴。客观事实是指已经发生的现实事实，不以人的主观意志为转移，包括自然、社会和与社会成员有关的所有现象和事件。客观事实具有独立于人的主观意识而存在的性质，即客观存在性。客观存在性是客观真实的基本属性，也是裁判者在作出正义裁决时追求的最终目标。而法律事实在一般意义上是指由法律规定的，能够引起法律关系形成、变更或消灭的各种事实的总称。诉讼法上所谓的"法律事实"则是指通过审判程序加以认定的，并且各种证据经过法定的示证、质证、交叉询问，以及辩论等证据调查方式调查后，裁判者在裁决书中认定的能够对审判或者仲裁结果产生影响的案件事实，也就是判决书或者裁决书在证据基础上用法律语言重构和再现的客观事实。认定事实是诉讼或者仲裁活动的基本环节，它包括对客观事实进行收集、梳理、判别和确认，并依据法律规范的具体要求，将案件客观事实上升成为法律事实的过程。法律事实是一种可以反驳的、可以推翻的事实。在诉讼或者仲裁中，当事人所主张的事实往往是指他们提出的事实主张，而不是实际存在的事实本身。既然当事人主张的事实是用证据证明的，当然就应该允许用证据反驳。此外，由于证据也存在真伪及推理错误等问题，所以证据所证明的事实是可以被质疑和推翻的。

其次，法律事实还具有法定性。案件事实以及与案件相关的事实是纷繁复杂的，考虑到司法资源的有限性和诉讼证明的必要性与可能性，法律通常会对哪些案件事实需要证据证明作出规定，而不去考虑其他无关的繁枝末节。除此之外，法官和仲裁员必须依法进行事实认定，不得恣意妄为。按照证据规则审查证据的结果只能有两种：如果证据充分，就应该认定该事实；如果证据不足，就不能认定该事实。

2. 客观事实与法律事实的关系

客观事实与法律事实的关系在于，客观事实是法律事实的基础，法律事实是客观事实的再现或者反映，且法律事实必须以客观事实为追求目标。一方面，辩证唯物主义基本原理告诉我们，存在决定意识。客观事实作为一种客观存在是第一性的，即客观事实是法律事实的基础和前提。客观事实是自在之物，法律事实则是建立在客观事实的基础上的。没有客观事实的支持，法律事实就成了无源之水、无本之木，犹如空中楼阁，无法确立和存在。另一方面，法律事实理论上应是对客观事实的正确认识和反映。从哲学认识论的观点出发，客观世界是绝对真实的，而法律事实是法官和仲裁员在审理具体案件过程中对个案客观事实的认识和判断结果。在具体个案审理过程中，法官和仲裁员遵照法定程序，根据法庭调查过程中各方当事人提交的证据材料，经双方质证、辩论后，对该案所展示的客观事实依法作出合理的推断和认定，使客观事实上升成为法律事实，并依法作出最终裁决。当然，法官和仲裁员所作的客观事实的推断和认定只是相对的，因为法官和仲裁员并不是案件客观事实的直接经历者，他们只能通过证据及其真实性、合法性、关联性以及证明力大小等综合考量的方式来尽力把握客观事实的本质和主流，追求法律事实与客观事实之间的误差或偏差最小化。

3. 不能一味追求完全客观的事实

首先，客观确定的事实应当作为商事诉讼和仲裁所追求的目标，然而如果过于追求"客观真实"，要求裁判中的事实是绝对确定的事实，那这种要求实际上是无法实现的，反而会在司法实践中造成负面影响。多数学者认为，传统的司法过于强调的"客观真实"证明标准是难以企及的，也往往是无法操作的；而"法律真实"更具有规范性和可操作性，更符合司法的特质与实践的需要。需要认识到，人类只能有限地再现客观事实，得到一个接近客观事实的结果，而无法完全实现对客观事实的再现。在具体的案件处理中，案件的证据往往存在着模糊和不完全属实的可能性。更何况案件的客观事实一般都发生在过去，法官和仲裁员在审理案件的过程中无法穿越到当时的案发现场，没有办法完全复原或查清客观事实，而只有根据现存的证据推知过去发生的事实加以认定。因此，对于完全客观事实的追求是不现实的。相反，如果过于追求客观事实，不仅会降低司法效率，最终还会陷入虚无主义和个人主观臆断的泥沼。

其次，完全客观的事实是一种哲学语境下的事实，而法律事实是在法律程序、价值中确认的事实。由于任何案件事实都离不开法律职业主体的认定，受制于主体之价值观念，所以主观性是法律事实无法摆脱的重要特质。因此，相对于客观事实对于客观真实的极致追求，法律事实仅强调认识的正当性和真理性要求。法律事实可以在法律程序、证据中获得，而客观事实尽管诱人，却永远无法在实践中检验或复原。

最后，在司法实践中，甚至可能出现法律规定在一定程度上阻却了"客观事实"的发现的情况。司法实践中讲究证据，即使事实确实客观存在过，却可能由于合法有效证据的缺乏而无法在司法实践中被认定。此外，举证责任与诉讼经济原则可能使法律上认定的事实与客观真实相背离。

4. 法律事实的目标是尽可能地接近客观事实

首先，客观事实的概念并非没有价值。因为法律事实虽然很难与客观事实完全一致，但总是以发现客观事实为目标。法官依法认定的法律事实可能与客观事实相契合，也可能与客观事实相背离，这是人的主观性导致的，源自人们对客观事物的认识的偏差。但是，我们并不能因为法律事实具有主观性就否认其客观的属性，因为法律事实的认定毕竟还是以客观的证据为基础的。事实上，追求法律事实与客观事实的一致性有其不可磨灭的意义：法律事实与客观事实的一致性一方面是使法律规范付诸实现的基本保障，另一方面也是使人们对法院及其裁判树立信心的保障，是使当事人服判息讼的重要保障。同时，法律事实与客观事实是否一致还是检验认定法律事实的制度设计是否科学合理的尺度。

其次，要保障法律事实与客观事实的一致性，需要在证明标准制度上进行合理设计。各国对证明标准的要求不尽相同，但有两个基本标准，即排除合理怀疑标准和优势证据标准（优势盖然性标准），另外还可能派生出介于两者之间的一种标准。例如，在英美法国家，案件对当事人的利害关系越大，承担的举证责任就越重，如对刑事案件采取排除合理怀疑标准，对民事案件适用优势证据标准，但对于限制人身自由等民事案件适用高于一般的优势证据、低于排除合理怀疑的证明标准。不同类型的案件之所以有不同的证明标准，是因为不同的案件与个人权益的关联程度等存在差异。刑事案件因与人们的生命、自由和财产关系最大，其证明标准固然要求最高，而就民事和行政案件而言，支撑优势证据标准或者盖然性标准的简单理由是，证据占优势的当事人主张的事实的盖然性大，反之亦然。通过合理设计的证明标准制度，可以使证据的收集、审查、鉴定和评估等程序更加科学、客观和规范化，限制证人和当事人的主观意识和情感因素的干扰，从而使法律事实的认定尽可能地接近客观事实。

四、仲裁员如何进行法律思维

很多人可以被纳入法律人的范畴，如法官、检察官、律师、法学教授、仲裁员、企业法务人员，等等。其中，法官、仲裁员、律师是法律人的典型。需要注意，仲裁员进行法律思维，与律师进行法律思维肯定有所不同。仲裁员的法律思维与法学教授的法律思维也有差别。根本原因在于，同法官一样，仲裁员执掌裁判权，其法律思维的特殊性是由仲裁员的特殊身份决定的。当然，仲裁员的法律思维同法官的法律思维也是有差别的，因为仲裁员并非全部都是"法律工作者"，也包括了经济贸易从业者、某些特定行业的专家。仲裁员是从不同行业的从业者、专家中择优录用的，更能从专业的角度分析纠纷、判断对错，或在调解时提出相对更为可行的方案。

此外，随着高科技的发展，以人工智能为代表的计算机技术极大地影响了国际商事仲裁法律行业思维的运转。依托大数据技术和互联网科技的人工智能已经在多方面与国际商事仲裁产生交叉并引起广泛讨论。人工智能的使用为国际商事仲裁带来更低的时间财务成本、更高的效率，也对仲裁透明度、仲裁数据的公开和使用提出了更高的要求。虽然可以成为非常优秀的辅助工具，但人工智能因数据偏见、算法的黑箱属性、对自然正义的缺省和当前法律框架的限制而无法也不应成为仲裁的裁判者。人工智能的广泛使用也在经济学法律市场角度极大地影响着国际商事仲裁参与者的行为模式，使其背离了法制性与专业性。人工智能应当辅助而不是替代人类，应善用而避免滥用，国际商事仲裁制度的公信力和权威性有赖于含有令人信服说理的裁决而非简单基于历史数据的算法结论。[1] 人工智能的发展对于仲裁员的思维亦造成了重要而深远的影响，不应被忽视。

（一）仲裁员思维、法官思维和律师思维之间的异同

1. 仲裁员思维与法官思维之间的异同

仲裁员思维与法官思维的相同之处是法律思维。仲裁员和法官作为法律专业人士，都具备法律思维，这是他们共同的基础。法律思维的本质特征是依循法律，以价值取向的思考和合理的论证解释适用法律，[2] 这种思维方式贯穿法官和仲裁员的职业活动。无论仲裁员还是法官，都需要运用法律思维来解决具体的法律问题，确保仲裁裁决书或法院裁决书的合法性和合理性。这种思维方式要求他们深入理解法律规定，准确应用法律原则，以及合理推断法律后果，从而作出符合法律要求的裁决或决定。仲裁员的法律思维与法官的法律思维虽然在实际应用中有所区别，但它们的核

---

[1] 参见田雨酥：《人工智能影响下的国际商事仲裁》，载《仲裁与法律》2022年第1期。
[2] 参见王泽鉴：《民法思维：请求权基础理论体系》，北京大学出版社2009年版，第1页。

心都是基于对法律的深入理解和应用。仲裁员需要在尊重当事人意思自治的前提下，运用法律思维解决争议；法官的法律思维则侧重于公正裁判，确保每一个案件都能得到公正的审理。两者都强调对法律的尊重和正确应用，以确保法律的公正实施和当事人的合法权益得到保护。因此，无论是仲裁员还是法官，他们的思维核心都是法律思维，这是他们职业活动的基石，也是他们处理案件时必须遵循的基本原则。

除了上述相同之处，仲裁员思维与法官思维的相异之处主要体现在以下几个方面：（1）仲裁员和法官虽然都致力于公正裁决，但他们的思维方式和目的在某些方面存在差异。仲裁员的思维侧重于解决当事人之间的争议，保证结果的正义性和公平性；法官的思维则紧密围绕法律进行，更强调法律的适用和解释。（2）仲裁员有较大的自由裁量权，但在仲裁过程中，这种权力也受到当事人选择的仲裁员和仲裁机构的约束，以及市场机制的监督。相比之下，法官在裁决过程中自由裁量权受到更大规制，这包括判断推理、法律发现、法律解释和价值衡量等方面。但在普通法系国家，法官会"偶尔造法"。（3）仲裁员在解决争议时，虽然也需要说理，但这种说理的要求相对宽松，更注重实际问题的解决。相比之下，法官在判决书中需要加强说理，甚至将说理作为评判判决的标准。（4）仲裁员虽然在处理案件时也表现出一定的个性化，但仲裁庭成员在合作过程中通常要尊重仲裁庭其他仲裁员的意见。而法官的思维具有个性化特点，受到个人背景、性别、工作经历等因素的影响，这种个性化思维使不同部门的法官在裁判风格上可能有所不同。（5）仲裁机构和当事人有权选择仲裁员，这种选择和评价机制对仲裁员形成了一种软约束；法官则更多受到国家法律和制度的影响，当事人无权选择法官，无法对法官形成软约束。

2. 仲裁员思维与律师思维之间的异同

仲裁员思维和律师思维的相同之处主要体现在以下几个方面：（1）仲裁员和律师都需要具备深厚的法律专业知识，能够准确理解和应用相关法律法规，以便在各自的领域内作出正确的决策或提供有效的法律服务。

（2）两者都需要具备严密的逻辑思维能力，能够通过对案件事实、证据和法律规定的分析，推导出合理的结论或提出有力的法律意见。这种逻辑思维能力是法律职业的核心素养之一。（3）仲裁员和律师都需要具备出色的问题解决能力，能够针对复杂的法律问题或争议提出切实可行的解决方案或策略。这种能力不仅体现在对案件本身的处理上，还体现在与当事人、对方当事人及仲裁庭或法庭的沟通协调中。（4）在一定程度上，仲裁员和律师都需要保持中立性。虽然律师在代理当事人时可能会倾向于维护当事人的利益，但在法律允许的范围内，他们也需要尊重事实和法律，不得故意歪曲或隐瞒真相。仲裁员则更需要保持中立和公正，以确保仲裁结果的公正性和权威性。（5）无论是仲裁员还是律师，都需要具备良好的沟通技巧，以便与当事人、对方当事人、仲裁庭或法庭进行有效的沟通和协商。这种沟通技巧不仅有助于解决争议，还有助于维护良好的职业形象和声誉。需要注意的是，虽然仲裁员思维和律师思维在某些方面存在相似之处，但它们也具有各自的特征和要求。例如，仲裁员需要更加注重公正性和权威性，律师则需要更加注重维护当事人的利益和权益。法官是专职的，仲裁员是兼职的。在仲裁实践中，许多仲裁员同时亦是律师。这就牵涉到角色转换的问题，同一个人，角色不同，思维方式亦不同。因此，在具体实践中，一人身兼律师和仲裁员两种角色时，需要根据不同的情境和要求进行灵活应对和调整。

仲裁员思维与律师思维的相异之处主要体现在以下几个方面：（1）仲裁员办案是公断性质的，不代表任何一方当事人；而律师办案是代理性质的，代表委托一方当事人的权益。这意味着仲裁员在仲裁过程中需要保持中立，不偏袒任何一方，律师则需要全力代表其委托人的利益。（2）仲裁员资格的取得要符合仲裁法的规定，并通过各仲裁机构举办的准入性质的资格考试；律师则需要通过国家法律职业资格考试并依法取得执业证书。此外，仲裁员受回避制度约束，不能私自会见当事人，也不能就案情向当事人发表任何意见；律师则不受回避制度约束，可以与自己代理的当事人商量案情，代表其权益，为其出谋划策并出庭辩护。（3）仲裁员依据仲裁规则，按仲裁程序办案；而律师按当事人意愿代理，随时与当事人交换意见，不需要第三者转递。这表明仲裁员在处理案件时必须遵循仲裁规则和程序，律师则可以根据当事人的意愿和需求提供法律服务。

3. 法官思维与律师思维之间的异同

法官思维与律师思维之间的相同之处在于：（1）法官和律师在进行法律思维时，都必须以证据为前提和基础。没有证据支持的情况下，一般不能作为定案的依据。法官要认定案件事实进而作出裁判，必须以证据为基础；律师要主张对自己有利的事实，必须提出相应的证据予以证明。（2）法官思维和律师思维均重视程序和注重法律适用的普遍性。法律适用具有普遍性，但也应当考虑其特殊性，在"普遍"思维的基础上加入些许"特殊"思维，具体问题具体分析，特殊问题特殊对待，才是法律人处理实践问题的最佳方案。（3）法官和律师的根本共同点在于信仰法治，忠于法律。如果没有法治，律师职业将难以维持，法官职业也将成为国家机器的附件。因此，信仰法治是法律人头等重要的事情。这些相同点体现了法官和律师在法律实践中的基本原则和职业伦理，强调了证据的重要性、程序的正当性以及法律的普遍适用和特殊情况的处理。

法官与律师之间的相异之处主要在于他们的职业角色、工作目的、思维形式、性格特征以及对待司法公正的态度。在职业角色与工作目的方面，法官是司法权的执行者，主要职责是通过审判案件实现司法公正，他们的目标是维护国家和社会的整体利益。律师则是接受委托或指定，为当事人提供法律服务的执业人员，他们的工作目的是为委托人争取合法权益，即使是为"恶人"辩护，也要站在"恶人"的角度思考。在思维形式方面，法官的思维是客观、公正的，他们追求的是案件的公正裁判，实现司法公正。法官的思维是三段论式的，即根据已知的事实和法律进行判断。相比之下，律师的思维更加多元化，包括"案例法参照法""直觉法"等，有时甚至是倒果为因的思维方式，以找到最有利的理由和观点，说服法官采纳自己的意见,切实维护当事人的合法权益。在性格特征上,法官通常表现出稳重内敛的性格,律师则倾向于张扬外显的性格。在对待司法公正的态度上,虽然两者都以法律为准绳,但法官将司法公正视为最主要的目标,律师则将司法公正作为底线,主要目标是维护委托人的合法权益。

(二)仲裁员的法律思维

仲裁员的法律思维主要包括法治思维、商业思维和文化思维。

首先,仲裁员的首要思维是法治思维,这基于法律的规范性和社会性。法律是社会生活中的行为规范,具有指引和约束作用,为法官和仲裁员提供了裁判的标准。仲裁员在处理案件时,必须遵循法律规定,确保裁决的合法性和公正性。此外,仲裁员还需要对合同的有效性进行审查,包括审查合同是否符合法律规定,以及是否需要主动审查合同的有效性,以确保合同的合法性和公平性。

其次,仲裁员的商业思维主要包括尊重意思自治、重视契约精神、效率优先、兼顾公平的原则。这就要求仲裁员在处理商事纠纷时应具备以下商业思维:(1)仲裁员应尊重商事主体的意愿,允许商事主体在法律规定的范围内按照自身意志进行经营活动,司法机关、行政机关、其他组织或个人不应过多干预商事主体的经营活动,除非基于正当且必要的法定事由。(2)商事交易本质上是合同交易,仲裁庭在认定双方争议时,合同依据、事实依据和法律依据三者各自扮演不同的角色。合同是商事仲裁的裁判基础,仲裁应重视契约精神,尊重当事人之间的约定。(3)商业思维的基本价值取向是维护商事交易的效益,同时兼顾公平等价值。在处理商事纠纷时,仲裁员应优先考虑效率和效益,同时确保裁判的公平性。(4)商业思维重视商事外观,即名义权利人的行为或权利公示所显示的表象构成某种法律关系的外观,这要求仲裁员在处理案件时要考虑第三方对该法律关系的信赖,并据此作出裁判。

最后，仲裁员的文化思维强调和谐包容，这种思维模式与中华文化中的"以和为贵"的道德观念和处事方式相契合。在处理纠纷时，仲裁员注重调解优先，将调解作为解决争议的主要方式，通过多元化解的方式，力求达到双方都能接受的解决方案。这种思维模式不仅体现了仲裁员的专业素养，也体现了对当事人权益的尊重和保护。仲裁员的文化思维还体现在裁调结合上，即将调解与裁决相结合，通过调解的方式促进双方和解，如果调解不成功，则通过裁决来解决问题。这种方式的运用使仲裁过程更加人性化，有助于减少当事人的对抗性，增加解决方案的可接受性。此外，仲裁员的文化思维追求共赢和公平合理解决纠纷。在处理纠纷时，仲裁员会努力寻找双方都能接受的解决方案，以达到共赢的目的。这种思维模式不仅体现了仲裁员的专业能力，也体现了对公平正义的追求，有助于维护社会的和谐稳定。

（三）仲裁员法律思维的目的是确保仲裁的公正、高效和专业化

首先，与律师和法学教授的法律思维比较，仲裁员法律思维的目的与前两者不同。律师法律思维的目的是依法保护委托人的合法权益。法学教授法律思维的目的是探求法理，其在课堂上分析案例或者撰写论文研究案例，主要目的在于探求法律上的理论，研讨判决是否正确及其理由。仲裁员的法律思维应该更接近法官的法律思维，不是站在当事人一方，也不是要探讨法律理论，他们法律思维的目的在于解决当事人之间的争议，而这一目的和法官法律思维的目的是一致的，就是公正裁决，尤其考虑仲裁的发展需要以市场的信任为基础，保证结果的正义性、公平性可谓仲裁法律思维最重要的一个目的。主要体现在以下几个方面：(1) 在仲裁案件审理当中不同方案的取舍。仲裁庭对于某个案件有不同的裁决方案时，符合公正裁决目的才是不同裁决方案取舍的唯一标准。(2) 在解释适用法律之中。裁判案件难免要解释法律，不同的解释意见和解决方案也只能以公正这个目的为取舍评判的标准。(3) 在对于一个裁决结果的判断上，仲裁裁

决的优劣有很多评价的标准，但是其中最重要的是公正。公正裁决这个目的，是仲裁事业发展的根基。①

其次，仲裁员法律思维的目的在于公正、高效和专业地裁决案件，这是由仲裁员的特殊身份决定的。"每一个案件都要体现公正、高效和专业"是仲裁员法律思维的本质。虽然法律生活与社会生活很难有绝对的真理。法学界讨论法律问题往往有不同观点，各种观点都可能有其道理，但无论有什么样的道理，最后都必须服从公正这一判断标准。仲裁员进行法律思维，必须坚持以公正、高效和专业为最终的判断标准。反过来，衡量一个已经作出的仲裁裁决，或者评价某位仲裁员，也必须坚持以公正、高效和专业为判断标准。

再次，仲裁员在处理案件时，需要运用特定的法律思维，这种思维不仅体现在对法律条文的准确理解上，还包括对案件事实的深入分析以及对当事人权益的公正保护。仲裁员在处理每个案件时，都会认真准备，反复研究案件的所有资料，运用自己的专业知识和经验，依照法律的规定和证据规则，公平对待所有案件当事人，以取得良好的法律效果和社会效果。他们深刻体会到作为仲裁员在办理案件时，应坚持不偏不倚的裁判者思维，将法律规范和案件事实结合起来，以规范化的法律适用规则，公正、高效地作出专业的裁决。

最后，仲裁员法律思维的目的是确保仲裁过程的公正性、高效性和专业性，从而保护当事人的合法权益，提高仲裁的质量和效率。而仲裁员的人格和理性是公正的最终保障，因此需要加强仲裁员队伍的理性建设。仲裁员的理性，包括法律专业基础，熟练进行法律思维，掌握各种解释方法，丰富的社会生活经验、裁判经验。裁决书的撰写和是否擅长说理，当

---

① 参见梁慧星：《仲裁法律思维的特色与目的》，载北京仲裁委员会网 2016 年 11 月 1 日，https：//www.bjac.org.cn/news/view？id=2835。

然也属于仲裁员的理性方面。①

(四) 仲裁员法律思维中的被动性与主动性

仲裁员的被动性与主动性主要体现在其职责和角色上。被动性主要体现在仲裁员在审理案件过程中应保持中立和客观。仲裁员应当严格遵守《仲裁法》和各仲裁委员会的仲裁员守则，忠于法律，依法办事，保持中立，平等对待双方当事人，避免任何可能影响公正仲裁的事项。仲裁员在审理过程中应避免发表倾向性意见，确保案件的公正审理。主动性则体现在仲裁员在提高案件质量、内部制度建设、仲裁宣传推广等方面的努力上。此外，仲裁员应不断提高专业水平和办案能力，掌握仲裁程序及庭审方法，讲求办案效率，及时审理并作出公正裁决。

1. 仲裁员法律思维的被动性

首先，仲裁员受申请人"仲裁请求"和被申请人"仲裁反请求"的限制。简单说就是申请人申请仲裁什么，仲裁员就仲裁什么。如果当事人之间无仲裁协议或者仲裁约定，或者当事人不申请仲裁，仲裁机构就无从受理案件。这是仲裁员和仲裁机构工作的被动性一面。

其次，仲裁员释明的界限。释明权又称法官释明权、阐明权，是指当事人在诉讼过程中的声明和意思陈述不清楚、不充分时，或提出了不当的声明或陈述时，或所取证据不够充分却以为证据已足够时，法官以发问和告知的方式提醒和启发当事人把不明确的予以澄清，把不充分的予以补充，或把不当的予以排除，或者让其提出新的诉讼资料，以证明案件事实的权能。② 释明权本是民事诉讼项下的概念，如《民诉证据规定》第 2 条第 1 款规定："人民法院应当向当事人说明举证的要求及法律后果，促使当事人在合理期限内积极、全面、正确、诚实地完成举证。"但近年来，

---

① 参见梁慧星：《仲裁法律思维的特色与目的》，载北京仲裁委员会网 2016 年 11 月 1 日，https://www.bjac.org.cn/news/view?id=2835。

② 参见杨建华主编：《民事诉讼法之研究》，台北，三民书局 1984 年版，第 180 页。

其不仅是民事诉讼中的热点，也广受仲裁界的关注。如《深圳国际仲裁院仲裁规则》第 36 条第 3 项规定："仲裁庭认为必要时，可以发布程序指令、发出问题清单、举行庭前会议、议定审理范围、要求当事人进行庭前证据交换、要求当事人披露相关文件、要求当事人共同拟定争议焦点问题、在适用法律许可的范围内行使释明权。"在商事仲裁实践中，释明是指当事人在仲裁过程中的请求、声明、主张、举证等不清楚、不明确、不充分，进而可能影响案件的实质审理结果的，仲裁员以提问、询问、提醒等方式，使当事人对自己的请求、声明、主张、举证等进行补充、澄清和明确，以促使争议得到公平、公正的解决。需要注意的是，仲裁庭在行使释明权时，要在适用法律许可的范围之内，而且要本着谨慎、中立、公平合理的原则进行，以保证商事仲裁在效率与公正两大核心价值之间的平衡。[1] 仲裁员释明的界限主要涉及合法性边界和必要性边界。合法性边界要求仲裁员的释明必须在法律的框架内进行，确保释明的内容符合法律规定，不得偏离法律的基本原则。例如，如果当事人提交的仲裁申请书和材料不符合要求，仲裁机构或者仲裁庭应当一次性书面告知在指定期限内补正，这体现了释明权的合法性边界。[2] 此外，对于法律概念的释明，如果找不到具体的法律规定，仲裁员应根据自身的法律素养和仲裁经验，提供不违背法律、司法解释、法理及相关政策的解答、指引或告知。必要性边界则强调释明应当是必要的，即只有在必要时才进行释明，避免过度干预当事人的权利。仲裁员应当根据案件的具体情况，判断是否需要释明，以及释明的具体内容和方式。例如，在商业地产价格下跌引发的争议中，仲裁庭需要明确申请人的仲裁请求是否完整可执行，以及请求权的基础，这些都是在必要时进行的释明。仲裁员在释明时，应当严格遵守合法性边界

---

[1] 参见李贤森：《价值平衡视角下中国仲裁释明制度的构建》，载《中国海商法研究》2024 年第 1 期。

[2] 参见陈永康：《试论仲裁庭释明权的范围》，载哈尔滨仲裁委员会网 2018 年 11 月 19 日，http：//www.hrbac.org.cn/newsshow.php?id=4061。

和必要性边界，确保释明的合法性和必要性，同时保持仲裁程序的公正和效率。

例如，在北京 A 公司与上海 B 公司申请撤销仲裁裁决案[①]中，申请人北京 A 公司主张，仲裁庭以说理及案例展示替代了上海 B 公司应基于诚实信用原则的举证义务，其应主动向北京 A 公司声明无权获得独家经销权协议的缔约主体资格，由此产生的法律后果事关合同是否有效的问题。仲裁庭有义务在该案中考虑法律释明提示北京 A 公司变更请求为诉请无效。对此，北京市第二中级人民法院认为，仲裁庭是否应当向当事人释明变更诉讼请求属于仲裁庭实体裁量的范围，不属于法院审理申请撤销仲裁裁决案件的审查范围。因此，北京 A 公司的该项申请理由不能成立。该案判决说明，仲裁员在仲裁过程中没有主动释明的义务，不主动释明不会导致仲裁裁决书被撤裁。

再次，仲裁申请人在申请书中所建议仲裁庭适用的法律条文，现今法律理论上称之为"请求权基础"，就是支撑其请求权的法律依据。仲裁业务的基本功就是请求权的法律基础，全部的仲裁活动都是依据申请人的请求权展开的。仲裁活动的展开必须受到当事人仲裁请求的限制，仲裁员需要认真分析当事人的仲裁请求，既不能漏裁，也不能超裁，在法理的把握上要更为谨慎。相比而言，法院的自由裁量权更大一些。此外，仲裁员需要对当事人的请求权进行更为深刻的法理分析。在实践中，对于仲裁建立的请求权基础，不少当事人和仲裁员掌握得不太好。经常会遇到的问题是，因为当事人提起的仲裁请求不准确，结果仲裁庭虽然认为当事人有道理却无法支持。[②] 在仲裁中，仲裁员的职责是判断申请人的仲裁请求权基础即所建议的法律条文是否适当。怎样判断？不是仲裁员自己研究，而是看被申请人对此是否抗辩以及如何抗辩。如果被申请人不抗辩，申请人提

---

① 参见北京市第二中级人民法院民事裁定书，（2016）京 02 民特 31 号。
② 参见孙宪忠：《仲裁涉及〈民法典〉实施的十个问题》，载《商事仲裁与调解》2024 年第 1 期。

出根据《民法典》第××条或者案涉合同第××条追究违约责任，被申请人对此不抗辩或者不否认违约，仲裁员就据此认为申请人提出的法律条文是适当的，进而适用该条文进行裁决。如果被申请人对此进行了抗辩，仲裁员就应当审查被申请人的抗辩理由是否成立。如果经审查认为被申请人的抗辩理由成立，当然不应适用申请人建议的条文；如果经审查认为被申请人的抗辩理由不成立，当然就要适用申请人建议的法律条文或者合同约定。

最后，被申请人的抗辩通常可以分为适用范围抗辩、构成要件抗辩、免除责任抗辩和减轻责任抗辩。适用范围抗辩和构成要件抗辩属于事实的抗辩，这两种抗辩都针对本案事实，而查清本案事实是仲裁庭的职责，对于适用范围抗辩和构成要件抗辩，即使被申请人不主张抗辩，仲裁庭也要主动审查，因此仲裁庭对于被申请人是否主张抗辩可以进行释明。免除责任抗辩、减轻责任抗辩是被申请人用另一个法律规范对抗申请人的请求。该法律规范的实质是赋予被申请人主张免除责任、减轻责任的权利。因此，免除责任抗辩和减轻责任抗辩属于权利的抗辩，被申请人有处分权。如果被申请人不抗辩，仲裁员不应释明。

2. 仲裁员法律思维的主动性

首先，仲裁员法律思维的主动性主要体现为他们如何主动地运用法律思维来解决争议，确保公正裁决。如前所述，仲裁员的法律思维与法官的法律思维相似，都旨在解决当事人之间的争议，确保公正裁决。这种思维方式的主动性表现在以下几个方面：（1）独立性和公正性。仲裁员在审理案件时必须保持完全的独立性和公正性，不得偏袒任何一方，确保各方当事人的合法权益得到平等保护。（2）主动审查证据。仲裁员需要详细审阅当事人提交的证据材料，做好开庭审查的准备工作，确保对案件有全面、准确的了解。（3）遵循法律和公平原则。仲裁员在审理案件时应以事实为依据，依照该案适用的法律，参考国际惯例，遵循公平合理原则，确保裁决的合法性和合理性。（4）职业道德和操守。仲裁员应具备良好的职业道德修养和职业操守，严格遵守仲裁委员会的仲裁规则和仲裁员守则，客观公正地审理案件，自觉维护法律尊严和社会公信力。（5）回避原则。仲裁员如果有利益冲突或可能影响公正裁决的情形，应主动请求回避，确保裁决的公正性不受影响。

例如，在中交公司与天贝公司申请撤销仲裁裁决案[①]中，天贝公司因与中交公司建设工程施工合同纠纷案向某仲裁委员会提出仲裁申请，中交公司提出仲裁反请求。仲裁庭经审理后，认为案情复杂，争议金额大，遂就双方争议问题向该仲裁委员会专家咨询委员会进行了咨询。仲裁庭作出裁决后，中交公司以仲裁庭的组成违反程序等为由向浙江省温州市中级人民法院申请撤销上述仲裁裁决。浙江省温州市中级人民法院审查后认为，天贝公司在仲裁案件中的代理人杨某与仲裁员陈某曾在同一律师事务所工作。杨某担任某仲裁委员会专家咨询委员会主任期间，陈某及仲裁案件首席仲裁员均系该仲裁委员会专家咨询委员会专家成员。但某仲裁委员会网站页面上对杨某的仲裁员概况介绍中并未显示其为专家咨询委员会主任，仲裁过程中亦未对其系专家咨询委员会主任的情况进行过相应披露。根据该仲裁委员会仲裁规则第56条第1款第3项的规定，与本案当事人或其代理人有其他关系，可能影响公正裁决的，仲裁员应当自行向仲裁委员会披露并请求回避，当事人也有权提出回避申请。案涉仲裁案件的仲裁过程中，陈某等人未按照仲裁规则披露其与天贝公司代理人之间的关系，一定程度上影响了当事人回避权利的行使，属于可能影响公正裁决的情形。虽然某仲裁委员会专家咨询委员会称2018年4月召开的专家咨询委员会成员由该委员会摇号确定，但因其拒绝向法院提供此次会议的会议记录，且在仲裁案件卷宗材料中并无有关摇号的相关记录，故不能排除担任专家咨询委员会主任的杨某对此次讨论施加不当影响的合理怀疑。据此，浙江省温州市中级人民法院裁定撤销某仲裁委员会作出的上述裁决。该案明确，仲

---

① 参见最高人民法院新闻局：《最高人民法院发布仲裁司法审查典型案例》，载最高人民法院网2024年1月16日，https://www.court.gov.cn/zixun/xiangqing/423292.html。

裁员公正、独立行使仲裁权是商事纠纷通过仲裁程序得到有效解决的保障。该案仲裁员未按照仲裁规则充分履行披露义务，一定程度上影响了当事人回避权利的行使，属于可能影响公正裁决的情形，故法院以"仲裁庭的组成或者仲裁的程序违反法定程序"为由撤销仲裁裁决。该案的处理充分体现了仲裁员应当主动履行披露义务，以确保仲裁程序公正和裁决书不被撤销。

其次，就民商事诉讼而言，对缺席审理案件的裁判处理通常有两种方式，一种是缺席判决原则，另一种是对席判决原则。前者指一旦被告经合法传唤拒不到庭，无论案件的实体审理情形如何，都可以作出被告败诉的缺席判决。后者与此不同的是，在被告不出庭这个同一前提之下，需要对实体审理的情况再加斟酌，如原告之诉请是否合理或提交的证据状态怎样等，结果是既可能作出不利于被告的判决，也可能判决原告败诉。我国采取的是对席判决原则。尽管仲裁是一种独立的程序，与诉讼程序是不同的，且仲裁界一直有避免仲裁程序诉讼化的呼声，但是仲裁本质也属于判断程序，在缺席方面的处理和考虑的方向上与诉讼程序所考虑的理由不会有实质性的差别。在缺席案件中，仲裁庭主动审查的范围是非常棘手的问题，如果仲裁庭过于扩大自己主动审查的范围，将可能遭到出席一方当事人的反对，而且容易陷入偏袒另一方的境地。但是，仲裁庭不能走另外一个极端——认为所有的事项完全依赖出席一方的陈述或者主动的披露和引入，仲裁庭在这过程中毫无作为。因为维系仲裁程序并让其能较为圆满地进行到最后，同时得出一个公平、公正的裁决是仲裁庭的首要义务。虽然实践中对仲裁庭主动审查的范围会有不少的争议，但是仲裁庭在缺席案件中应当对下面的事实或者因素进行主动审查：（1）支撑起仲裁程序的基本要件，主要包括书面的仲裁协议、当事人受仲裁条款约束、当事人主体存在、当事人行为能力、提起仲裁的前置程序已经满足、可仲裁性。上述这些要件如果没有被满足或者遵守，均构成《仲裁法》规定的撤销裁决的理由。（2）当事人请求权的基本要件。（3）被申请人在非开庭阶段提供的信息或者主张。(4) 涉及侵害公共利益的事实。在缺席案件中,因缺乏另一方的抗辩,侵害公共利益变得更加隐蔽,仲裁庭更要保持警惕和主动。因此,仲裁庭根据负有的尽力保证裁决不会被撤销或者不予执行的义务,自然应当对侵害公共利益的事实进行主动审查。①

最后,在国际仲裁中,"文件出示"是一项非常重要的取证程序工具,属仲裁庭的自由裁量范畴,这就意味着,仲裁庭有权决定是否要求或准予出示文件以及出示文件的程度或范围。纵览各国家(地区)仲裁法及仲裁机构仲裁规则可知,仲裁法和仲裁规则赋予仲裁庭要求当事人进行文件出示的自由裁量权,且都明确规定了仲裁庭有权要求当事人出示文件,除伦敦国际仲裁院仲裁规则外,尽管有国家或者地区的仲裁法及仲裁规则对基于当事人申请的文件出示未进行明确规定,但也未进行限制性规定,而是将该事项交由仲裁庭和当事人来决定。从国际仲裁实践看,如果仲裁庭及双方代理人均来自大陆法系国家,当事人很少申请要求对方进行文件出示,即使提出申请,仲裁庭通常也不太情愿对当事人申请的文件出示作出裁定。若仲裁庭及双方代理人均来自普通法系国家,当事人向仲裁庭申请要求对方进行文件披露通常会成为不可避免的取证程序,除非当事人明确协议约定排除。然而,如果仲裁庭和当事人分别来自不同的法系,双方对基于当事人申请的文件出示可能就会存在争议,各方均希望按照己方所熟悉的取证规则进行文件出示,最终如何进行文件出示可能将取决于独任仲裁员或首席仲裁员所熟悉或隶属的法系或者双方普遍接受的规则。②

总之,仲裁员法律思维的特征在于,在某个范围内仲裁员是被动的,在另外的范围内仲裁员是主动的。这是由仲裁员的特殊身份决定的,因为同法官一样,仲裁员亦是商事纠纷裁判权执掌者,这一特殊身份决定了仲

---

① 参见张皓亮:《缺席仲裁应注意的问题》,载北京仲裁委员会网 2018 年 11 月 7 日,https://www.bjac.org.cn/news/view?id=3321。

② 参见孙红丽:《天册法评 | 国际仲裁中仲裁庭对"文件出示"的自由裁量权》,载微信公众号"天册律师事务所"2024 年 5 月 7 日,http://mp.weixin.qq.com/s/9L-Im_R0YWEsd59KiiutIA。

裁员在进行法律思维时，既有被动性的一面，也有主动性的一面。这与法官、律师和法学教授的法律思维是不同的。仲裁员的被动性主要体现在保持中立、客观和公正上，主动性则体现在提高案件仲裁质量、加强内部制度建设、适应新形势下仲裁工作需求等方面。这两种特性共同构成了仲裁员在仲裁活动中的角色和行为准则。

本章小结

在商事领域，法律思维有助于当事人更透彻地看清问题的本质，思考和做事更具有逻辑性和正当性，可以将当事人之间的商事纠纷转化为具体的权利义务关系来处理，并通过法律程序将这些问题转化为具体的法律判断，有利于采取适当的处理方式。当发生商事纠纷提交仲裁时，仲裁员法律思维方式的综合运用有助于仲裁员更加专业、有效地解决商事纠纷，促进公平正义，同时兼顾商业效率和当事人利益的最大化。

第二章

诉讼与仲裁的主要差异

在法律领域，诉讼与仲裁作为两种主要的争议解决方式，各自具有独特的适用范围和特点，在是否涉及第三方的介入、解决机制的性质及其国际法律渊源等方面存在显著的差异和区别。诉讼通常由国家司法机关主持，是通过法院解决争议的方式，具有强制力和公开性。当一方认为自己的权益受到了侵害时，他可以向法院提起诉讼，由法院依据法律进行判决。作为一种争议解决机制，诉讼具有法律效力强、公开透明、司法程序严格等特点，但时间和费用成本相对较高。

诉讼在纠纷解决中扮演着至关重要的角色，常被视为最后的救济手段。然而，每一个司法判决的实施都伴随着资源的耗费，尽管这些判决旨在实现正义，但并非所有的判决都能有效地达成预期的公正结果。诉讼过程不仅需要耗费大量的时间和金钱，而且可能对司法资源造成负担，这使得诉讼不一定是解决所有纠纷的最佳选择。[1] 为了更高效、更全面地实现法律正义，建立多元化的纠纷解决机制显得尤为重要。多元化纠纷解决机制不仅可以分担诉讼带来的负担，还能提供更加灵活和适应不同纠纷类型的解决方案。这些机制包括但不限于仲裁、调

---

[1] 参见王振清：《多元化纠纷解决机制与纠纷解决资源》，载《法律适用》2005年第2期。

解等，这些方法可以在不同的纠纷情境中发挥作用，帮助当事人通过更快速、更低成本的方式解决问题。

当双方在合同中约定了争议解决方式时，可以通过第三方机构进行仲裁。仲裁作为一种争议解决机制，具有私人性强、程序相对简单、高度专业化等特点，仲裁裁决也具有法律效力，但仲裁费用相对较高。仲裁由双方当事人约定的仲裁机构进行，具有较强的保密性和专业性。

总的来说，诉讼是一种强制性的解决纠纷方式，仲裁是一种合同约定的解决纠纷方式，在实际应用中，这两种方式可以结合使用，根据实际情况选择最为适合的方式来解决纠纷。笔者认为，诉讼与仲裁存在以下不同点。

首先，解决机制不同。诉讼作为一种争议解决机制，其最显著的特点是司法性。具体表现为：其一，法院判决具有法律效力。诉讼程序是由法院依法进行的，法院的判决具有法律效力，具有强制执行的权力。一旦判决作出，双方必须遵守判决，否则将承担相应的法律责任。其二，诉讼程序具有公正性。诉讼程序是由法院依法进行的，法院应当依照法律公正地审理案件，保障当事人的合法权益。法院应当独立行使审判权，不受其他机关、团体和个人的干涉。其三，法院的争议解决具有最终性。在诉讼过程中，当事人可以在法院依法行使的争议解决权之下寻求解决争议的最终判决，对于双方而言，诉讼是一种权威的争议解决机制。诉讼在法律程序上的要求更为严格，诉讼程序的进行需要遵循法律规定，包括起诉、应诉、庭审、判决等环节都有明确的法律程序要求。因此，对当事人的法律素质、法律知识和时间、精力等方面的要求也比较高。然而，诉讼也存在一些不足之处，如诉讼程序要求严格、时间成本高等问题。

仲裁作为一种争议解决机制，具有相对的民间性、意思自治性和司法性等特点。一方面，相对于诉讼来说，仲裁的民间性与意思自治性是显而易见的。在仲裁程序中，双方当事人有权自行选择仲裁机构和仲裁员，仲裁员的裁决是基于仲裁协议的内容进行的。仲裁程序和仲裁裁决通常更加灵活，可以根据当事人的实际需求进行调整。另一方面，仲裁也具备一定的司法性。仲裁裁决与诉讼判决具有同等的法律效力，可以被国内外法院承认和执行。仲裁程序和仲裁裁决需要遵守相关法律规定，仲裁员也需要具备一定的法律素养和专业知识。仲裁在商业争议等特定领域得到了广泛应用。

其次，跨境承认与执行所依据的国际公约不同。对诉讼而言，《选择法院协议公约（海牙）》是跨境诉讼判决承认与执行的主要依据。《选择法院协议公约（海牙）》于2005年在荷兰海牙签署并生效，该公约旨在促进国际商事合同中的选择法院协议得到更广泛的应用，并为当事人提供一种更加可靠和可预测的国际争议解决机制。该公约规定，当事人在国际合同中就选择管辖权的法院达成协议时，该协议应受到保护并得到执行。在适用该公约的情况下，当事人应向所选择的法院提起诉讼，并且其他缔约国的法院应根据该公约保护和执行该协议。如果该协议被认定有效，则其他缔约国的法院不得受理该纠纷。《选择法院协议公约（海牙）》适用于国际商事合同中的选择法院协议。如果在国际商事合同中约定了选择管辖权的法院，但协议中并未规定具体的法院名称或地点，该公约规定当事人可以通过司法程序来确立管辖法院。该公约适用于缔约国之间的民商事争议，但排除了一些特定领域的争议，如个人劳动合同、家庭法律关系、公司股东之间的争议等。目前，该公约已经得到了欧盟、墨西哥、新加坡、加拿大等50多个国家和地区的加入和批准，成为国际商事领域最重要的法律文书之一。

而跨境仲裁裁决的承认与执行以《承认及执行外国仲裁裁决公约》为主要依据。该公约于1958年在纽约签署并生效，旨在促进国际商事仲裁的发展，为各国建立一个便于承认和执行外国仲裁裁决的国际法律框架。《承认及执行外国仲裁裁决公约》规定，在缔约国之间，当事人根据仲裁协议或者协议事项向仲裁庭提请仲裁，且仲裁裁决为外国仲裁裁决时，得在请求承认和执行的国家获得同等效力。缔约国有责任承认和执行这些外国仲裁裁决，并且仅在特定情况下可以拒绝承认和执行，如仲裁裁决被证明无效或者涉及公共政策问题。《承认及执行外国仲裁裁决公约》适用于国际商事仲裁的裁决，包括在不同国家之间进行的仲裁。该公约不适用于纯国内仲裁或民事判决。根据联合国国际贸易法委员会网站[①]消息，随着2023年1月17日东帝汶的加入，截至本书写作时，共有172个国家加入了《承认及执行外国仲裁裁决公约》，使其成为国际商事仲裁领域最具影响力的国际公约之一。该公约的适用范围涵盖大部分国际商事仲裁裁决，并且在国际商事纠纷解决中发挥了重要的作用。

具体到商事仲裁与民商事审判领域，诉讼和仲裁的思维方式在法律规定、价值追求、方法论等不同维度上存在以下主要差异。

一、法律规定层面

在中国法律框架下，商事仲裁思维与民商事诉讼思维在法律规定中的表现存在明显差异。这些差异源于《民事诉讼法》和《仲裁法》对法律适用的不同要求（见表2-1）。

表2-1 法律规定差异对比

商事仲裁	民商事诉讼
《仲裁法》第7条规定："仲裁应当根据事实，符合法律规定，公平合理地解决纠纷。"	《民事诉讼法》第7条规定："人民法院审理民事案件，必须以事实为根据，以法律为准绳。"
《仲裁法（修订草案）征求意见》第7条规定："仲裁应当根据事实，符合法律规定，公平合理地解决纠纷。"	《全国法院民商事审判工作会议纪要》"引言"部分规定："……请求权基础思维、逻辑和价值相一致思维、同案同判思维……穿透式审判思维……"

---

① 参见《状况〈承认及执行外国仲裁裁决公约〉（1958年，纽约）》，载联合国国际贸易法委员会网，https：//uncitral.un.org/zh/texts/arbitration/conventions/foreign_arbitral_awards/status2。

《民事诉讼法》明确规定，诉讼过程必须"以法律为准绳"，这一表述强调了法律在司法审理中的绝对权威性。具体来说，法律要求法院在审理案件时严格遵循法律的明文规定和文字解释，将法律视为唯一的标准和尺度。这一规定旨在确保法律的稳定性和可预测性，防止司法机关在裁判过程中随意或主观地解释法律，从而维护法律的客观性和一致性。这种规定体现了民商事诉讼裁判思维的公权性质，主要依赖演绎推理，即从一般法律规定推导出对特定案件的适用规则，为典型的司法三段论形式。

相较之下，《仲裁法》对仲裁过程的要求则较为宽松。该法规定仲裁应"符合法律规定"，同时允许仲裁庭参考交易习惯和公平原则来解决纠纷。这种规定赋予了仲裁庭在裁判过程中的更大自由裁量权，使其能够在不违反法律规定的前提下，根据案件的具体情况灵活地运用法律原则。这种灵活性使仲裁庭能够在处理案件时更多地考虑实际的公平和合理性，而不只是法律条文的字面意义。因此，商事仲裁的裁判思维本质上具有私权性质，主要依赖从具体案件出发的归纳推理，即从特定事实和原则推导出一般适用的规则。

总体而言，诉讼思维和仲裁思维在法律规定中的差异反映了两者在处理案件时的不同方法论和价值取向。诉讼思维强调法律的绝对性和稳定性，通过演绎推理确保裁判的一致性和公正性；而仲裁思维更注重灵活性和公平性，通过归纳推理和对具体情况的考量来实现个案的合理解决。这种差异使仲裁和诉讼在法律适用和案件裁判中各自展现出不同的特色和优势。

二、价值追求层面

从哲学角度来看，"价值"是一个复杂而多层次的概念，可以从多个角度进行探讨。首先，"价值"是一个表征关系的范畴，它反映的是作为"主体"的人与作为"客体"的外界物之间的认识关系。从这个角度看，

"价值"通过主体与客体的互动而产生。主体通过感知、体验和评价客体，从而赋予客体特定的价值。这种关系体现了主体的主观性，因为主体在认识客体时，带有自己的需求、欲望、情感和判断，因此价值具有一定的主观性。同一事物对不同主体可能具有不同的价值。其次，"价值"也是一个表征意义的范畴，是用以表示事物所具有的对主体有意义的、可以满足主体需要的属性。从这个角度看，价值不仅是认识关系的反映，更是意义和需求的反映。事物之所以具有价值，是因为它们能够满足主体的某些需要或实现主体的某些目标。事物的价值在于其对主体的意义，主体根据自己的需要和目标，赋予事物特定的意义。价值的一个核心在于事物能够满足主体的需求，不同的主体有不同的需求，事物的价值就在于其能够满足这些需求。随着主体需求的变化，事物的价值也会变化。

由此可见，民商事诉讼与商事仲裁作为两种不同的争议解决方式，各自具有不同的价值追求。争议当事人基于自身不同的目的需要选择不同的争议解决方式，诉讼和仲裁相应地为当事人实现不同的目标。民商事诉讼是在法院系统中解决争议的过程，由法官依据法律程序进行审判并作出裁决，注重情理法的结合，追求裁决结果与政治效果、社会效果、法律效果的有机统一；而商事仲裁作为一种替代性纠纷解决机制，主要用于解决平等主体之间的商事纠纷。仲裁程序中，当事人通常会选择具有专业知识和经验的仲裁员组成仲裁庭，并按照事先确定的程序处理争议。商事仲裁更加注重当事人的意思自治，并考虑经济理性、保持和谐商业关系等商业逻辑。

(一) 商事仲裁的价值追求

商事仲裁作为一种解决商人之间纠纷的方式，其历史可以追溯至古希腊和古罗马时期。当时商事仲裁产生的原因和历史背景主要为商业活动的频繁，在这一背景下，商人们认为法官根据法律的审判不适于评判商事争议，他们追求一种更加专业的争议解决方式，从而能够更加高效、灵活地解决商事纠纷。① 在古希腊，商事仲裁被广泛应用于商人之间的纠纷解决，因为仲裁程序较为简便，且商人们倾向于通过非正式的方式解决纠纷，以节省时间和成本。在古罗马，商事仲裁也得到了广泛应用，罗马法中的"私法"部分为商事仲裁提供了法律依据。早期的商事仲裁有其独特的特点：首先，它通常是非正式的，没有固定的程序和规则；其次，仲裁员多为商人自己或其他行业内的专业人士，而非职业法官；最后，早期的商事仲裁在很大程度上依赖商人们的自愿遵守和行业规范，而非国家公权力的强制执行。②

在早期，商事仲裁完全是私人领域的事情，商人们自己创设规则，并且聘请有威望的专业人士作为第三者居中裁决他们之间的纠纷。③ 在这一阶段，商事仲裁很少受到国家公权力的直接支持，因为商人行使的自治权无疑削弱了国王世俗权力的行使，历史上出现过代表王权的法庭与商人法庭之间的斗争。④

经过多年的发展，商事仲裁逐渐获得了国家层面的认可和支持。现代国家的司法体系对商事仲裁的干预限制在最低限度，将以当事人意思自治为核心的契约精神以及商事逻辑作为商事仲裁的基石。首先，各国通过立法确立了商事仲裁的法律地位，并规定了仲裁协议的效力，确保仲裁裁决能够得到承认和执行。其次，各国法院通常尊重当事人的选择，不轻易干预仲裁程序，只在极少数情况下（如仲裁程序存在严重瑕疵或仲裁裁决违反公共政策）才会介入。此外，许多国家加入了《承认及执行外国仲裁裁决公约》，这使仲裁裁决能够在该公约成员之间相互承认和执行，大大增强了商事仲裁的国际性和权威性。因此，现代商事仲裁在国家层面的认可

---

① 参见谢石松主编：《商事仲裁法学》，高等教育出版社2003年版，第15页。
② 参见邓瑞平、孙志煜：《论国际商事仲裁的历史演进》，载《暨南学报（哲学社会科学版）》2009年第6期。
③ 参见黄进、宋连斌、徐前权主编：《仲裁法学》，中国政法大学出版社2002年版，第15页。
④ 参见赵健：《国际商事仲裁的司法监督》，法律出版社2000年版，第8页。

和支持下，成为解决国际商业纠纷的重要手段，具有高效、灵活和专业的特点，同时得到了各国司法体系的保障和支持。

1. 契约精神

从民法学上看，契约自由包括缔约自由、选择相对人的自由、拟定合同内容的自由、选择合同形式的自由四个方面，是意思自治理念的直接体现，是近代私法的三大原则之一，彰显自由与平等，还包含契约必守精神。从经济学上看，契约自由代表市场经济与自由平等竞争、信息对称与优化资源配置。

契约自由的起源可以追溯到古罗马法中古典契约理论。在契约自由理念的形成过程中，16世纪法国法学家杜莫林提出的当事人意思自治理论功不可没，该理论认为，在合同关系中，应该把当事人双方都愿意让自己的合同受其支配的那个习惯法适用于合同，来决定合同的成立和效力问题；在当事人未直接表明适用何种习惯法时，法院也应推定其默示的意向。[①]契约自由原则的实质是契约的成立以当事人的意思一致为必要，当事人的意思是契约效力的根源，国家公权力必须充分尊重当事人的意愿。

（1）契约精神在商事仲裁中的体现

仲裁是由中立的仲裁机构居中解决民商事争议或纠纷的一种方式。仲裁庭的仲裁权来自争议双方的合意授权，因此商事仲裁是建立在双方当事人契约自由的基础上的，契约自由原则是仲裁制度的基础和核心。可以说，仲裁与诉讼最核心的区别即在于仲裁的契约性。

首先，这种契约性体现在商事仲裁是以双方当事人之间的仲裁协议为基础的。基于双方的仲裁合意，当事人得以排除法院的司法管辖，将争议交由特定的仲裁机构或仲裁庭进行裁决。无论是当事人对于司法诉权的放弃，还是对于仲裁庭管辖权的赋予，都体现出商事仲裁以当事人意思自治为核心的契约自由精神。其次，当事人在仲裁中享有充分的自主性，充分

---

① 参见韩德培主编、肖永平副主编：《国际私法》（第2版），高等教育出版社2007年版，第38页。

体现了意思自治原则。双方当事人可以对仲裁庭的组织形式、仲裁员的人选、仲裁的时间和地点以及仲裁程序等作出约定，以便更好地实现自己的仲裁意愿。当事人之间的合意对于纠纷的解决甚至可以起到决定性的作用。①

商事仲裁的契约性同时受到国家层面的尊重。一方面，表现为各国立法和司法总是尽量承认仲裁协议的效力以满足当事人以仲裁方式解决纠纷的愿望，仲裁协议中的小瑕疵并不必然影响仲裁协议的效力；另一方面，仲裁裁决作出后，当事人可以向法院申请执行仲裁裁决，体现出"有约必守"的基本原则。在承认与执行仲裁裁决的问题上，法院也尽量减少对仲裁裁决的司法审查，对裁决的实体内容不予干涉。

（2）契约精神对商事仲裁的意义

商事仲裁作为一种替代性纠纷解决方式，其核心价值在于满足当事人的实际需求。商事仲裁的生命力源于当事人对这一争议解决方式的选择意愿。要吸引市场主体的青睐，必须明确并突出其与传统民商事诉讼的本质差异。这些差异不仅应体现在表面形式上，更应在核心原则和实践中展现，从而为当事人提供显著优势。契约精神正是商事仲裁区别于民商事诉讼的重要原则之一，其优越性在很大程度上有赖于对当事人意愿的充分尊重。

商事仲裁对契约精神的强调，使当事人能够灵活地制定个性化的解决方案，满足其独特的需求。市场中的商事主体有动机选择高效的争议解决方式，而商事仲裁正是满足这一需求的理想选择。通过商事仲裁，当事人不必受限于法院的程序和法律规则，能够快速而有效地解决争端。与程序复杂的法庭诉讼相比，商事仲裁通常能更迅速地满足当事人的需求，提供一种更快捷和高效的争端解决方式。此外，仲裁的灵活性和保密性也使其成为商事主体处理争议的首选，进一步凸显了其在实践中的优势。商事仲

---

① 参见伊立：《论民商事仲裁的契约性及其司法支持与监督》，载《山东审判》2002年第2期。

裁不仅在时间和成本上提供了优势，还在维护当事人关系和商业秘密方面展现出无可比拟的价值。

2. 商业逻辑：经济理性、促成交易、定分止争

商事仲裁源于对商人之间纠纷的解决，与传统的民商事纠纷相比，这种商业纠纷中额外体现着一种独特的商业逻辑。

首先，商业纠纷常常会涉及行业标准和商业惯例，而这些标准和惯例通常会影响交易的合理性和合规性。因此在商事纠纷解决过程中，裁判机构通常需要结合行业实践和标准对争议进行评估和考量。

其次，商业活动中必然蕴藏着多种商业风险，其中可能包括市场波动、供应链问题、竞争压力、法律法规变化、自然灾害等。因此在进行市场交易时，一个理性的商业主体通常会与对方就商业风险的承担问题达成约定。体现在合同中，通常包括不可抗力条款、价格调整机制以及保险和责任限制等条款。

与司法程序相比，仲裁程序在处理商事争议方面更加符合商事交易的客观规律，与市场经济的内在要求相契合，因而广受商人们的欢迎。商事仲裁中对于商业逻辑的体现可以通过多个角度来论述。一方面，对效率价值的追求直接导致了商人之间不太注重纠纷解决的形式（程序），因此，仲裁与法院的严肃性和正式性有所不同，反而呈现一种灵活的特征。商事仲裁程序简便，节省时间和成本，特别是对于需要快速解决纠纷的商人而言，这种灵活性显得尤为重要。仲裁程序允许当事人自行选择仲裁员，决定仲裁地点和适用的法律规则，使仲裁更能贴合双方的具体需求和商业实践，避免了传统法院程序的烦琐和拖延。

另一方面，从市场经济学理论中理性经济人的分析来看，作为理性的经济个体，商人在面临两种以上选择时总会选择对自己更有利的方案，倾向于以最低的投入获得最高的回报。在商事仲裁中，双方当事人通过意思自治选择了最适合自己的纠纷解决方式，这一选择体现了理性经济人的行为模式。商事仲裁通常被视为比传统诉讼更具成本效益的解决方式，能够

最大限度地减少纠纷解决的经济和时间成本，同时保障商事交易的连续性和稳定性。意思自治原则在仲裁中的体现使当事人可以根据自身的商业逻辑和实际情况灵活地制定仲裁条款，选择熟悉行业背景和商业惯例的仲裁员不仅有助于提升裁决的专业性和公正性，也增强了仲裁结果的可预测性和接受度。

此外，商事仲裁中的商业逻辑还体现在其国际化特征和跨国执行力上。在国际贸易中，商事仲裁为跨国企业提供了一种相对统一和中立的纠纷解决机制，避免了因国家司法管辖权不同而可能产生的法律冲突和执行难题。《承认及执行外国仲裁裁决公约》的广泛适用使仲裁裁决在成员方之间可以方便地被承认和执行，这大大提高了国际商事仲裁的吸引力和实际效益。通过仲裁解决国际商事纠纷，不仅符合商人追求效率和回报最大化的商业逻辑，也推动了全球贸易和投资的健康发展。

总体而言，商事仲裁通过其灵活性、高效性和对当事人意思自治的尊重，充分体现了商业逻辑中对效率和回报的追求。它不仅简化了纠纷解决程序，节省了时间和成本，还允许当事人根据自身需求选择最适合的仲裁员和规则，确保了裁决的专业性和公平性。在国际商事仲裁中，通过《承认及执行外国仲裁裁决公约》确保仲裁裁决在全球范围内得到承认和执行，这进一步增强了仲裁的吸引力和实际效益。商事仲裁的这些特点既满足了现代市场经济对效率和灵活性的要求，也为国际商业活动提供了稳定和可预见的法律保障，因此商人们往往倾向于选择用商事仲裁解决纠纷。

（二）民商事审判的价值追求

1. 情理法结合，政治效果、社会效果、法律效果的有机统一

《宪法》第 131 条规定："人民法院依照法律规定独立行使审判权，不受行政机关、社会团体和个人的干涉。"独立审判是司法工作的基本原则，其旨在确保法官在审理案件时不受行政权力、政治势力、经济利益等因素的干预。然而，法官在审判过程中需要对法律进行解释和适用，这个过程

必然涉及对社会现实和民众需求的理解和回应。如果司法裁判仅考虑法律因素，而忽视人民性、政治性、合目的性等非法律因素，就有可能脱离民众对司法的正当诉求及社会基本价值判断，导致判决结果虽然合法但不合情理。这样不仅会削弱司法的公信力，还可能会引发社会矛盾和不满，从而无法实现司法期望实现的功能效果。因此，只有当司法关注民众的呼声，反映民众的意愿时，才能让司法判决更具公信力和社会认同感。通过对具体案件的公正处理，司法不仅可以实质性地化解社会矛盾，还能传递公平正义的理念，满足社会对公平正义的需求，进而实现社会发展的基本目标。① "法理"、"事理"与"情理"的结合是司法审判所追求的基础价值之一。

2. 情理与法理的对立统一关系

"情理"一词在《汉语大词典》中解释为"人情与道理"。我们对"情理"并不陌生：在电影《秋菊打官司》中，主人公秋菊想为被踢伤和侮辱的丈夫向村主任讨要一个"说法"，即找到一个能够为她主持"理"的地方。秋菊历尽艰辛，最终得到了一个"说法"，然而这个"说法"是法律意义上的"法理"，而非她长期以来信奉的"情理"。② 秋菊的故事反映了中国社会情理与法理之间的复杂关系。

情理是一种基于情感和人际关系的道德规范，它强调人情世故和社会关系的和谐。首先，从情感的角度来看，情理关注人的情感体验和心理需求，认为人是有情感的社会存在；其次，从人际关系的角度来看，情理强调社会关系的和谐与稳定。社会是由各种人际关系组成的网络，和谐的人际关系是社会稳定和发展的基础。情理作为一种道德规范，要求人们在处理社会事务和人际关系时，要讲究人情世故，遵循社会习俗和道德规范，以维持社会的和谐与秩序。中国传统的解决纠纷的"情理"行为模式着力于恢复或调整双方的关系，而不是从一般规范来判断某一件事的是非曲

---

① 参见江必新：《司法审判中非法律因素的考量》，载《人民司法》2019 年第 34 期。
② 参见刘天华：《法理与情理的冲突解决》，载《法制与社会》2017 年第 31 期。

直。① 而现代法律中的法理是以个人权利保护和高度的形式化、逻辑化为内容的。法理是基于法律和制度的规范，强调规则的统一性和普遍性，以确保在任何情况下都能被公平和一致地适用。此外，法理还强调法律的公开性和透明性。法理要求法律必须公开、明确，使所有社会成员都能够理解和遵守，从而提高法律的可预测性，增强社会成员对法律的信任和尊重。

情理与法理两种规范的核心区别在于，情理是一种基于人情和社会关系的规范，它为处在特定情境中的纠纷双方提供解决方案，注重和谐与关系的修复；而法理将复杂的、相互交织的社会关系割裂开来，通过一个抽象的法律前提，应用于具体的事实情境，进而形成具体的司法判决。法理强调的是法律的普遍性和一致性，通过法律条文和程序来确保裁判的公正和统一。法理是审判的基础，然而仅依此得出的判决结果并不一定能使社会纠纷确实得以解决，因此追求法理与情理的有机统一具有重大意义。一方面，法理与情理的有机统一的意义在于它能够在法律的严格性和社会的柔性之间找到平衡。另一方面，实现法理与情理有机统一还可以增强法律的公信力和权威性。当法律不仅能够维护公正和秩序，还能够体现人情和温情时，民众对法律的认同感和信任感会大大增强。

3. 司法审判对于政治效果的考量

政治与法律密不可分，法官在司法裁判中对政治效果的考量贯穿始终，尤其是最高人民法院的法官，这一点表现得尤为明显，他们的裁判思维中蕴含着强烈的大局意识和嵌入意识。

最高人民法院的法官在裁判思维中表现出对政策的高度敏感性。他们不仅深入贯彻和充分理解中央的经济和金融工作会议、政法委会议精神，还重视最高人民法院每年向全国两会提出的工作报告以及最高人民法院出台的各类司法政策。这些政治性的指引和政策方针被法官嵌入司法实践，

---

① 参见郭星华、隋嘉滨：《徘徊在情理与法理之间——试论中国法律现代化所面临的困境》，载《中南民族大学学报（人文社会科学版）》2010年第2期。

使法院工作与国家的重点和中心任务紧密结合。对政治效果的考量确保了司法判决不仅遵循法律规定，也能反映国家的政策导向和发展目标。在具体案件的审理中，法官会综合考虑政策背景，将国家的宏观经济目标、社会发展方向以及政策要求融入判决。这种做法有助于维护国家利益，保障经济社会的稳定和发展。

通过这种政策与法律的结合，最高人民法院的法官能够在裁判中体现出国家对某些领域的关注和支持，以确保判决不仅符合法律规定，还能推动国家政策的落实和发展目标的实现。在处理涉及金融纠纷的案件时，法官会特别关注国家政策的指引。例如，在伟杰公司、天策公司营业信托纠纷案[1]中，最高人民法院推翻了福建省高级人民法院的一审判决，认定股权代持合同无效。在一审判决中，法院基于该案合同系当事人真实意思表示，且未违反法律法规禁止性规定，从而认定合同有效。而在最高人民法院的二审中，审判庭认为股权代持合同违反了原中国保险监督管理委员会制定的《保险公司股权管理办法》（2014年修订）第8条[2]的规定，同时指出，"从《保险公司股权管理办法》禁止代持保险公司股权的制定依据和目的来看，尽管《保险公司股权管理办法》在法律规范的效力位阶上属于部门规章，并非法律、行政法规，但中国保险监督管理委员会是依据《中华人民共和国保险法》第一百三十四条关于'国务院保险监督管理机构依照法律、行政法规制定并发布有关保险业监督管理的规章'的明确授权，为保持保险公司经营稳定，保护投资人和被保险人的合法权益，加强保险公司股权监管而制定。据此可以看出，该管理办法关于禁止代持保险公司股权的规定与《中华人民共和国保险法》的立法目的一致，都是为了加强对保险业的监督管理，维护社会经济秩序和社会公共利益，促进保险事业的健康发展"，即从维系金融秩序和社会稳定的立法目的角度认定了股权代持合同无效。通过裁定其无效，法官从法律层面加强了对金融市场

---

[1] 参见最高人民法院民事裁定书，（2017）最高法民终529号。
[2] 相关规定参见2018年《保险公司股权管理办法》第31条。

的规范和管理，防范潜在的金融风险，进而维护金融秩序和社会稳定。这一裁决作出的背景即 2017 年 12 月召开的中央金融工作会议，确定了金融安全关系国家安全，要守住金融安全的底线，体现出司法与国家政策的紧密结合。

4. 法律效果与社会效果的统一

司法审判的法律效果，是人们对司法过程及其结果是否合法的一种认识和评价。要实现预期的法律效果，法官的审判活动必须依赖充分的法律依据。法律效果的客观标准由明确的法律规定决定，这些规定为司法裁判提供了合法性的基础。然而，法律效果的优劣并不仅取决于法律规定的客观标准，还受到当事人、诉讼参与人、旁听群众以及广泛关注案件的社会公众的评价和看法的影响。一个案件经过一审、二审，甚至是审判监督程序后，最终会获得法律上的终审判决。这时，案件已通过所有法律审查程序，但这并不意味着它的过程和结果已完全无可挑剔。尽管判决在法律层面上得到确认，它仍需接受当事人、律师以及社会的进一步评判。在某种程度上，这种来自司法系统外部的评判实际上对"判决"及其"法官"进行了额外的审视。[①] 这种外部评判体现了社会对司法结果的真实反馈。如果一个判决引发广泛争议和负面反映，即便该判决在法律理论和法理上完美无瑕，也可能反映出其在社会效果上的不足。

因此，法律判决的价值不仅在于其合法性，更在于其能够有效回应社会的期望和需求。司法裁判不仅要满足法律上的要求，更需对社会效果进行有效考量。社会效果涉及裁判结果对公众及社会的实际影响，包括公众对司法公正的认同感、对案件处理结果的满意度以及对司法系统的信任度。法律作为社会的产物，其本质属性中包含了社会性。司法不仅是社会秩序的维护者，也是社会秩序的一部分。司法的社会性决定了其过程必须反映和适应社会现实，不能脱离生活常理。依法裁判不仅应当符合法律规

---

① 参见张军：《努力追求法律效果与社会效果的有机统一》，载《法制资讯》2008 年第 4 期。

定，还需要成为实现法律社会效果的手段。[①] 社会效果的实现意味着司法不仅在个案中实施法律，更要深入考虑案件背后的社会现实及其对社会个体的影响。因此，司法审判需将个案置于具体社会情境中进行评价和判断。

2019年最高人民法院在全国法院民商事审判工作会议上提出的"穿透式审判"正是这一理念的体现。此种审判模式旨在打破"机械司法"的局限，实现法律效果、社会效果与政治效果的有机统一。法律效果是社会效果和政治效果的基础，而社会效果与政治效果是法律效果的最终目标。司法工作的正当性不仅依赖形式上的法律效果，还依赖其在实质层面上实现的政治效果和社会效果。法律效果与政治效果、社会效果的统一，最终目标是实现实质正义，使司法不仅在法律上得到体现，也能在社会和政治层面获得认可和支持。司法裁判的社会效果指的是司法判决对社会产生的影响和作用，这一效果可以从两个方面进行考量：一是通过司法审判实现社会利益的提升，二是通过司法活动促进公众对法律或司法行为的理解与认同。[②] 法院作出的民商事裁判处理的不仅是当事人之间的争议，也承载着向社会传递价值观念的任务。要赢得社会的信任，裁判必须获得公众的广泛认可，如此才能说是实现了法律效果和社会效果的有机统一。总体来说，社会效果的本质在于判决的社会接受度。如果司法裁判能够实现明确的社会利益，同时公众对相关法律或司法行为的认识和接受程度较高，那么这一法律或行为的社会效果就会显著提升。换言之，良好的社会效果意味着该法律或司法行为在社会中获得了积极的反馈和广泛的认可。相对而言，如果法律或司法行为未能获得社会公众的接受或认可，表明其社会效果较为有限。总之，社会效果的关键在于司法行为是否能与公众的期待和

---

① 参见江国华、周海源：《司法理性的职业性与社会性——以裁判效果为视角》，载《学习与探索》2015年第2期。

② 参见齐崇文：《法律效果与社会效果统一的法理学分析》，载《人民司法》2011年第11期。

认知相一致，从而达到有效的社会适应与认同。

有观点质疑社会公众或民意是否具备评价司法裁判的正当性。然而，尽管社会公众未必具备深入的法学理论和法律逻辑的专业背景，但他们的社会经验、生活常识以及个人判断力，都与立法的实际背景和立法基础紧密相关。因此，公众完全有资格对裁判的妥当性进行评判。法律的本质并非立法者的独创，而是对社会习惯法的回应。因此，无论法律规范如何精致，法律逻辑如何严密，它们都应与社会的基本常理相一致。追求判决的社会效果还能从一定程度上对法官的"主观公正"形成一种外部的、客观的制约。社会效果的追求不仅对司法过程提出了更高的要求，也对法官的裁判行为施加了必要的监督与约束。

5. 诉讼思维中的"以律定判"与"以判索律"

法条主义裁判思维和后果主义裁判思维在司法实践中体现了两种不同的法律适用理念，前者注重严格依照法律条文裁判，确保法律的稳定性和一致性，后者则强调裁判的社会效果和实际后果，主张在解释法律条文时结合案件的具体情况和社会实际，灵活调整裁判方式以实现更公平合理的结果，更加公正和人性化的裁判。

传统诉讼思维主要依赖三段论推理方法，其结构如下：（1）以法律规定为大前提；（2）以案件的具体事实为小前提；（3）基于这两个前提，运用三段论推导出裁判结论。然而，实际情况中，大、小前提在适用时已经过了法律解释和证据证明的处理，这意味着在裁判之前，价值判断的过程实际上已经开始。也就是说，思维过程在大前提（法律规定）和小前提（案件事实）之间往往是反复跳跃的。因此，这种情况可能引发"以律定判"和"以判索律"之间的争议。

"以律定判"与"以判索律"这两种裁判思维的主要区别在于法条援引与裁判结果之间逻辑顺序的处理方式。"以律定判"的思维方式严格遵循先搜索法律条文，然后基于这些条文得出裁判结果的步骤，即逻辑顺序严格按照法律条文—裁判结果的流程进行。而"以判索律"允许在某些情况下先对裁判结果进行初步的预判，然后根据预判的结果去寻找和适用相应的法律条文。这种方法允许在一定条件下对裁判结果进行灵活的探索和调整，从而可能更好地适应复杂和多变的案件情境。①

与从当事人权利主张出发寻找法律条文、认定案件事实、进行法律解释从而得出裁判结果的正向裁判思维相比，"以判索律"的逆向裁判思维过程在当事人的权利主张中定位到背后隐含的价值冲突，并通过价值判断得到一个初步的裁判结论，继而从结论回溯寻找法律条文进行正当化解释。在"以判索律"的逆向裁判思维过程中，法官裁判疑难案件的过程主要是进行价值判断而非解释的过程，解释结果在解释之前已经大致确定，结果不是解释出来的，恰恰相反，是解释结果决定了如何解释。此时，法律解释实质是以"解释"为装饰的一种正当性证明的操作技术，是法官解决疑难案件的一种必要策略。②

"以判索律"的逆向裁判思维虽然与传统法官思维模式存在一定的矛盾，但它在实际司法审判中也展现出其独特的正当性和作用，尤其在面对疑难案件时，这种逆向思维模式能够发挥关键作用。在处理复杂和疑难案件时，依赖传统的"以律定判"思维模式可能会导致裁判结果与常理不符。通常，"以律定判"思维模式可能因为法律条文无法涵盖案件中的所有事实，或者这些事实与法律规定不完全匹配，从而造成适用上的障碍。相对而言，"以判索律"的逆向裁判思维，通过后果主义的立场，能够更有效地解决案件中的价值冲突，更加关注案件的实际效果和社会影响。这种模式具有强烈的现实问题关注意识，能够在裁决过程中考虑潜在的社会影响，进而使司法裁判具有引领未来的示范效应。

---

① 参见王星光：《民事二审裁判思维与裁判方法的扭曲与修正》，载《山东法官培训学院学报》2020 年第 3 期。
② 参见郭琳佳：《揭开"虚饰"的面纱：疑难案件中法官法律解释的功能和标准探讨——从结论决定解释的法官逆向裁判思维展开》，载万鄂湘主编：《建设公平正义社会与刑事法律适用问题研究：全国法院第 24 届学术讨论会获奖论文集》（上册），人民法院出版社 2012 年版，第 110～121 页。

但不可否认的是,"以判索律"裁判思维同样具有风险,可能导致一些社会问题:一方面,后果主义的裁判思维如果脱离了法律规定的约束,可能会造成法官裁量的肆意性,从而威胁法治的稳定性。从公众角度来说,过度关注民意的司法审判可能导致裁判被"民粹主义"影响,进而促使社会对司法结果的机会型诉讼增加,这样不仅增加了社会管理成本,还可能导致资源浪费。另一方面,若将裁判目标视为独立于法律本身的外在价值,"以判索律"可能会造成法律工具主义的危险。若司法裁决过分强调法律的工具性价值,忽视法律本身的规范意义,那么法律将被视为实现某些外部目标的手段,这可能会削弱法律的权威性,使其沦为可替代的治理工具。①

在讨论"以判索律"与"以律定判"裁判思维时,还需要考虑不同地区的裁判思维传统和历史背景。② 在西方,结果导向裁决思维的形成与对形式主义法学的批判密切相关。这种思维模式起初源自对形式主义法律逻辑的质疑,经过演变,逐渐接受了对法律推理的宽容态度。这一过程中,西方法学者在实践中调整了对法律的严格解释和应用,强调法律应在结果导向下灵活运用,以更好地适应社会需求和现实情况。与此相比,中国传统的裁判思维在很大程度上也倾向于结果导向。这种思维模式根植于中国的法律文化中,历史上司法实践往往更多关注案件的实际效果而非严格的法律条文。在缺乏逻辑固法的背景下,盲目追随结果导向裁决思维可能带来一些潜在问题,如可能使法律体系陷入法律虚无主义,从而损害法律的客观性和权威性。结果导向裁决思维有其合理性毋庸置疑,但有必要考虑中西方结果导向裁决思维的不同产生背景和现实环境,从而引导法官正确的裁判进程。在"以判索律"和"以律定判"的选择中,首先要明确"以律定判"作为主要裁判思维的地位,强调法条主义的重要性。只有在

---

① 参见王彬:《司法裁决中的后果论思维》,载《法律科学(西北政法大学学报)》2019年第6期。

② 参见张文臻:《结果导向的司法裁决思维之研究》,载《法律方法》2011年第00期。

遇到疑难、复杂、新型等法条缺失或滞后的案件时，法官才应当考虑引入后果主义裁判思维，即在绝大多数案件中，法官严格地依照法律展开司法裁判即可实现形式正义与实质正义的统一，达到最佳的社会效果。但在少数案件中，法官有必要考量案件的具体情境和预期后果来补充法律条文的不足，以实现实质正义。

三、方法论层面

裁判思维的方法论指的是在司法或仲裁实践中，裁判者在处理案件时所应该采用的思维方式和方法。不同的思维方式和方法可能会导致不同的案件判决结果，进而影响到司法公正和司法效率的实现。商事仲裁与民商事审判虽然都是解决争议的方法，但二者在思维方法论的运用上存在差别。下文将对商事仲裁以及民商事审判的裁判思维方法论进行综述，具体内容将在接下来的第三至九章分别展开论述。

（一）当事人主义与职权主义

当事人主义也称自由裁量主义，是指法律制度应当充分尊重当事人的意愿和自主性，给予当事人更大的自由裁量权和选择权。在这种理论下，裁判者应该尽可能地避免干预当事人的决策，并且应该尊重他们达成的协议，只在当事人无法达成一致或者协议违反法律时才介入。

职权主义也称法律主义，是指裁判者应该以法律规则和程序为基础，通过对法律文本的解释和适用来解决争议。在这种理论下，裁判者不应该依据自己的意愿或者当事人的意愿来作出判决，而应尽可能地减少自己的个人偏好和主观判断，以法律条文和规则为准绳。

当事人主义和职权主义不是绝对的对立，商事仲裁和民商事审判在解决争议时都需要兼顾当事人的自主性和法律的权威性，遵循法律程序，保证公正、公平、合理。

但相对来说,商事仲裁更注重当事人主义,即尊重当事人的意愿和自主性。商事仲裁通常由当事人自己选择仲裁员和仲裁机构,自行约定仲裁程序、证据和判决等方面的规则,仲裁员的决定通常也会更多地考虑当事人的意见和利益。因此,商事仲裁强调的是当事人的自主性和协商解决争议的意愿,旨在为当事人提供一种高效、低成本、灵活的解决争议的方式。

而民商事审判更注重职权主义,即法院根据法律和事实对案件进行独立、客观、公正的审理和判决。在民商事审判中,法院有更大的权力和责任来调查事实、鉴定证据,并根据法律作出公正合理的判决。因此,民商事审判强调的是法律的权威性和司法公正,旨在保障公民的合法权益和社会的公平正义。

(二)商事逻辑与司法判断

商事仲裁和民商事审判在裁判方法论上的区别还在于商事仲裁更注重商事逻辑,而民商事审判更注重司法判断。

商事逻辑是指在商业交易和经营活动中,涉及的法律问题和解决方案所应遵循的商业思维方式和逻辑体系。相比于民商事审判,商事仲裁更加注重当事人之间的商业需求和商业利益,并且对商业逻辑的理解和应用要求较高。在商事仲裁中,仲裁员需要充分了解当事人所处的商业环境和行业特点,具有一定的商业经验和商业逻辑分析能力,这样才能更好地解决商事争议。商事仲裁的仲裁员更注重商事逻辑的运用和商业风险的评估,不仅要考虑到法律因素,还需要结合商业背景、市场环境等因素进行综合分析和判断。

与此相对,民商事审判更注重司法判断,更强调法律的规范性和公正性,而对商业因素的关注度相对较低。司法判断是指在民商事诉讼过程中,根据具体案件的实际情况,依法对案件事实和证据进行分析和评估,作出公正、合理、准确的判断和裁决。民商事审判是法院对民商事案件进行审理和裁决的过程,其最终目的是保障当事人的合法权益,维护社会公平正义。相比于商事仲裁,民商事审判更注重法律的适用和法律的精神体现。在民商事审判中,法官需要依照法律规定和司法解释,对案件进行综合分析和判断,以保证判决结果的合法、公正和客观。

(三) 外观主义与探求真意

商事仲裁和民商事审判在判决理念上的另一个区别是商事仲裁多采用外观主义,而民商事审判更注重探求真意。

外观主义是指在判断案件事实和证据时,更注重案件表面的形式和事实,尤其是合同、证据等形式文件和证明,而不太考虑其背后的真实意图和实际情况。商事仲裁的目的是解决商业纠纷,需要在尽可能短的时间内作出裁决,因此在判断案件事实和证据时通常更注重外观表象,注重合同约定的字面意义,以求快捷、高效地解决纠纷。

探求真意是指在判断案件事实和证据时,更注重当事人的真实意图和内在动机,以及案件事实和证据的合理解释,充分考虑各种可能的因素和情况,综合分析和评估案件,以达到最公正、合理的判决结果。民商事审判的目的是保障公民的合法权益和社会的公平正义,因此在审理案件时通常更注重探求真意。在民商事审判中,法官需要全面掌握案件的相关信息和实际情况,倾听双方当事人的陈述和申辩,尽可能了解案件的背景、目的和意图,以更客观、公正、合理地进行司法判断。

(四) 灵活的自由裁量权与规制的自由裁量权

在商事仲裁和民商事审判中,仲裁员和法官都具有一定的自由裁量权,且都需要在法律和程序的框架下行使自己的自由裁量权,以达到公平、公正、合法的结果。但具体来说,仲裁员和法官自由裁量权的大小并不能一概而论。

在商事仲裁中,仲裁员的自由裁量权相对较大。商事仲裁是当事人自愿选择的一种解决商业纠纷的方式,其优势在于速度快、效率高、灵活性强。仲裁员在仲裁裁决时可以根据当事人的意愿、商业惯例、行业规范等灵活运用自己的裁量权,使仲裁裁决更加符合当事人的意愿和商业实践。

而在民商事审判中,法官的自由裁量权相对较小。民商事审判是国家行使审判职权,保障公民合法权益和社会公平正义的一种司法方式。法官在审理案件时需要遵循法律规定和程序规定,不能随意行使自己的裁量权,必须在法律的框架下作出裁判。

(五)个案个判与类案同判

个案个判和类案同判针对的是裁判者在审理案件时如何运用判例的问题。个案个判是指裁判者在处理每一个案件时,应根据当事人的具体情况和案件的特殊性作出判决。个案个判意味着裁判者应该关注当事人的具体权益,注重具体情况,而不是只依据已经形成的判例作简单的类比;类案同判则是指裁判者在处理案件时,应参考之前类似案件的判例,并在判决时按照相似的原则和标准来判断,以保证判决的一致性和公正性。

在商事仲裁和民商事审判中,个案个判和类案同判都是司法实践中非常重要的原则,也并不存在在某一具体案件的裁判中只进行了类案同判而完全没有考虑个案个判的情况,或反之。但商事仲裁以及民商事审判在这一问题上确实有不同的倾向:

商事仲裁更加倾向于个案个判,即每一个商事仲裁案件都是独立的、独特的个案,需要根据当事人提供的具体证据、事实和情况作出针对性的裁决。商事仲裁裁决的标准和依据也可以根据当事人的要求、实际情况和市场行情等进行灵活调整和变通。

民商事审判则讲究类案同判,即类似情况下的案件应该得到相同的判决结果。民商事审判中的类案同判不仅体现了司法公正和平等的原则,还可以提高司法效率,减少司法成本。在民商事审判中,类似案件的裁判标准和依据是相同的,法官需要根据法律和相关法规作出公正、客观的裁决,保障公民合法权益和社会公平正义。

（六）程序正义与实体正义

程序正义和实体正义都是法治社会中保障司法公正和法律权威的重要原则，但它们的着重点不同：程序正义是指在司法程序中，保障被告人或当事人在案件审理过程中所享有的权利，以及司法程序的公正、公开、公平、迅速、廉洁等方面的要求。程序正义注重的是司法程序的公正性和公正程序的保障，以确保司法裁决的合法性和权威性。实体正义则是指对事实和权利的正确判断、对社会公共利益和社会正义的考虑，以及对当事人利益的保护。实体正义注重的是司法裁决的实际效果和对当事人利益的保护。

在司法实践中，程序正义和实体正义是相辅相成、互为补充的。程序正义保证司法裁决的合法性和权威性，实体正义则保障司法裁决的实际效果和当事人权益的保护。然而在兼顾程序正义、实体正义这一问题上，商事仲裁和民商事审判在司法实践中存在差异。

商事仲裁更加注重程序正义的实现，即强调仲裁程序的公正、公平、透明和合法性。商事仲裁需要遵循相关法律法规和仲裁规则，保障当事人的程序权利，如当事人的听证权、申辩权、调查权、证明权等。商事仲裁还注重仲裁过程的公开、公正、公平和透明，让当事人了解仲裁程序的进展和结果。

民商事审判则相对倾向于追求判决的实体正义，即强调判决结果的公正、合理和符合法律规定。民商事审判需要以法律、法规和司法解释为依据，根据当事人提供的证据和事实作出合理的判决结果，保障当事人的合法权益。民商事审判的重点在于保障法律的权威和稳定性，维护社会公共利益和秩序。

（七）法律效果与社会效果

裁判的法律效果是指法律规定对案件的裁决结果产生的法律效力和权

威性。裁判结果一旦作出，就具有终局性和强制执行性，对当事人具有法律约束力。法律效果是司法裁判的重要目标之一，体现了法律权威和法治精神。

社会效果则是指裁判结果对社会生活、经济、政治等方面产生的影响和意义。司法裁判是维护社会公正、维护法律权威、维护社会秩序的一种手段，它的结果对当事人、社会群体、社会公众等具有重要的影响。例如，裁判结果可以对相关行业和市场的稳定性、公正性产生影响，对社会道德和法律观念的引导作用产生影响，对司法公信力和社会信任产生影响等。

商事仲裁和民商事审判在司法实践中都需要考虑法律效果和社会效果两个方面，但它们的重点略有不同：

商事仲裁更加讲究法律效果，即通过仲裁裁决来实现合同的履行和当事人的权益保护。商事仲裁的裁决具有法律效力，具有与民商事判决相同的效力，当事人必须履行仲裁裁决的内容。商事仲裁还可以在裁决书中规定特定的履行期限、违约金等，对当事人的履行行为产生约束力。

相对来讲，民商事审判对社会效果有更高的要求，即通过判决结果来维护社会公共利益和社会秩序，保护社会各方面的合法权益。民商事审判的判决结果不仅具有法律效力，而且具有社会效果。民商事审判的结果能够对相关方面的行为产生警示作用，同时可以在维护社会公共利益和社会秩序方面发挥重要作用。

本章小结

在中国的法律框架下，商事仲裁与民商事审判思维在法律规定、价值追求以及方法论三个方面存在明显差异。

首先，法律规定层面的差异源于《民事诉讼法》和《仲裁法》对法律适用的不同要求。《民事诉讼法》明确规定，诉讼过程必须"以法律为准绳"，强调严格依法办事和法律条文的具体适用，确保法律的统一性和权威性。相比之下，《仲裁法》对仲裁过程的要求较为宽松，该法规定仲裁应"符合法律规定"，但同时允许仲裁庭参考交易习惯和公平原则来解决纠纷。这一规定给予了仲裁庭更大的灵活性和裁量空间，使仲裁可以更为灵活地处理商事纠纷，适应复杂多变的商业环境。

其次，商事仲裁与民商事审判在价值追求上也有显著区别。商事仲裁注重契约精神和商业逻辑，追求经济理性，旨在促成交易、解决争议，并最大限度地维护当事人的商业利益。仲裁过程强调高效、便捷和保密，力求通过快速解决争议，减少对商业运作的干扰。而民商事审判讲求情理法的结合，追求政治效果、社会效果和法律效果的有机统一。在民商事审判中，法官不仅要依法裁判，还要考虑案件的社会影响和政治效应，力求实现社会的公平正义和法律的权威性。这种多重价值追求使民商事审判过程更为复杂，但也更能体现司法的社会责任。

最后，在方法论上，商事仲裁与民商事审判同样存在多方面的差异。商事仲裁主要采用当事人主义，强调当事人自愿选择和主导仲裁过程，仲裁员的角色更像是中立的第三方，协助当事人解决争议。相对而言，民商事审判则采用职权主义，法官在诉讼过程中具有较强的主导权，依法主动调查取证和作出判决。在处理方式上，商事仲裁注重商事逻辑，更多地考虑交易习惯和商业惯例，而民商事审判侧重司法判断，严格依据法律进行裁判。商事仲裁的外观主义强调表面证据和实际操作，寻求解决争议的实际效果，而民商事审判的探求真意深入挖掘案件的实质真相，力求事实清楚、证据确凿。此外，商事仲裁赋予了仲裁庭较大的自由裁量权，允许其在法律框架内灵活处理争议，而民商事审判的自由裁量权受到更多规制，法官必须严格依据法律规定行使裁量权。商事仲裁注重个案个判，根据具体情况作出灵活多样的裁决，而民商事审判强调类案同判，确保同类案件的裁判标准和结果的一致性。商事仲裁在程序上追求效率和经济性，重视程序正义，但更倾向于实质解决争议，而民商事审判高度重视程序正义，通过严格的程序保障当事人的合法权益，确保裁判的公正性和合法性。

第三章

当事人主义

商事仲裁的"权力"源于当事人的授权，以当事人为中心，充分尊重当事人意愿，是当事人选择仲裁的重要考量因素之一，也是仲裁的魅力所在，这就是仲裁制度中的当事人主义，其中最重要的便是当事人意思自治原则。由于当事人主义亦出现在刑事与民事诉讼制度中，是与同职权主义相对的概念，当事人主义和职权主义在刑、民诉讼制度中各有其界定的标准。为了避免混淆，下文将对仲裁制度中的当事人主义同刑事与民事诉讼制度中的当事人主义、职权主义分别作横向和纵向的对比，厘清当事人主义在不同制度中的优势和劣势，进一步完善仲裁制度中的当事人主义。

一、当事人主义的内涵

（一）刑事诉讼制度中的当事人主义

刑事诉讼的当事人主义，是法庭审理阶段诉讼的进行、证据的调查以当事人为主，法院以消极仲裁者姿态出现，听取当事人双方举证和辩论后作出判断和裁决的一种混合式诉讼形式。采用这种刑事诉讼形式的主要是美国、英国等英美法系国家。所谓当事人主义，就是对英、美等国家所采用的刑事诉讼形式的一种理论概括，同当事人主义相对应的是职权主义。当事人主义与职权主义是当今世界最具代表性的两种不同的混合式诉讼形式。同职权主义相比，刑事诉讼制度中的当事人主义有以下主要特点：（1）法庭调查证据的范围一般取决于当事人双方，对证据的调查采取交叉询问的方式，即由检察官和辩护律师对彼此传唤到庭的证人交替进行直接询问和反复询问。法庭的调查始终以控、辩双方为主进行，控、辩双方之间的辩论与对抗贯穿法庭审理过程始终。（2）法院开庭审理这个环节在刑事诉讼过程中居于核心地位，法庭上的活动及其法律后果具有决定性意义。（3）实行起诉状一本主义，全部案卷材料和证据连同诉状一并移送法院。法官在开庭审理前只了解诉讼中所列举的内容，对全部案件材料和证据则不清楚。（4）有比较详细的形式证据规则，用以限制或约束对证据的提出和采用。[1]在刑事诉讼中，当事人主义与职权主义是英美法系与大陆法系两种不同的审判模式。

（二）民事诉讼制度中的当事人主义

民事诉讼的当事人主义（又称当事人进行主义）被定义为当事人进行主义，是职权进行主义的对称。民事诉讼法学已将当事人主义与职权主义作为民事诉讼模式的基本分类。职权主义和当事人主义均是对民事诉讼中当事人与裁判者之间权利义务分配关系的一种抽象。无论是英美法系还是大陆法系，民事诉讼原则上均采用当事人主义，职权主义在民事诉讼中仅表现为一种辅助手段。职权主义诉讼是当事人主义诉讼的对称，是指无论当事人的意思表示如何，法院都依职权主持诉讼的进行，体现了法院对诉讼的干预和控制。在民事诉讼中既有当事人主义诉讼，也有职权主义诉讼，一般以当事人主义诉讼为主，职权主义诉讼为辅。当事人主义诉讼指依当事人的意思表示实施诉讼行为的诉讼形式，起诉、撤诉、反诉、上

---

[1] 参见刘家兴等主编：《北京大学法学百科全书：民事诉讼法学刑事诉讼法学行政诉讼法学司法鉴定学刑事侦查学》，北京大学出版社2001年版，第64页。

诉、上告、抗告及和解等都是当事人主义诉讼的体现；送达、指定期日、裁定中止诉讼、裁定继续诉讼等则是职权主义诉讼的体现。① 然而，综观各个国家和地区的民事诉讼架构，没有绝对的职权主义模式，亦没有绝对的当事人主义模式，各个国家和地区的民事诉讼架构都是这两种模式的融合，区别仅在于哪一种模式占据主导地位而已。因此，在对具体国家和地区民事诉讼所采模式的表述上，我国学界目前更倾向于用当事人主导型诉讼模式与法官职权干预型诉讼模式这两个更加精确的表述来置换一直以来所使用的当事人主义与职权主义这一笼统的表述。

在民事诉讼中强调和注重当事人主义主要是因为以下几个方面：首先，当前的民事诉讼模式中存在弊端，如诉讼过程不够透明、效率低下等，需要通过强调和注重当事人主义来改进。其次，随着经济的发展和社会的进步，民事诉讼需要更加适应经济、政治、文化发展的需要，强调当事人主义有助于提高诉讼效率和公正性。最后，通过确立裁判者中立、独立的地位，改造和变革辩论原则和处分原则，完善审前程序，改革庭审方式等途径，可以促进司法公正和效率的提升。为了更好地发挥当事人主义的优势，提高民事诉讼的效率和公正性，更好地保护当事人的合法权益，可以采取以下措施：确立裁判者中立、独立的地位，确保法官在审理案件时不受外界干扰，保持独立性；改造和变革辩论原则和处分原则，确保当事人有权提出自己的主张和证据，并对自己的主张负责；完善审前程序，包括证据的交换和质证等，以提高诉讼效率；改革庭审方式，使庭审更加聚焦于争议焦点，提高庭审效率。

（三）仲裁制度中的当事人主义

首先，仲裁制度中的当事人主义是指仲裁规则应该以当事人为中心，因为这是仲裁的本质要求。仲裁管辖权源于当事人的信赖、约定和授权，

---

① 参见刘家兴等主编：《北京大学法学百科全书：民事诉讼法学刑事诉讼法学行政诉讼法学司法鉴定学刑事侦查学》，北京大学出版社2001年版，第706页。

理所当然，仲裁规则应当为当事人而生。只有以当事人为中心，才能回到仲裁的初心和本质。

其次，仲裁本质上属于私法体系，而私法的根基是意思自治及与其配合的"自己责任"，此原则的力量源于根植于"人性自我"的道德力量。此私法实体法之内核必须成为仲裁构建说理机制的起点与归宿。在仲裁领域，要真正形成与意思自治和"自己责任"相呼应的当事人主义与证明责任。定分止争的公法架构是国家提供实体与程序法律框架，保持中立，而获取、确认和实现私权应由当事人推动。从仲裁结构上讲，当事人承担仲裁说理压力是天然的。由于仲裁案件数量巨大，制度上不可能像刑事诉讼那样，对案情的生成作职权主义的安排。当事人承担仲裁压力的法理依据及根本原因在于：仲裁确定的是当事人间的私益纠纷，仲裁机构作为准司法机构，并没有宪法上的授权与义务投入过多的司法公共资源。当事人是仲裁案件的亲历者，离案情最近，他们相对于仲裁员来说，在案情生成方面有天然的优势与便利。

最后，在仲裁过程中，经济利益纠纷的复合性决定了仲裁裁决书的定分止争功能在很多情况下是仲裁过程说理；而仲裁员的主要任务是引导仲裁。不接受调解，进入仲裁中的当事人双方一般都会认为自己有理，都为争取对自己有利的裁决书无所不用其极。随着案件的深入发展，必然累积了各种大量的、无序的陈述与申请材料。如何有序、有效地处理这些申请材料，去除对仲裁没有意义的申请材料，最终在定分止争目的的引领下形成对裁决有用的案情，是仲裁工作中一项极其重要的工序，既关系到仲裁的效率与质量，也关系到当事人在仲裁程序中对仲裁公正、公信的感受。实现在仲裁过程中，在程序框架内说理、定分止争，应以当事人主义为原则，充分调动当事人的能量，借力打力，引导当事人对焦点进行递进式交锋，穷尽申请材料，确定争点，并在此基础上发现定案的要点。从程序说理的高度规划，使仲裁资源整体性物尽其用，不但借力陈情制度让当事人说服当事人，让其自行穷理，更重要的是，通过程序的设计与仲裁技巧的运用，让当事人准备庭审，将仲裁员的工作量降到最低，从而让仲裁员专司裁判。这才是仲裁实战的真谛所在。

二、职权主义的内涵

（一）刑事诉讼制度中的职权主义

在刑事诉讼制度中，职权主义被定义为辩论主义的对称，又称审问式。法庭审理阶段诉讼的进行和证据的调查以法院为主，是不受当事人意向或主张拘束的一种混合式诉讼形式。职权主义是相对于当事人主义的另一种具有代表性的混合式诉讼形式。不论当事人是否声明陈述，法院皆可以依职权收集证据；不论当事人范围如何，法院甚至可以超越当事人申请的范围进行裁判。德国、法国等大陆法系国家多实行职权主义。所谓职权主义，就是对德、法等大陆法系国家所采用的刑事诉讼形式的一种理论概括。职权主义不同于当事人主义的主要特点是：（1）法庭对证据的调查始终以法官为主进行。法官亲自审问被告人，询问证人，出示物证、书证，对各种证据进行查对核实。法庭调查什么证据以及按照怎样的顺序调查等，均由法院决定，而不受当事人的意向或者主张的约束。检察官和辩护律师在得到法官允许后虽然也可以向证人发问，也可以出示物证、书证，但是检察官和辩护律师的这类活动一般不会成为法院调查的主要内容。（2）强调实质真实。刑事诉讼过程的各主要诉讼阶段都以实质真实为追求目标。（3）实行全案移送制度，即检察官向法院起诉时，将全部案卷材料和证据连同起诉书一并移送法院，使法官在开庭审判前就能全面系统地了解指控的犯罪事实和证据情况。（4）对证据的能力或资格，除用刑讯等非法手段取得的口供应予排除外，一般没有形式规则限制。[①]

[①] 参见刘家兴等主编：《北京大学法学百科全书：民事诉讼法学刑事诉讼法学行政诉讼法学司法鉴定学刑事侦查学》，北京大学出版社2001年版，第706页。

（二）民事诉讼制度中的职权主义

职权主义民事诉讼模式的形成和发展与法律传统和社会背景密切相关。例如，职权主义发端于罗马末世，当时法官主宰着诉讼的进程，这种传统演变为后来的职权主义诉讼模式。而欧洲大陆接受了教会法院所采用的诉讼模式，进一步巩固了职权主义诉讼模式的地位。然而，随着法律的发展和社会需求的变化，职权主义民事诉讼模式也面临着挑战和变革。例如，一些国家开始探索职权主义与当事人主义诉讼模式的融合，以适应现代社会的需求和法律实践的发展。这种融合不仅体现在国内法律实践中，也在国际刑事审判中得到了体现，如前南法庭的程序规则就是以一种很巧妙的方式将一些审问式程序结合、融入抗辩式程序，形成了独特的程序规则。总的来说，职权主义民事诉讼模式虽然强调法院的职权和作用，但在实践中也面临着与当事人主义诉讼模式的融合与借鉴的需求，以适应不断变化的社会需求和法律实践的发展。

民事诉讼制度中的职权主义是指法院在诉讼程序中拥有主导权，程序的进行以及诉讼资料、证据的收集等权能由法院担当。职权主义与当事人主义相对立，体现在民事诉讼中，职权主义强调法院在诉讼中的主导作用，特别是在证据的收集和调查方面。法官不依赖当事人的声明或陈述，可以依职权收集调查证据，讯问被告人和证人，采取必要的证明方法，以确保案件事实的真相。在这种模式下，当事人处于相对被动的地位，法官在审判中发挥主动指挥作用，以确保诉讼的顺利进行和案件事实的查清。

（三）仲裁制度中的职权主义

仲裁制度中的职权主义指的是在仲裁程序进行过程中，仲裁机构或仲裁员在仲裁程序中拥有主导权，能够主导仲裁程序的进行。职权主义可以分为职权进行主义和职权探知主义两个方面。一方面，在仲裁程序进行过程中，主流机构的仲裁规则体现了偏向形式期限的法定主义或仲裁员职权主义。例如，被申请人在收到仲裁申请书的 45 天内，需要提交答辩意见及反请求（如有）、证据和其他材料；申请人则应在收到反请求受理通知后 30 天内，针对被申请人的反请求提交答辩。这种规定体现了仲裁员在仲裁程序中的主导作用，确保仲裁程序能够按照规定的时间表顺利进行。① 另一方面，根据《仲裁法》第 43 条"当事人应当对自己的主张提供证据。仲裁庭认为有必要收集的证据，可以自行收集"和 2024 年 11 月 8 日全国人大发布的《仲裁法（修订草案）》第 52 条"当事人应当对自己的主张提供证据。仲裁庭认为有必要收集的证据，可以自行收集"的规定，可以看出，在必要时，仲裁庭可以依职权收集证据。

职权主义还涉及在仲裁过程中，仲裁员或仲裁机构有权指导和控制仲裁程序的进行，包括但不限于决定仲裁程序的具体步骤、时间和方式，以确保仲裁过程的高效和公正。这种主导权有助于确保仲裁程序能够根据实际情况灵活调整，以适应不同案件的特殊需求，从而更好地保护当事人的权益和促进争议的解决。除此之外，仲裁的本质是契约性，仲裁庭的权力来自当事人之间的仲裁协议，并非源于国家司法主权，仲裁庭是没有强制性权力的审理机构。因此，在整个仲裁过程中，它既缺乏必要的强制性权力和物质手段以保障仲裁程序的顺利进行，更无相应的权力确保仲裁裁决的执行，在此，需要法院给予必要的支持与协助。同时，由于仲裁庭的权力源于当事人，那么，它必然要受到一定的限制，仲裁员无权超越当事人的授权去做任何事情。权力既然有限制，就要同时受到监督和控制，如果没有必要的控制与监督，有限的权力势必膨胀为无限，这就是一些人担心仲裁会成为失控的"执法独立王国"的原因所在。如此，当事人的权益势必受损。基于此，除了需要法院的支持与协助，对仲裁进行必要的监督和控制亦是必要的，对于防止和减少错误裁决，有效维护一国法制的统一和

---

① 参见《七大国际仲裁机构仲裁规则对比解析》，载中国国际贸易促进委员会宁夏回族自治区委员会网，https：//nxccpit.nx.gov.cn/ssflfw/jmmcyj_65231/mymcyd_65233/202311/t20231117_4354463.html。

权威是有益的。①

仲裁制度中的职权主义主要体现在以下几个方面：（1）仲裁依法受国家监督。仲裁作为一种民间活动，虽然主要是当事人自愿将争议提交给选定的第三者进行裁决，但国家通过法院对仲裁协议的效力、仲裁程序的制定以及仲裁裁决的执行进行监督。当遇到当事人不自愿执行仲裁裁决的情况时，法院可以按照审判地法律所规定的范围进行干预。（2）意思自治与国家干预的平衡。仲裁制度充分体现了意思自治的精神，尊重当事人对适用法律的选择。然而，为了维护当事人的合法权益，维护正常的民事法律关系和社会经济秩序，以及促进仲裁程序的顺畅进行和裁决的承认与执行，国家对仲裁进行一定范围内的司法干预是必要的。（3）非讼程序下的职权主义。在特定情况下，如撤销仲裁裁决的申请②中，非讼程序适用职权主义。这意味着在非讼程序中，法院在判断是否有足够证据影响公正裁决时，可以依职权主动调查取证，而不局限于当事人的诉讼请求。这一原则是由非讼事件的公益性决定的，在大陆法系国家或地区，职权主义原则被认为是非讼程序的核心原则，也是争讼程序与非讼程序的分水岭。职权主义的内涵之一为职权探知主义，即法官应当运用职权主动收集证据和调查事实，不受申请人主张的事实和证据的限制。当事人以隐瞒证据为由申请撤销仲裁裁决的，应当提供证据证明对方当事人持有特定的证据。但在撤销仲裁裁决程序中，法院应当依职权主动收集证据。③这些职权主义的体现，确保了仲裁制度的公正性和效率，同时保证了国家对仲裁活动的必要监督和干预，以维护社会公共利益和法律秩序。

---

① 参见杜新丽：《论国际商事仲裁的司法审查与立法完善》，载《现代法学》2005 年第 6 期。
② 实务中，对于申请撤销仲裁裁决案件的性质存在一定的争议，但主流观点还是认为撤裁程序在性质上属于非讼（特别）程序。参见泸州仲裁委员会：《申请撤销仲裁裁决案件，法院以调解方式结案，属于违法》，载泸州仲裁委员会网，http://www.lzzcwyh.com/content/613.html。
③ 参见汉中仲裁委员会：《仲裁工作简报（2021 年第 6 期）》，载中汉仲裁委员会网 2021 年 8 月 25 日，http://www.hzzcwyh.cn/hzzcwwz/zcyd/202108/f84bbd495cc64697a8c4503ceba3baec.shtml。

在自然人甲与南昌 A 公司申请撤销仲裁裁决案[①]中，某仲裁委员会受理南昌 A 公司与自然人甲因《主播独家合作经纪协议书》引起的合同纠纷一案，于 2022 年 4 月作出仲裁裁决。自然人甲主张其在收到法院执行通知书后才得知该仲裁裁决，但其与南昌 A 公司之间没有任何关系，某仲裁委员会所作裁决依据的主要证据《主播独家合作经纪协议书》并非自然人甲所签，且案涉协议中银行收款账户户名虽与自然人甲的名字一致，但该银行账户户主身份证号码与自然人甲的身份证号码不符，南昌 A 公司向仲裁庭提供的联系电话也并非自然人甲的手机号码，致使自然人甲没有收到开庭通知及仲裁文书，未能参加仲裁庭审，丧失了辩论的机会，自然人甲以案涉仲裁裁决所根据的证据是伪造的为由，请求法院撤销该仲裁裁决。法院经审查认为，因自然人甲提供证据证明，其本人身份信息可能被人冒用并用于和南昌 A 公司签订案涉合同，而案涉合同上签名及手印是否为自然人甲本人所为，需通过鉴定才能确定。从纠正仲裁程序瑕疵、尽快解决双方争议的角度考虑，法院通知仲裁庭在一定期限内重新仲裁，同时裁定中止撤销程序。后该仲裁委员会重新仲裁，法院遂裁定终结撤销程序。仲裁庭在重新仲裁的过程中，申请人南昌 A 公司撤回了仲裁申请。该案体现了仲裁制度中的职权主义，说明仲裁依法受国家监督，法院在仲裁当事人身份可能存在错误、仲裁程序存在瑕疵的情况下以通知仲裁机构重新仲裁的方式给予仲裁庭弥补仲裁程序瑕疵的机会，较好地平衡了仲裁程序瑕疵与仲裁裁决终局性之间的关系。

在自然人甲与深圳 A 企业、自然人乙申请撤销仲裁裁决案[②]中，仲裁庭经审理认为，自然人甲未依照案涉合同的约定交付双方共同约定并视为有财产意义的比特币等，构成违约，应予赔偿。仲裁庭参考自然人乙提供的 okcoin.com 网站公布的合同约定履行时点有关比特币收盘价的公开信息，估算应赔偿的财产损失为 401,780 美元。仲裁庭裁决，变更深圳 A 企

---

① 参见福建省厦门市中级人民法院民事裁定书，（2022）闽 02 民特 273 号。
② 参见广东省深圳市中级人民法院民事裁定书，（2018）粤 03 民特 719 号。

业持有的深圳 B 公司 5% 股权至自然人甲名下；自然人甲向深圳 A 企业支付股权转让款 25 万元；自然人甲向自然人乙支付 401,780 美元（按裁决作出之日的美元兑人民币汇率结算为人民币）；自然人甲向自然人乙支付违约金 10 万元。后自然人甲认为该仲裁裁决违背社会公共利益，请求法院予以撤销。法院于 2020 年 4 月 26 日作出民事裁定，撤销了上述仲裁裁决。理由如下：《关于防范比特币风险的通知》（银发〔2013〕289 号）明确规定，比特币不具有与货币等同的法律地位，不能且不应作为货币在市场上流通使用。2017 年中国人民银行等七部委联合发布《关于防范代币发行融资风险的公告》重申了上述规定，同时从防范金融风险的角度进一步提出任何所谓的代币融资交易平台不得从事法定货币与代币、虚拟货币相互之间的兑换业务，不得买卖或作为中央对手方买卖代币或虚拟货币，不得为代币或虚拟货币提供定价、信息中介等服务。上述文件实质上禁止了比特币的兑付、交易及流通，炒作比特币等行为涉嫌从事非法金融活动，扰乱金融秩序，影响金融稳定。案涉仲裁裁决自然人甲赔偿自然人乙与比特币等值的美元，再将美元折算成人民币，实质上是变相支持了比特币与法定货币之间的兑付、交易，与上述文件精神不符，违背了社会公共利益，该仲裁裁决应予撤销。这就意味着，仲裁员应当依职权审查作为裁决依据的合同条款是否违背了社会公共利益，否则将面临被撤裁的风险。该案充分体现了当事人意思自治与国家干预的平衡。

在上海 A 公司申请撤销仲裁裁决特别程序案[①]中，法院作出判决，认为仲裁庭采纳未出庭证人证言，属于仲裁庭对案件实体处理与认定的职权范畴，不属于违反法定程序。在该案中，仲裁庭后被申请人补充了相关证据，并由仲裁庭寄送给申请人，但仲裁庭对该补充的证据并未组织进行质证，且该证据仅注明是案涉当事人手写的证人证言材料，案涉当事人并未出庭作证，因此，申请人认为仲裁庭并未进一步核实而直接采信该证据，

---

① 参见广东省深圳市中级人民法院民事裁定书，（2018）粤 03 民特 719 号。

违反仲裁程序。法院经审查认为，申请人并无证据证明仲裁裁决所根据的证据确属通过捏造、变造、提供虚假证明等非法方式形成或者获取的，因此，该申请撤销仲裁裁决的理由不能成立。仲裁庭对证据的采纳、事实的认定及法律适用、决定仲裁费用负担等问题，均属于仲裁庭对案件实体认定的职权范畴，并非《仲裁法》第58条规定的当事人可以申请撤销仲裁裁决的法定事由，因此法院对此不予审查。[①] 该案充分体现了非讼程序下的职权主义。

三、当事人主义与职权主义的优势与劣势

职权主义与当事人主义是程序法中相互拉扯的两种思维。如果横向比较，大陆法系更偏向于职权主义，英美法系更偏向于当事人主义。大陆法系更强调法官的作用，英美法系更注重辩方的影响。大陆法系更强调法律规则的可靠性，严格依法处断；英美法系更强调经验与判例，注重法律的灵活性与案例的参考性。这主要是文化传统的不同、地缘位置以及政治影响力、经济发展的差异性造成的。

（一）当事人主义的优势与劣势

1. 当事人主义的优势

当事人主义的优势主要体现在以下几个方面：（1）体现当事人的权利：在当事人主义模式下，当事人的权利得到充分体现，享有的诉权能够制约法院的审判权，从而保障当事人的合法权益。（2）实现程序公平和正义：当事人主义能够较充分地实现程序公平和程序正义，确保诉讼过程的公正性。（3）展示当事人的自由性：当事人的自由性能得到较大范围的展示，这种模式尊重当事人的自主选择，使当事人的个性化和多样

[①] 参见湖北省武汉市中级人民法院民事裁定书，(2021) 鄂01民特120号。

化的需求得到满足。(4) 注重发挥受裁判者的主观能动性：当事人主义诉讼模式注重发挥受裁判者的主观能动性，尊重当事人的自身处分权，使当事人在整个诉讼过程中积极参与庭审，并积极搜集、提供证据以说服法官作出利于自己的裁判。(5) 裁判的适当性容易体现：当事人积极参与诉讼过程，提供的有效证据多寡直接影响裁判结果，因此裁判的适当性也更容易体现，当事人对裁判结果更易接受。据此可知，当事人主义通过尊重当事人的权利和自由，以及注重发挥当事人的主观能动性，实现了程序公平和正义，同时使裁判的适当性更容易被接受和认可。

2. 当事人主义的劣势

当事人主义的劣势是法官或者仲裁员处于消极地位，不利于查明案件事实和降低诉讼或者仲裁成本，并且容易导致当事人滥用诉讼权利、拖延诉讼。例如，在当事人主义诉讼模式下，法官和仲裁员的角色主要是被动和中立的裁判者，不主动参与证据的收集和调查。这可能导致法官和仲裁员在案件事实的认定上缺乏主动性，从而可能影响案件的公正审理；法官和仲裁员不主动参与证据的收集，可能会错过一些关键证据，导致案件事实无法完全查明。此外，这种模式可能导致诉讼过程变得冗长和复杂，增加诉讼成本；在当事人主义模式下，当事人负责证据的调查、准备和提出，这可能导致一些当事人利用这一制度滥用诉讼权利，通过提出不必要的证据或使用拖延战术来拖延诉讼进程，从而影响诉讼效率。

虽然当事人主义诉讼模式能够充分调动当事人的积极性，有利于维护当事人的权益，体现诉讼的民主与公正，但其劣势也不容忽视，特别是在法官和仲裁员的积极性和主动性方面存在一定的局限性，可能导致案件事实认定上的不足和诉讼仲裁效率的降低。

(二) 职权主义的优势与劣势

1. 职权主义的优势

职权主义的优势主要包括诉讼效率较高和在实现实体正义方面有天然

优势。职权主义诉讼模式的特点之一是法官自始至终都要参与对案件的事实的发现和认定，并要实际指挥和控制整个诉讼过程。这种模式表现出较高的诉讼效率，因为在庭审过程中，法官可以主动进行案件阐述，对案件的争议事实与法律适用作出判断，从而加快诉讼进程。此外，职权主义在实现实体正义方面也具有天然优势，因为法官在组织、控制诉讼及调查取证等方面享有较大的职权，能够更直接地控制和引导诉讼过程，以确保实体法律的正确实施。尽管职权主义诉讼模式在某些方面表现出优势，但也有其局限性，特别是在与当事人主义诉讼模式的对比中。例如，职权主义限制了当事人的处分权，即当事人对诉讼程序的控制和决策权受到一定限制。此外，职权主义传统国家在引入当事人主义模式时可能会遇到程序杂糅失序的问题。

2. 职权主义的劣势

职权主义的劣势主要体现在以下几个方面：（1）可能导致法院的权力滥用。职权主义强调法院在诉讼程序中的主导作用，法院拥有较大的调查和裁判权力，这可能导致法院在行使权力时存在滥用的风险，从而对当事人的合法权益造成一定的限制。（2）可能降低诉讼效率。虽然职权主义可以提高诉讼效率，减少诉讼成本，但这种效率的提升是以牺牲当事人的主动性和责任为代价的，可能会导致诉讼程序的冗长和复杂，增加诉讼时间和成本，降低诉讼效率。（3）限制当事人的处分权。在职权主义模式下，法官在组织、控制诉讼及调查取证等方面享有较大的职权，而当事人的处分权受到了一定的限制，这不利于当事人积极参与诉讼过程，影响诉讼的公正性和透明度。（4）可能损害法院形象。职权主义可能助长法官专横的行为，损害法院的形象和公信力，因为过度的权力集中可能导致法官在处理案件时不够客观和中立。（5）可能使当事人的主动作用难以发挥。职权主义模式下，法院有权决定调查和审讯的方式和范围，同时可以根据案件情况主动收集证据和调查事实，这限制了当事人的主动作用，影响了当事人对自身权益的维护。据此可以看出，职权主义虽然有其优势，如在提高诉讼效率、减少诉讼成本方面的作用，但其劣势也不容忽视，特别是在保护当事人权益、促进诉讼公正和透明方面存在一定的局限性。

当事人主义诉讼模式虽然有其独特的优势，能够促进诉讼的民主与公正，但也存在明显的缺陷，如法官的消极地位可能导致案件事实难以查明，以及可能引发诉讼权利的滥用和诉讼的拖延。因此，在实施当事人主义诉讼模式时，需要权衡其利弊，采取相应的措施来弥补其不足。

四、仲裁实践中的当事人主义

仲裁实践中的当事人主义指的是在仲裁过程中，仲裁被视为一种竞技比赛，甚至是一种争斗，而仲裁员的角色是消极的仲裁者。在这种模式下，申请人和被申请人双方通过展示自己的法律知识和仲裁技巧来提出对自己有利的证据和辩护意见，整个仲裁过程主要由当事人控制。仲裁员在这个过程中应当保持消极的角色，不能依据职权主动收集证据，也不能自行确定审理的对象和争议点，从而确保仲裁的公正性和效率。此外，仲裁中的意思自治原则也是当事人主义的一个重要体现。这意味着当事人有权协议将争议提交仲裁解决，并且一旦选择仲裁，就受到自己这一选择的约束，不得再向法院起诉。这种自治原则不仅体现为当事人可以选择仲裁员，还体现为当事人可以对仲裁程序和仲裁结果产生直接影响。总之，仲裁中的当事人主义强调的是当事人的主动性和控制力，以及仲裁过程的公正性和效率，确保当事人的权利和义务得到合理维护和执行。

仲裁实践中的当事人主义主要体现在以下几个方面。

（一）当事人意思自治原则

意思自治原则是民法的最高指导原则。这一原则允许民事主体在法律允许的范围内自由地基于其意志进行民事活动，确保每个民事主体都有通过民事法律行为调整相互关系的可能性。意思自治原则在民法中的地位和作用主要体现在以下几个方面：（1）赋予民事主体广泛的行为自由。意思自治原则允许民事主体在法律规定的范围内自由地设立、变更和终止民事法律关系。（2）通过法律行为调整民事关系。民事主体可以通过法律行为调整他们之间的民事关系，确保每个民事主体都有通过民事法律行为调整相互关系的可能性。（3）保障民事主体的意志独立和自由。意思自治原则从法律制度上最大限度地保障民事主体活动中所享有的意志独立和意志自由，有助于促进市场经济的发展。尽管意思自治原则在民法中具有重要地位，但它并不是绝对的。诚实信用原则作为现代民法的最高指导原则，对意思自治原则进行了修正和限制，确保了民事活动的公平和正义。

在仲裁中，意思自治体现在仲裁协议不仅可以约定仲裁机构、仲裁规则，而且可以约定仲裁员（包括仲裁名册和非仲裁名册中的仲裁员）、放弃内部监督等内容。[①] 意思自治原则在国际仲裁中的重要性不仅体现为当事人可以选择适用的法律，还包括在选择仲裁机构、仲裁地点、仲裁规则以及仲裁员等方面的自主权。这一原则贯穿整个仲裁程序，允许当事人约定是否选择仲裁以及将哪些纠纷提交仲裁，法律禁止的情形除外。此外，为了迅速解决纠纷，当事人还可以根据需要约定简化仲裁程序，缩短审理期限。在仲裁中必须强调意思自治原则，借用加里·博恩先生在其著作《国际商事仲裁》中的一句话："而且，更根本的是，当事人以自己希望的方式解决'他们的'争端的自主权，本身就是一个开放、民主社会的一个极其重要的方面，也是这种社会所推崇的公民自主权的一个重要方面。"从法理上讲，虽然同属于争议解决程序，但是诉讼与仲裁存在根本性区别。诉讼是一项国家提供的公共产品，诉讼规则实行国家法定主义，不容

---

① 参见孙瑞玺：《我国商事仲裁内部监督过度行政化及其消解路径——兼对仲裁法及仲裁规则的修改建议》，载《厦门大学法律评论》2022年第1期。

诉讼当事人变更或只允许少量选择，如对于侵权行为的管辖问题，诉讼法可能会规定当事人可以在侵权行为的行为地和结果地之间选择。在很多时候，只要当事人进入了诉讼，即使不作任何选择，也会被一套已经既定且成熟的标准程序推动着前进。反观仲裁，仲裁是一项私人之间奉行的意思自治活动，它虽然会依托于国家法律的保障实施，但本身不是国家制定出来的法律规则，而是如同一份普通的商业合同一样属于私人自治的范畴。既然属于商业合同，那么仲裁协议也将同其他合同相同，首要原则是意思自治，即只要属于合同当事人的真实意思表示，就应认可其效力，除非违反法律的强制性规定或公共政策。① 需要注意的是，除了考虑法律外，仲裁结果必须考虑对社会和司法体制等的系统后果。虽然尊重当事人的意思自治是仲裁制度的基石，但要对当事人的意思自治进行必要的限制，如仲裁协议不得违反仲裁法的强制性规定，不得侵害第三人的合法权益，不得违背公序良俗等。

在惠州 A 公司与亚太 B 会计师事务所深圳分所申请确认仲裁协议效力②案中，申请人主张，其与被申请人签订的《房地产项目融资财务顾问协议》中并无其法定代表人或授权代表的签名，且所载明的仲裁条款约定"裁决期限为一个月"，而深圳仲裁委员会的仲裁规则中规定"仲裁裁决应当在仲裁庭组成之日起四个月内作出"，本案不应由深圳仲裁委员会受理。深圳市中级人民法院经审查认为，双方当事人均在《房地产项目融资财务顾问协议》上盖章，且均认可该协议的真实性，同时当事人有权在仲裁条款中对裁决期限作出不同规定，据此认定涉案仲裁条款有效，驳回了申请人的申请，理由如下：首先，双方均在《房地产项目融资财务顾问协议》上盖章，双方当事人均认可该协议的真实性，该协议系双方当事人的真实意思表示。其次，该协议第 6 条第 2 款的约定具有请求仲裁的意思表示、

---

① 参见乔焕然：《仲裁实践 | 国际仲裁法律效力基石—意思自治》，载微信公众号"植德律师事务所"2022 年 3 月 8 日，http：//mp.weixin.qq.com/s/pjDras8X-zDv3gIROo6KTg。
② 参见广东省深圳市中级人民法院民事裁定书，（2014）深中法涉外仲字第 308 号。

仲裁事项、选定的仲裁委员会，符合仲裁协议的构成要件，系有效的仲裁条款。最后，案涉仲裁规则第 4 条规定：仲裁委员会所受理的仲裁案件，适用该规则。当事人另有书面约定的，从其约定，但当事人约定适用的规则仲裁委员会认为无法实施或与仲裁地法律、法规的强制性规定相冲突的除外。据此，当事人有权书面对仲裁规则作出约定，案涉仲裁条款有关"裁决期为一个月"的约定系对仲裁期限的专门约定，不影响仲裁条款的效力。

在中国 A 公司与自然人甲申请确认仲裁协议效力案[①]中，自然人甲与基金管理人民生财富公司、基金托管人招商证券公司签订了基金合同、基金补充确认函、《"民生财富尊逸 9 号投资基金"份额认购（申购）确认书》。基金合同签订当日，自然人甲如约将 430 万元支付至民生财富公司指定募集账户。基金合同约定因该合同产生的或与本合同有关的一切争议，经友好协商未能解决的，应提交某仲裁委员会申请仲裁。2014 年 10 月，中国 A 公司向民生财富公司作出承诺函，承诺对民生财富公司发起设立并承担主动管理职责的资产管理产品的流动性及资产安全性提供增信担保支持。2021 年 9 月，自然人甲向约定的仲裁委员会提出仲裁申请，将民生财富公司、招商证券公司、中国 A 公司列为被申请人。2021 年 11 月，中国 A 公司向该仲裁委员会提出仲裁管辖权异议申请书，认为该仲裁委员会对自然人甲与其之间的争议无管辖权。2022 年 1 月，北京金融法院立案受理中国 A 公司申请确认仲裁协议效力一案。北京金融法院经审查认为，中国 A 公司并未直接与自然人甲签订基金合同，承诺函并非中国 A 公司向自然人甲出具的。中国 A 公司与自然人甲之间并未有明确的仲裁解决争议的意思表示，不存在仲裁协议。中国 A 公司在仲裁首次开庭前提出了异议，符合相关程序性规定，经询问某仲裁委员会，该委并未对仲裁效力异议作出决定。该院裁定确认中国 A 公司与自然人甲之间不存在仲裁协议。

---

① 参见北京金融法院民事裁定书，（2022）京 74 民特 13 号。

该案系主从合同中仲裁条款扩张效力认定的典型案例。当事人意思自治是仲裁协议的基石。法院充分尊重当事人的仲裁意愿，根据主从合同的关系、仲裁的特殊性、仲裁条款的要式性等，在从合同没有仲裁条款的情况下，认定主合同的仲裁条款对从合同不具有约束力。

上述案例充分体现了仲裁是一个完全不同于国家诉讼法体系及其实践的思维——当事人自己制定解决商事争议的程序法，仲裁协议系因当事人意思自治而造法的产物。正是因为世界各国承认仲裁协议当事人意思自治对国际仲裁具有奠基性，所以还会衍生出一个重要的概念——仲裁协议或条款的独立性特征。所以说，国际仲裁的法律效力基石不是议会经由表决而制定法律，而是协议当事人经由意思自治下的合意而制定仅适用于自身的争议解决法律。① 这也是当事人主义在仲裁制度中的充分体现。

（二）仲裁协议的效力

根据《仲裁法》第 18 条"仲裁协议对仲裁事项或者仲裁委员会没有约定或者约定不明确的，当事人可以补充协议；达不成补充协议，仲裁协议无效"的规定，未明确仲裁机构的仲裁协议无效，这一规定会导致未约定仲裁机构或约定仲裁机构不明的仲裁协议面临效力上的挑战。

在南昌 A 公司与武汉 B 公司申请撤销仲裁裁决案②中，申请人提出案涉供应协议约定的仲裁条款中关于仲裁机构的约定在中文文本中表述为"北京国际贸易仲裁委员会"，该表述不能指向北京任何一家仲裁机构，故该仲裁协议属于仲裁机构不明确，且双方未达成补充协议，仲裁协议无效，北京仲裁委员会认为，仲裁条款的英文文本明确约定该会为仲裁机构是错误的。北京市第四中级人民法院认为，根据案涉供应协议中的仲裁协

---

① 参见乔焕然：《仲裁实践丨国际仲裁法律效力基石—意思自治》，载微信公众号"植德律师事务所"2022 年 3 月 8 日，http://mp.weixin.qq.com/s/pjDras8X-zDv3gIROo6KTg。
② 参见北京市第四中级人民法院民事裁定书，（2023）京 04 民特 542 号。

议的中文文本的表述，无法完全对应仲裁机构，故中文文本对仲裁机构的表述的确存在不够准确的问题，但是根据英文文本能够指向具体、明确的仲裁机构即北京仲裁委员会，虽然合同中约定了"如有争议以中文文本为准"的内容，但中英文文本关于通过仲裁方式解决合同争议的意思表示是一致而明确的，并且双方约定：中英文本具有同等效力，两种文本在所有实质方面完全一致，因此，法院认为，即使仲裁协议的中文文本对仲裁机构表述不够准确，法院也应秉持有利于认定仲裁协议有效、支持当事人选择仲裁解决合同争议的原则，通过该仲裁协议的英文文本探究当事人的真意，既然仲裁协议的英文文本能够指向明确的仲裁机构，即应认定双方选定了仲裁机构。据此，应认定双方就案涉仲裁协议中的仲裁机构选定为北京仲裁委员会。该仲裁协议具有请求仲裁的意思表示、仲裁事项、选定的仲裁委员会，符合《仲裁法》第 16 条规定的仲裁协议有效的要素，申请人以仲裁裁决无仲裁协议为由主张撤销该裁决，法院不予支持。该案充分体现了将当事人"仲裁"的合意作为判断仲裁协议效力的核心，这也是当事人主义在仲裁制度中的体现。

在自然人甲、南京 A 公司与鹰潭 B 公司申请撤销仲裁裁决案[1]中，借款人南京 A 公司因资金周转需要，通过网络借贷平台与出借人曾某某签订借款合同。自然人甲以其所有的不动产为案涉借款提供抵押担保，并签订《抵押合同（三方）》。两份合同均约定发生争议由担保物所在地人民法院管辖。此后该合同债权经三次转让，最终由鹰潭 B 公司受让。鹰潭 B 公司向某仲裁委员会申请仲裁，某仲裁委员会作出裁决书。后南京 A 公司、自然人甲以其与鹰潭 B 公司之间并未约定仲裁条款为由，向南宁铁路运输中级法院申请撤销上述仲裁裁决。南宁铁路运输中级法院经审查认为，案涉借款合同中的仲裁条款系以印章方式加盖在合同条款中间的空白处，而《抵押合同（三方）》中的仲裁条款是以手写方式添加于第 11 条其他约定

---

[1] 参见南宁铁路运输中级法院民事裁定书，（2022）桂 71 民特 21 号。

事项中，印章内容与手写内容均系对争议解决条款的变更，在自然人甲、南京 A 公司否认该仲裁条款的情形下，该变更未经南京 A 公司和自然人甲以签字或其他方式予以确认，鹰潭 B 公司亦无证据证明该印章及手写内容经过南京 A 公司和自然人甲的确认，故不能认定曾某某与南京 A 公司、自然人甲就借款合同和《抵押合同（三方）》的争议解决方式变更为仲裁管辖达成了合意，本案不存在合法有效的仲裁协议。该院裁定撤销案涉仲裁裁决。该案明确，在合同约定的争议解决方式发生变更的情况下，仲裁机构有义务审慎识别合同相对方是否具有将纠纷提交仲裁解决的合意，以保障仲裁裁决的可执行性。

在韩国 A 会社、大成 B 公司与上海 C 公司申请确认仲裁协议效力案[①]中，韩国 A 会社与上海 C 公司签署承购协议，该协议第 14.2 条约定，对因该协议产生的或与之有关的任何争议，协商不成的，双方均同意将该等争议最终交由新加坡国际仲裁中心根据其仲裁规则在上海仲裁。后韩国 A 公司、上海 C 公司以及大成 B 公司签署《补充协议（一）》，将韩国 A 公司在承购协议项下的权利与义务转让给大成 B 公司，韩国 A 公司对大成 B 公司在承购协议合同期间内的义务履行承担连带保证责任。2016 年 3 月，韩国 A 公司、大成 B 公司共同向新加坡国际仲裁中心提出仲裁申请，请求仲裁庭认定上海 C 公司违约并裁决其履行支付义务等。在新加坡国际仲裁中心的仲裁程序中，上海 C 公司向仲裁庭提出管辖权异议。仲裁庭于 2017 年 7 月作出管辖权决定，多数意见认为案涉仲裁条款约定的开庭地点为中国上海，仲裁地为新加坡，仲裁协议准据法为新加坡法，案涉仲裁条款在新加坡法下有效，并认定仲裁庭对案涉争议有管辖权。2017 年 8 月，上海 C 公司向新加坡高等法院起诉要求确认仲裁庭对争议无管辖权。同月，新加坡高等法院判决认为，仲裁条款约定争议提交新加坡国际仲裁中心在上海仲裁应理解为仲裁地为新加坡。上海 C 公司上诉至新加坡最高法院上诉

---

① 参见上海市第一中级人民法院民事裁定书，（2020）沪 01 民特 83 号。

庭。2019年10月，新加坡最高法院上诉庭作出二审判决，认定案涉协议第14.2条约定"在上海仲裁"表明仲裁地在上海，而不是新加坡，但就仲裁庭对争议是否有管辖权等其他争议问题不作认定。为此，仲裁庭出具中止仲裁决定，等待中国法院确认案涉仲裁条款的效力。2020年1月，韩国A公司、大成B公司向上海市第一中级人民法院申请确认案涉仲裁条款效力。上海市第一中级人民法院经审理认为，该案承购协议第14.2条争议解决条款是当事人真实意思表示，对当事人具有合同约束力，根据仲裁条款上下文及各方当事人的解读，仲裁地点在中国上海，各方当事人亦确认仲裁协议准据法为中国法律，案涉仲裁条款有请求仲裁的意思表示，约定了仲裁事项，并选定了明确具体的仲裁机构新加坡国际仲裁中心，符合《仲裁法》第16条的规定，应认定有效。该案解决了当事人自愿约定将涉外争议提交境外仲裁机构仲裁但将仲裁地确定在我国境内的情形下仲裁条款效力的争议问题。我国仲裁法对于该问题没有作出规定，但司法实践不能以法无明文规定为由拒绝回应。从国际商事仲裁实践看，仲裁地作为法律意义上的地点，与仲裁庭的开庭地点、合议地点、调查取证地点等均没有必然的联系，其功能主要在于确定仲裁裁决籍属，确定有权行使司法监督权的管辖法院以及用于确定仲裁程序准据法、仲裁协议准据法等。上述案件中，当事人约定的仲裁地在上海，故新加坡最高法院上诉庭判决案涉仲裁条款效力宜由仲裁地法院即中国法院作为享有监督管辖权的法院予以认定，而不宜由新加坡法院作出认定。上海市第一中级人民法院结合我国法律对相关问题未作禁止性规定的实际情况，通过将《仲裁法》第16条规定的"选定的仲裁委员会"宽松解释为"仲裁机构"的方法填补法律漏洞，裁定当事人约定争议提交境外仲裁机构在我国境内仲裁的条款有效，展示了法院充分尊重当事人仲裁意愿、顺应国际仲裁发展趋势、求真务实解决问题的司法立场。除此之外，上海市第一中级人民法院作为仲裁地法院积极行使管辖权、准确适用法律、明确仲裁协议效力规则，为自由贸易试验区多元化解决纠纷营造了可预期的法治环境，对于上海加快建设亚太仲裁中心，打造国际上受欢迎的仲裁地具有十分重要的意义。①

（三）仲裁过程的控制

在当事人主义模式下，当事人拥有极大的权力，是形成裁决的主体。仲裁员作出的裁判依据必须以当事人提出的请求、提交的证据、作出的辩论意见为依据。整个庭审都为当事人充分地完全表达自己的意见提供了舞台。仲裁员在仲裁过程中处于消极仲裁者的地位，不主动收集证据或确定审理的对象和争议点。仲裁过程的控制主要涉及对仲裁权的制约机制和管理方式，确保仲裁过程在法律和社会公序良俗的框架内进行。这一过程包括入口控制、仲裁权的行使方式以及事后救济，确保仲裁的公正性和合法性，具体如下：（1）仲裁权的取得方式受到当事人选择权的制约，因此要确保仲裁程序的启动符合法律规定和社会公序良俗，这便是入口控制；（2）仲裁权的行使受到当事人处分权和程序参与权的制约，因此要控制仲裁权的行事方式以保证当事人的权利得到尊重和维护；（3）仲裁权的事后救济受到国家司法审查权的制约，对仲裁裁决进行监督和审查，确保裁决的合法性和有效性。此外，仲裁过程中的意思自治原则虽然重要，但必须在法律和社会公序良俗允许的范围内运用，避免引发不公平现象。法律对意思自治原则的干预和控制体现在对仲裁协议和仲裁裁决的认可上，确保仲裁过程和结果符合法律规定和社会公共利益。

仲裁过程的控制原则主要包括自愿原则、独立原则、根据事实和法律规定公平合理地解决纠纷原则、一裁终局原则，具体如下：（1）自愿原则是仲裁制度的基本原则，体现在当事人双方共同意愿选择仲裁方式解决纠纷、自主选定仲裁机构和仲裁员、约定仲裁程序事项等方面。当事人的合意具有优先效力，可以改变某些非强制性的仲裁规则，甚至约定自己的仲裁规则。（2）独立原则体现为仲裁机构和仲裁员在仲裁活动中依法独立进

---

① 参见最高人民法院新闻局：《最高人民法院发布仲裁司法审查典型案例》，载最高人民法院网 2024 年 1 月 16 日，https：//www.court.gov.cn/zixun/xiangqing/423292.html。

行，不受行政机关、社会团体和个人的干涉，确保仲裁在没有外来压力和干扰的情况下公正、及时地进行。（3）根据事实和法律规定公平合理地解决纠纷原则体现为，仲裁庭在处理纠纷时，必须全面、客观、深入地查清与案件有关的事实情况，分清是非曲直，并根据法律的有关规定确认当事人的权利和义务，确保仲裁结果的公平和合理。（4）一裁终局原则意味着仲裁裁决作出后，当事人就同一纠纷不能再申请仲裁或者向法院起诉。这一原则有助于提高仲裁效率，减少纠纷解决的成本和时间。上述原则共同构成了仲裁过程的核心，确保了仲裁活动的公正、高效进行，为当事人提供了一种有效的纠纷解决机制。

上述实践体现了当事人主义在仲裁领域的广泛应用，强调当事人的主导作用和仲裁员的被动角色，旨在促进仲裁作为争议解决方式之一的效率和公正。然而，一裁终局是普遍传统仲裁界的理性与实践，重复仲裁作为国际商事仲裁的纠错机制，在许多国家得以运用。深圳国际仲裁院在我国首先引入选择性复裁机制，但尚未见施行。在《仲裁法》修订背景下，寻找复裁程序规则未得以应用的原因，适时引入国际规则，寻求立法支撑已提上日程。

本章小结

仲裁的一裁终局性质使程序简单快捷，但这也意味着失去了二审、再审的监督作用，当事人没有进一步主张权利的回旋余地；仲裁协议的形式要件过于僵化，要求严格，可能导致许多本有意愿通过仲裁解决纠纷的当事人因非关键性内容的欠缺而无法达成有效的仲裁协议；我国《仲裁法》尚未赋予当事人选择仲裁程序的权利，且程序规定烦琐，带有诉讼色彩，这与仲裁体现的当事人意思自治、经济快捷的仲裁价值相违背；仲裁证据制度规定过于简单，基本上照搬民事诉讼法的证据条文，不适应仲裁实践的需要，缺乏现代仲裁应有的灵活性。为了弥补仲裁制度中的上述缺陷，充分发挥仲裁制度中的当事人主义，构建仲裁员阐明与律师参与双轨制当事人主义仲裁模式修正机制，能够有效减少仲裁员阐明这一单一修正机制不断强化带来的负面影响，实质性地补强当事人仲裁实施能力，减轻仲裁机构仲裁员成本负担和仲裁员业务负担，促进律师业健康发展，保障我国仲裁当事人主导型仲裁模式的早日完成。

第四章

商事逻辑

　　商事逻辑是企业、商人通过一连串的商业运作来达到营利目的的客观规律、思维方法。商事逻辑的核心是对经济利益和效率的追求。商业活动中的各方主体通常以理性经济人的假设为基础，通过最小的投入获取最大的回报。这种逻辑强调灵活性和效率，商业决策往往更加注重实际效果和利益最大化。[1]

　　法律逻辑则以法律规则和制度为基础，强调法律的权威性和普遍适用性。法律逻辑要求在司法裁判和法律适用过程中严格遵循法律条文和法律原则，确保裁判的公正性和一致性。法律逻辑注重程序的正当性和法律的稳定性，通过规范化和制度化的方式来解决争端和维护社会秩序。法官在裁判过程中需根据法律条文、司法解释和相关判例进行逻辑推理和法律适用，确保裁决符合法律规定。法律逻辑的出发点是对权利义务的考察，解决法律推理的正当性判定和目的、价值推导问题。[2]

　　商业逻辑与法律逻辑都是遵循一定的逻辑方法、思维技巧来发现、思考社会体系中的规律、规则的方法。但同时，二者的差异也十分明显：一般而言，商业逻辑更侧重于灵活应对市

---

[1] 参见李颖：《商业逻辑与法律逻辑的关系厘正与冲突消解》，载《人民司法（应用）》2018年第16期。

[2] 参见王洪：《法律逻辑的基本问题》，载《政法论坛》2006年第6期。

场变化，追求高效和创新，以营利为出发点，更注重效率和交易的安全、迅捷。法律逻辑则注重形式上的严格遵循法律规定，通过系统的法律推理来确保裁判的公平和公正。法律逻辑首先要思考法律的相关规定，确保裁判活动符合既定的法律条文；在法律没有规定的情况下，再探求法律的目的、原则、精神，给出针对具体事实的法律结论。

司法实务中，商业问题和法律问题常常交织在一起，难以分开。在每一个诉诸法院的商业纠纷背后，除了法律规则的适用外，还暗含商业规则。随着我国市场经济的发展与金融市场的改革创新，新型交易模式与新型商事纠纷不断增多，传统上以"权利义务"为中心、以"公平"理念为逻辑起点的民法思维可能无法很好地应对这一现实变化。一方面，这些新型交易模式往往涉及大量的技术细节和复杂的商业操作。另一方面，新型商事纠纷中，交易主体之间的力量对比、信息对称性和交易目的已经发生了巨大变化，在这一背景下，传统民法以"公平"理念为逻辑起点，强调在交易过程中保护弱势一方的权益的观念可能无法很好地应对。[1] 裁判者只有在了解、尊重商业逻辑的基础上运用法律逻辑，才能更好地解决商事纠纷，实现商业自由与法律秩序的有机统一。

然而，在目前的司法实践中，存在一些法官由于未能准确把握某一商事交易的行业惯例或市场实际，从而依据法律条文作出裁决，而这些裁决可能与实际的商业逻辑不符，导致以司法判断代替企业作出的商业判断，甚至违背商事交易的普遍惯例作出裁决的情况。例如，在认定合同的效力及违约责任的承担上，司法实践中往往把商事主体视为普通的民事主体，不考虑商事交易的本质特征和商人对营利的合理追求，而是一律从公平原则出发，对商人之间约定的违约金任意进行调整，尤其是根据相关司法解释的规定，约定的违约金超过造成损失30%的即认定为违约金过高，对超过部分的违约金不予支持。这样得出的案件结果可能因违背商业逻辑而偏

---

[1] 参见杨峰：《商法思维的逻辑结构与司法适用》，载《中国法学》2020年第6期。

离商业现实。① 事实上，商事主体是最合理的自身利益决策者，司法不应越俎代庖过多干涉商事主体之间的商事约定。在违约金的例子中，违约金的约定是商事主体为了维护自身利益、确保合同履行的正常安排和合理补偿的一种重要机制。商事主体在合同中设定违约金的标准，通常基于对市场风险、交易成本和自身利益的全面考量，此时违约金已然被纳入当事人交易决策的考虑成本。如果在商事案件审判时不考虑商事逻辑，而是以一般民事案件的法律逻辑进行审判，就忽略了商事逻辑特有的价值取向，导致司法裁判轻易取代商业判断，可能会极大损害经营自由和商业竞争秩序，最终阻碍社会经济的发展。

而相对于诉讼，仲裁更加注重商业判断。作为一种私人解决争端的方式，仲裁庭根据当事人达成的仲裁协议对争议进行裁决。在仲裁中，仲裁员通常是行业专业人士，能够更好地理解涉及商业交易的复杂性和技术性。与此相比，法院的法官可能并不具备与特定行业相关的专业知识和经验。因此，在仲裁中，仲裁员更可能采取一种更为灵活和实际的方法来解决争议，以最大限度地维护当事人的商业利益。仲裁员倾向于听取当事人的实际商业需要和利益，并根据这些因素作出裁决，而不是严格遵循法律规定。这种商业判断的优势使仲裁成为商业争端解决的首选方法之一。下文将从法律渊源、商业判断规则以及具体案例等方面对这一现象进行揭示。

一、法律渊源

（一）商事仲裁中的法律渊源

国际商事仲裁中，在确定争议实体部分所适用的法律时，仲裁庭首选双方当事人协议选择的法律，只有在当事人未明示选择所适用的法律时，

---

① 参见李长兵：《商法思维及其司法适用》，载《湖北经济学院学报》2017年第2期。

才根据法律冲突规则确定应适用的法律；在任何情况下，仲裁庭均应按照合同条款进行裁决，并充分考虑具体合同或交易中适用的商业惯例和行业标准。

例如，《联合国国际贸易法委员会仲裁规则》第35条规定："1. 仲裁庭应适用各方当事人指定适用于实体争议的法律规则。各方当事人未作此项指定的，仲裁庭应适用其认为适当的法律……3. 所有案件中，仲裁庭均应按照所订立的合同条款作出裁决，并应考虑到适用于有关交易的任何商业惯例。"除上述规则外，目前许多国际商事仲裁规则中规定，仲裁庭"在任何情况下"都应当考虑"贸易惯例"。[①]

从上述规定不难看出，"贸易惯例"在商事仲裁的法律渊源中占据重要位置。首先，贸易惯例在商事仲裁中提供了关于合同条款解释的重要参考。商事仲裁通常涉及复杂的合同和交易，这些合同和交易往往存在行业惯例和商事实践的影响。贸易惯例是特定行业或市场中普遍接受的做法，它们帮助解释合同条款的实际含义和商业背景。在合同条款模糊或不明确的情况下，仲裁庭会依据相关的贸易惯例来进行解释，从而确保裁决结果符合实际交易的预期。例如，国际贸易中的"国际贸易术语解释通则"就是一种被广泛接受的贸易惯例，它为交货条件的解释提供了标准化的指导。

其次，贸易惯例有助于仲裁庭理解当事人的商业行为和交易背景。在商事交易中，行业惯例通常影响着交易的方式和标准。当仲裁庭审理案件时，了解和应用这些惯例可以帮助其准确判断当事人是否按照行业标准履行了合同义务。如果仲裁庭忽视这些惯例，可能会导致对合同履行情况的错误评估，从而影响裁决的合理性和公正性。例如，在某些行

[①] 例如，1961年《欧洲国际商事仲裁公约》第7条第1款规定，"如果当事人没有决定应适用的法律，仲裁员可按照其认为可适用的冲突规则的规定，适用某种准据法……仲裁员均应考虑到合同条款和贸易惯例"。此外，1975年《国际商会仲裁规则》第13条第5款、《联合国国际商事仲裁示范法》第28条第4款、1981年法国《民事诉讼法》第1496条、1986年荷兰《民事诉讼法典》第1054条、2000年美国仲裁协会《国际仲裁规则》第29条第2款也存在相似规定。

业中，尽管合同未明确规定交货的宽限期，但行业惯例可能允许一定的宽限期。如果仲裁庭未考虑这一惯例，可能会作出与实际商业实践不符的裁决。

最后，贸易惯例对商事仲裁裁决的市场认可度和执行性也具有重要影响。商事仲裁的一个核心目标是确保裁决结果在实际商业操作中的有效性。如果仲裁庭在裁决过程中考虑了相关的贸易惯例，裁决结果更容易被市场参与者接受和执行。这种考虑有助于提高仲裁裁决的实际可操作性，维护商事交易的稳定性和商业信任。

在跨境商事仲裁中，贸易惯例的作用尤为重要。国际商事交易涉及不同国家和地区的法律和市场规则，仲裁庭需要考虑各种贸易惯例，以确保裁决的公平性和合理性。国际仲裁规则通常要求仲裁庭在处理跨境纠纷时结合适用的贸易惯例，从而实现对多元法律环境的平衡和适应。

总之，贸易惯例在商事仲裁的法律渊源中占据重要位置。它们不仅提供了合同条款解释的依据，还帮助仲裁庭理解商业行为和交易背景，提高裁决的市场认可度和实际可操作性。在国际商事仲裁中，考虑贸易惯例更是确保裁决公平和合理的重要手段。因此，商事仲裁实践中对贸易惯例的重视体现了对实际商业操作和行业标准的尊重，确保了仲裁裁决的有效性和公正性。

（二）民事诉讼中的法律渊源

民事诉讼中除涉外法律纠纷外，一般适用我国法律法规。尽管在《民法典》中提到"习惯"似乎可以作为法律渊源的一种，但在司法实践中，法官出于审慎考虑，适用法律法规的多，适用"习惯"的较少。

《民法典》第 10 条和第 12 条的内容涉及在处理民事纠纷和民事活动中对法律与商业习惯的适用及态度。《民法典》第 10 条[①]规定了处理民事

---

① 《民法典》第 10 条规定："处理民事纠纷，应当依照法律；法律没有规定的，可以适用习惯，但是不得违背公序良俗。"

纠纷的基本原则，该条文明确指出，处理民事纠纷首先应当依照法律。如果法律没有明确规定，可以适用习惯，前提是这种习惯不得违背公序良俗。这意味着，任何涉及民事权益的争议，首先应依据现行法律法规进行裁定。然而，当法律条文未对某一特定情况作出明确规定时，民事主体可以援引商业习惯或其他社会习惯作为处理依据。这种习惯需具备广泛认同和普遍适用性，并且在实质上不能违反社会的公共秩序与良好风俗，即不能与社会主流的道德观念、公共利益相冲突。

《民法典》第 12 条①规定了中国领域内民事活动的法律适用范围，该条文明确指出，在中国境内进行的民事活动应当适用中国法律，除非法律另有特别规定。这意味着，无论是个人还是法人在中国境内从事任何民事行为，都应当依据中国现行法律进行规范和调整。该条款还指出，若有其他法律特别规定某一特定情形的法律适用，则应当依照该特别规定进行处理。这一条款确保了中国法律在本国领域内的绝对权威，同时为特定法律情形提供了灵活的处理机制，保障了法律适用的明确性和一致性。

可以看出，《民法典》第 10 条和第 12 条对商业习惯的应用和态度体现了法律的优先适用原则以及习惯的补充原则，即在处理民事纠纷和进行民事活动时，应当首先适用法律；在法律未作出明确规定的情况下，可以适用习惯，但习惯不得违背公序良俗。这表明法律认可并尊重商业习惯在一定条件下的补充作用，但同时对其适用范围进行了限制。通过这些规定，《民法典》在确保法律权威的同时，也为商业习惯的合理应用提供了一定的空间。

此外，最高人民法院《关于裁判文书引用法律、法规等规范性法律文件的规定》（以下简称《引用规定》）的第 1 条及第 2 条通过规定法院在裁判文书中引用法律、法规等规范性法律文件的具体要求及顺序，体现了法院司法实践中对于商业惯例的态度：

---

① 《民法典》第 12 条规定："中华人民共和国领域内的民事活动，适用中华人民共和国法律。法律另有规定的，依照其规定。"

《引用规定》第 1 条①规定法院在裁判文书中应当依法引用相关法律、法规等规范性法律文件作为裁判依据，引用时应当准确完整地写明规范性法律文件的名称和条款序号；第 2 条②则规定了在裁判文书中并列引用多个规范性法律文件时的引用顺序，具体为：法律及法律解释、行政法规、地方性法规、自治条例或者单行条例、司法解释。同时引用两部以上法律的，应当先引用基本法律，后引用其他法律。引用包括实体法和程序法的，先引用实体法，后引用程序法。《引用规定》的此两条规定同样体现出在我国法院司法实践中基本法律的优先性以及商业管理的从属性地位。

综上所述，尽管习惯在社会生活中作为人类实践智慧发挥着重要作用，但在法律体系中，它无法与具有法律约束力的制定法等同。习惯作为法律依据的权威性虽然在某种程度上得到了承认，但其适用受到严格限制。一些学者将这种限制形容为"特殊条件"下的法源地位。具体而言，习惯的法律地位只有在特定的情境下才能得到承认，并且其适用需符合特定的条件和前提。③

（三）商事仲裁以及民商事诉讼法律渊源中对于商业习惯态度的差异

商事仲裁和民商事诉讼在法律渊源中对商业习惯的态度存在显著差异。这些差异主要体现在对商业惯例的接受程度、适用范围以及法律基础

---

① 《引用规定》第 1 条规定："人民法院的裁判文书应当依法引用相关法律、法规等规范性法律文件作为裁判依据。引用时应当准确完整写明规范性法律文件的名称、条款序号，需要引用具体条文的，应当整条引用。"

② 《引用规定》第 2 条规定："并列引用多个规范性法律文件的，引用顺序如下：法律及法律解释、行政法规、地方性法规、自治条例或者单行条例、司法解释。同时引用两部以上法律的，应当先引用基本法律，后引用其他法律。引用包括实体法和程序法的，先引用实体法，后引用程序法。"

③ 参见［法］勒内·达维德：《当代主要法律体系》，漆竹生译，上海译文出版社 1984 年版，第 121 页。

等方面。

商事仲裁对商业习惯保持较高的接受度和重视程度。在商事仲裁实践中，仲裁员通常会考虑行业内的惯例和实践，因为这些惯例和实践能够反映当事人之间的合理预期和行业标准。在仲裁过程中，商业习惯经常被用来解释合同条款、确定当事人的权利和义务，甚至在缺乏明确法律规定的情况下，直接作为裁决依据。同时，商事仲裁具有较高的灵活性，能够根据具体案件的特点和当事人的意愿调整程序和实质问题的处理。这种灵活性允许仲裁员在裁决中更广泛地引用和考虑商业习惯，确保裁决结果符合行业规范和商业现实。这导致在国际商事仲裁中，商业习惯和国际惯例具有特别重要的地位。国际商事仲裁机构，如国际商会仲裁院，经常在裁决中引用国际贸易惯例（如《国际贸易术语解释通则》）和行业惯例，以确保裁决具有国际认可度和可执行性。

相较于商事仲裁，民商事诉讼对商业习惯的接受度和重视程度相对较低。法院在审理案件时主要依赖成文法和判例法，只有在法律没有明确规定的情况下，才可能参考商业习惯。即使参考商业习惯，也需确保这些习惯不违背公序良俗。在民商事诉讼中，法院必须严格遵循法律规定，适用法律的顺序和范围受到严格限制。习惯法虽然在某些情况下可以作为补充性法律依据，但其适用条件严格，且必须符合国家法律体系的要求。法院更倾向于引用成文法和具有法律效力的规范性文件，而不是商业习惯。总体来说，法院在民商事诉讼中对商业习惯持谨慎态度。这是因为商业习惯往往缺乏明确的书面记录和统一的适用标准，可能导致法律适用的不确定性和不一致性。因此，法院在引用商业习惯时，通常会要求当事人提供充分的证据证明该习惯的存在和适用性。

综上所述，从法律基础角度来看，商事仲裁基于当事人之间的仲裁协议，具有较大的自由度和灵活性，可以广泛引用商业习惯。民商事诉讼则基于国家法律体系，法院必须严格按照成文法和法定程序进行裁决，对商业习惯的引用受到严格限制。从适用范围上讲，商事仲裁广泛适用于国际贸易和商业纠纷，商业习惯和国际惯例在其中扮演重要角色。民商事诉讼则主要适用于国内的民商事纠纷，商业习惯仅作为补充性法律依据，且适用条件严格。从裁决的灵活性角度看，商事仲裁员在裁决中享有较大的裁量权，可以灵活引用商业习惯，确保裁决符合商业现实和行业规范。民商事诉讼中的法官则必须严格遵循法律规定，引用商业习惯的灵活性较低。从对于证据的要求角度看，商事仲裁中，对商业习惯的引用较为宽松，仲裁员可以根据行业经验和惯例作出裁决。民商事诉讼中，法院对商业习惯的引用要求较高，需要当事人提供充分的证据证明该习惯的存在和适用性。

商事仲裁和民商事诉讼在对待商业习惯的态度上存在显著差异。商事仲裁对商业习惯有较高的接受度和重视程度，强调其在裁决中的重要性和灵活性。而民商事诉讼对商业习惯的引用较为谨慎，强调法律的优先适用和严格的法律程序。这种差异反映了两者在法律基础、适用范围、裁决灵活性和证据要求等方面的不同特点。

二、商业判断

（一）商业判断规则

商业判断规则又称经营判断法则或业务判断规则，是指董事在善意的基础上，根据合理的信息和一定的理性作出的经营决策，即使这些决策在结果上可能被视为不良或灾难性的，也可认定其未违反注意义务，从而有效地免受法律责难。[1] 这一规则的核心在于对司法权力的约束和对公司自主经营决策权的尊重，体现了法院在处理商事纠纷时运用商业逻辑的能力。这种规则确保了企业在面对复杂市场环境时，能够自由地作出符合自

---

[1] 参见傅穹、陈洪磊：《商业判断规则司法实证观察》，载《国家检察官学院学报》2021年第2期。

身利益的决策，而不必过度担心法律后果，从而促进了商业活动的灵活性和创新性。

首先，现代商业社会变化迅速，市场环境和公司情况随时可能发生变化。董事的决策必须基于当时的公司情况和市场信息，而不应受到"事后诸葛亮"式的评判。商业判断规则强调在决策时的即时性和合理性，而非事后的结果评估。公司董事在作出决策时，通常要在有限的时间内，根据当时可获得的信息，进行综合分析和判断。事后评估决策的正确与否，容易忽视当时环境的复杂性和不确定性，从而对董事的决策过程产生不公平的评判。商业判断规则通过保护董事在合理判断基础上的决策行为，避免了事后过度苛责，保障了决策的灵活性和自主性。

其次，商业经营活动本身充满风险，董事的决策通常是风险与收益并存的。在现代市场经济中，任何商业决策都不可避免地伴随一定的风险。董事在决策过程中需要综合考虑市场前景、竞争态势、公司资源等多种因素，评估潜在的风险与收益。商业判断规则理解并承认这一点，强调董事在作出决策时的合理性和尽职调查，而不是以事后的结果论成败。通过保护在合理判断和尽职调查基础上作出的商业决策，商业判断规则鼓励董事敢于创新和冒险，为公司争取更大的发展空间和市场机会。[1]

商业判断规则的重要性在于其能通过说服法官克服司法限制为董事和管理人员提供保护，鼓励他们在不确定的商业环境中作出果断的决策。商业判断规则减轻了他们因决策失误而可能面临的法律责任。这种保护机制不仅有助于减少董事和管理人员的决策压力，还能够鼓励他们更加大胆地进行创新和冒险，为公司争取更大的发展空间和市场机会，进而促进公司治理的有效性和市场活力。各国公司治理普遍赋予董事广泛的商业经营判断权，以鼓励及时决策和商业创新。尽管我国《公司法》第180条第1款、第2款吸收英美法上的董事受信义务原则，强调董事对公司的忠实和

---

[1] 参见赵鑫：《我国"商业判断规则"的适用难题与建构方案》，载《民商法争鸣》2022年第1期。

勤勉义务，增强了法律对董事的约束力，但法律未设立董事商业判断的免责机制。商业判断规则的不完善以及司法实践中的需求导致其在我国应用存在适用内涵、标准不统一和适用方式脱离原有模式等问题。仲裁庭因法律适用的灵活性通常从商业逻辑出发对董事的商业决策作出认定和判断，以确保裁决的合理性。

商业判断的代表性案例为美国的埃尔森诉刘易斯（Aronson v. Lewis）案。[①] 本案发生在 1984 年，迈耶斯公司的股东之一哈利·刘易斯提起了股东派生诉讼，声称公司董事会违反了受信义务。案件的核心争点在于刘易斯是否可以跳过向董事会提出诉求的步骤，直接提起股东派生诉讼。通常情况下，股东在提起派生诉讼之前，必须先要求董事会纠正其行为，除非能够证明这种要求是徒劳无益的（所谓的"futility"标准）。刘易斯声称，董事会的多数成员受制于公司首席执行官，因此要求董事会纠正行为是徒劳的。法院需要决定，股东是否提供了足够的证据证明董事会的决策存在欺诈、不诚实或严重的利益冲突，从而使这种诉求具有合理性。

美国特拉华州最高法院在最终裁定中拒绝了刘易斯直接提起诉讼的请求。法院确认，"商业判断规则"是衡量董事会行为的重要标准。根据这一规则，除非有明确的证据表明董事们的决策涉及欺诈、不诚实或严重过失，否则法院不应干预董事会的商业决策。法院指出，董事会的决策本质上是商业性的，不能简单地因为结果不理想或股东不满而推翻。法院还强调，董事会的独立性和董事的忠诚义务在审查过程中至关重要。

埃尔森诉刘易斯案对美国公司法和股东派生诉讼的司法审判实践产生了深远的影响，特别是在适用"商业判断规则"方面。通过这一判决，美国特拉华州最高法院确立了商业判断规则的应用。法院明确表示，董事会在作出商业决策时，享有高度的自由裁量权，除非能证明董事会的行为涉及欺诈、不诚实或严重的信义义务违背，否则法院不应轻易干预。这一规

---

① See Aronson v. Lewis, 473 A. 2d 805, 812 (1984), https://law.justia.com/cases/delaware/supreme-court/1984/473-a-2d-805-4.html.

则的确立有助于避免过度的司法干预，确保公司管理层能够有效地进行决策，维护公司治理的稳定性。埃尔森诉刘易斯案奠定了特拉华州公司法的重要基础，对后续的公司治理案件产生了重大影响。通过该案，法院加强了董事会的自主性和保护机制，防止股东滥用派生诉讼干预正常的公司管理。与此同时，法院在保护董事会决策权的同时，也促使董事会成员更加审慎地履行其受信义务，确保决策符合公司的最佳利益。

（二）民商事审判对于商业模式的认定

随着商业环境的不断变化和新兴商业模式的涌现，如何在民商事审判中准确认定和评估这些模式成了司法实践中的重要课题。尽管法律制度为审判提供了明确的框架，但面对复杂多变的商业实践，单纯依赖法律判断往往难以全面、公正地解决纠纷。本部分将结合典型案例，探讨法院在审理涉及商业模式的案件时所面临的挑战和局限性，分析其在法律判断与商业判断之间的取舍，并揭示民商事审判在商业模式认定上的薄弱之处。

1. 法院在面对新兴商业实践模式时倾向于依赖旧有路径

在某投资人诉某信托公司、某基金合伙企业信托合同纠纷案[①]中，某投资人与某信托公司签订信托合同后，资金通过复杂的投资架构流入基金项目，最终用于目标企业的投资。后基金的投资团队主导退出交易，某投资人指控某信托公司、某基金合伙企业未履行信义义务，未对基金投资团队在退出交易中的独立性及潜在利益冲突进行充分审查。

在这起案件中，法院认为，某信托公司作为受托人，负有信义义务，应当对投资团队在本次退出交易中的独立性和行为是否恰当进行审查，以排除可能存在的关联交易和利益输送情况。

一方面，关于投资团队在某基金合伙企业相关联的两个基金项目中均担任普通合伙人的问题，投资团队实际主导了两个底层项目的退出和重组

---

① 本案例因涉及保密要求，裁判文书号不予披露。

过程，并作为这两个项目的买方管理人或代持人，接受了买方的利益安排。因此，某信托公司应认识到可能存在关联交易和利益输送的风险。

另一方面，关于某信托公司在退出阶段是否尽责的问题，就底层基金项目采取市场法进行估值，法院认为被告某信托公司未能充分证明该项目的估值，因此应承担相应的法律后果，法院据此裁定该项目的流动性折扣为20%。

对于底层拟上市公司项目，由于某信托公司在向投资人发送的延期征询函中提及"项目拟登陆A股资本市场，计划继续持有至公司完成A股IPO后从二级市场退出"，法院认定某信托公司违反了其信义义务。因此，法院决定以该项目的首次公开募股（IPO）拟定发行价作为估值依据，取C轮融资股价与IPO拟发行价的均值作为计算投资人损失的依据。

然而，从商业判断的角度分析，底层项目的买方并非投资团队的关联公司，而是独立的第三方投资机构。所谓"通过投资团队关联公司间接持有底层项目"的论断与事实不符。实际上，这种交易安排符合国际通行并逐渐引入国内的S基金模式。在这种模式下，买方通过设立其他实体来收购原基金投资的底层项目，出于降低沟通和管理成本的考虑，继续聘请原基金管理人作为新设实体的管理人。案中涉及的底层项目退出安排符合S基金的典型交易模式，相关利益安排也是S基金模式下常见的交易条款，而非关联交易。S基金（Secondary Fund），即二手份额转让基金，专门投资于私募股权二级市场。它通过收购有限合伙人或普通合伙人的二手份额或投资项目组合，在实现溢价后出售以获取利润。S基金与传统的私募股权基金相比的主要区别在于其交易对象是私募基金管理人或有限合伙人，而不是标的企业。近年来，随着政府引导基金、保险等机构投资者进入私募股权市场，以及早期私募股权投资基金亟待退出的情况增多，私募股权二级市场和S基金迅速发展。S基金为投资者提供了在市场经济周期中选择适当"上下车"时机的机会，提升了资产的流动性，因此受到基金管理人和投资者的青睐。

此外，该案涉及的基金属于间接投资的私募资金，然而法院的判决按照传统直接投资业务和公募基金的审判思路来确认某信托公司作为有限合伙人的义务和责任，偏离了间接投资项下受托人义务的正常标准。判决以赔偿投资者损失为导向，推定某信托公司的责任，这在法律上值得进一步审视。

2. 民商事审判对于对赌协议效力认定观点变迁

对赌协议是一种在投资和并购交易中常见的合同安排，又称业绩对赌协议，是指投资方与融资方在股权投资协议中就未来目标公司业绩达标情况所达成的约定。具体而言，若目标公司在约定期限内实现了双方同意的业绩指标，投资方将按照约定给予融资方奖励或增加其股权；反之，若目标公司未能实现业绩指标，融资方需按照约定对投资方进行补偿或调整股权结构。对赌协议的主要要素包括业绩指标、对赌时间、奖励或补偿机制、争议解决机制等。业绩指标是双方需明确规定目标公司在何种期限内达到的具体业绩标准，如营收、净利润、市场份额等。对赌时间则是协议中需明确规定的具体时间段，通常为投资后的若干年。奖励或补偿机制是当目标公司业绩达标时，投资方给予融资方的奖励措施，如股权增值、现金奖励等；反之，未达标时融资方需对投资方的补偿措施如股份回购、股份转让、现金补偿等。争议解决机制则是协议中需规定一旦发生争议，双方将如何解决，如仲裁、诉讼等。

对赌协议在投资和并购交易中的主要作用体现在风险分担、利益激励、决策透明、投资安全等方面。对赌协议通过明确未来业绩与投资回报挂钩的条款，使投资方与融资方共同承担未来市场和经营的不确定性风险。通过设定明确的业绩目标和相应的奖励机制，对赌协议可以激励融资方努力实现既定的经营目标，从而提升目标公司的业绩表现。协议条款明确了双方的权利和义务，有助于减少未来可能的争议，使投资决策和管理更加透明和规范。对赌协议为投资方提供了一种保障机制，在目标公司业绩未达预期时，投资方可以通过补偿条款减少损失，从而提升投资的安全性。

对赌协议在现代投资和并购活动中的意义重大，主要体现在促进资本市场发展、优化公司治理、提升投资信心、维护市场秩序等方面。对赌协议通过有效的风险分担和利益激励机制，提升了资本市场的效率，促进了资本流动和资源配置。通过明确业绩目标和相应的奖励或补偿机制，对赌协议促使目标公司管理层更加关注经营绩效和企业价值，从而优化公司治理结构。对于投资方而言，对赌协议提供了一种风险管理工具，使投资方在面对高风险高收益的投资机会时更加有信心，从而推动资本市场的创新和发展。通过规范化的合同安排，对赌协议有助于减少投资和并购交易中的信息不对称和道德风险，维护市场的公平和秩序。

对于对赌协议的效力认定问题，我国民商事审判的观点几经变迁。

第一阶段：与目标公司对赌无效，与股东对赌有效。

"海富案"[①] 被称为我国对赌协议第一案。该案的基本案情为：投资方海富公司与被投资方世恒公司于2007年11月1日共同签署增资协议书，该增资协议书约定投资方海富公司向被投资方世恒公司投资2000万元；案涉增资协议书写明投资方为海富公司，被投资方为世恒公司及世恒公司的母公司迪亚公司，以上法定代表人享有现金补偿和股权回购的对赌条款。"海富案"的争议焦点主要是案件各方当事人所签署的现金补偿和对赌协议的法律效力问题。

一审法院甘肃省兰州市中级人民法院认为：《合同法》[②] 第52条第5项规定，违反法律、行政法规的强制性规定的合同无效。而该增资协议书中约定的对赌条款违反《中外合资经营企业法》[③] 第8条的规定，所以案件当事人签署的增资协议书中约定的补偿协议也就是对赌条款应认定为无效。二审法院甘肃省高级人民法院对于对赌条款的法律效力问题依然给出

---

① 参见最高人民法院民事判决书，（2012）民提字第11号。
② 《合同法》已因《民法典》施行而废止。
③ 《中外合资经营企业法》已因《外商投资法》施行而废止。

了否定的答案。甘肃省高级人民法院认为，增资协议书中所约定的补偿协议即对赌条款违背了投资领域风险共担的原则，因为该协议中约定的被投资方世恒公司如果不能完成协议约定的目标业绩，迪亚公司和世恒公司需要共同向投资方海富公司承担相应的补偿责任。该增资协议书中约定的补偿协议也就是对赌条款构成"明为联营，实为借贷"，应认定为无效。后该案由最高人民法院再审。最高人民法院于2012年11月7日作出最高人民法院（2012）民提字第11号裁决书，认为投资者与目标公司本身之间的补偿条款如果使投资者可以取得相对固定的收益，则该收益会脱离目标公司的经营业绩，直接或间接地损害公司利益和公司债权人利益，故应认定为无效；但目标公司股东对投资者的补偿承诺不违反法律法规的禁止性规定是有效的，即投资方与目标公司的股东对赌有效，与目标公司对赌无效。

虽然最高人民法院在"海富案"中确认了投资方与目标公司股东的对赌有效，但仍然否定了投资方与目标公司对赌协议的法律效力。甘肃省高级人民法院认为，案涉增资协议书中的对赌条款违背了风险共担原则，海富公司在对赌成功与失败两种情况下均可获益，却不需要承担风险，是违背风险共担原则的。然而事实上，在公司投融资中，投资方在大多数情况下不能掌握融资方的真实经营情况，融资方为了获得投资方的投资也存在向投资方提供虚假财务报表或者隐瞒真实经营的情况。这种背景下投资方进行投资承担着极大的风险，对赌条款的存在便是对投资方在投资中所具有的投资风险的规避。在投融资的过程中，投资方不仅要付出资金，还会对被投资的企业进行改制或者重组，以帮助被投资的企业能正常运营且保证其投资获得收益。这种背景下，认定投资人在签订对赌条款之后不再付出却只求收益不承担风险是不太恰当的。

第二阶段：与股东对赌，目标公司提供担保的有效。

在"翰霖案"①中,该案的一审、二审法院虽认可与股东对赌合法有效,但是将目标公司为股东回购股权提供担保的约定认定为无效,而最高人民法院再审判决肯定了目标公司为股东对赌提供担保合法有效。最高人民法院认为,合同无效的判定严格遵循法定主义,而二审判决否定担保条款效力的裁判理由不符合合同法关于合同无效的各类法定情形,该项认定已违反合同法基本规则,构成适用法律错误。原告已对瀚霖公司提供担保经过股东会决议尽到审慎注意和形式审查义务,瀚霖公司提供担保有利于自身经营发展需要,并不损害公司及公司中小股东权益,应当认定案涉担保条款合法有效,瀚霖公司应当对股权转让款及违约金承担连带清偿责任。

该判决虽未直接明确与目标公司对赌的效力,但是此后目标公司可以担保人的身份参与到对赌中。

第三阶段:与目标公司对赌有效。

在"华工案"②中,江苏省高级人民法院认为,我国《公司法》并不禁止有限责任公司回购本公司股份,有限责任公司回购本公司股份不当然违反我国《公司法》的强制性规定。有限责任公司在履行法定程序后回购本公司股份亦不会损害公司股东及债权人利益,不会构成对公司资本维持原则的违反。案涉对赌协议中关于股份回购的条款内容,是当事人特别设立的保护投资人利益的条款,属于缔约过程中当事人对投资合作商业风险的安排,系各方当事人的真实意思表示。江苏省高级人民法院的观点与此前最高人民法院确立的裁判规则不同,不仅认为与目标公司对赌有效,而且根据公司的法律履行可能和事实履行可能来支持公司立即履行。"华工案"动摇了"海富案"中关于与目标公司对赌无效的认定,但需要注意的是,"华工案"判决中法官仍然运用了很大篇幅论述说明,只有在与目标公司对赌不侵害债权人利益的情况下,才承认对赌协议,认定当事人与目

---

① 参见最高人民法院民事判决书,(2016)最高法民再128号。
② 参见江苏省高级人民法院民事判决书,(2019)苏民再62号。

标公司对赌有效。

第四阶段：与目标公司、股东对赌有效，能否实际履行需结合《公司法》判断。

2019年，最高人民法院印发《九民纪要》，规定投资方与目标公司订立的"对赌协议"在不存在法定无效事由的情况下，目标公司仅以存在股权回购或者金钱补偿约定为由，主张"对赌协议"无效的，法院不予支持，但投资方主张实际履行的，法院应当审查是否符合《公司法》关于"股东不得抽逃出资"及股份回购的强制性规定，判决是否支持其诉讼请求。至此，存有争议的对赌协议效力的标准得以统一，不再将对赌主体作为认定是否有效的依据。原则上，不存在无效事由的，对赌协议应当有效，但对赌协议约定的义务能否履行还需根据案件具体情况综合判断。《九民纪要》在对赌协议效力认定的问题上采用了一种效力与履行二分的观点。具体来说，虽然对赌协议可以被认定为有效，但在实际履行过程中，需要符合相关法律法规的规定，尤其是涉及公司法中的程序性要求和实质性条件。《九民纪要》对于对赌协议的效力认定相较于之前的司法实践更为宽松。这意味着，只要对赌协议在签订时符合法律法规的基本要求，且协议内容不违反公序良俗和社会公共利益，法院一般会认定其具有法律效力。尽管对赌协议被认定为有效，但在实际履行过程中仍然可能面临法律障碍。实践中，存在一些案例因公司未能进行减资程序导致对赌协议无法履行。根据公司法的规定，减资程序需要经过严格的法定程序，包括债权人通知、公告等步骤。如果公司未能完成这些程序，法院可能会驳回当事人关于履行对赌协议的请求。

综上所述，从总体来看，我国民商事审判对于对赌协议法律效力的认定经历了一个从保守到放开的逐步放松的过程。最高人民法院在2012年的"海富案"中仍持非常慎重的态度。投资人与被投资人之间的对赌协议是双方当事人根据各自真实意思表示作出的商业安排，其中包含着双方对目标公司的商业预期以及风险的分配，背后有内在的商业逻辑。而最高人民法院并没有十分全面地考虑投资人与被投资人之间的商业考量，仅根据一般法律逻辑认定投资者与目标公司的对赌协议无效。后来随着"对赌"案件的增多以及研究的深入，司法裁判才对对赌协议相关纠纷的意见逐步放松。

尽管有了开放的趋势，但我国法院在认定对赌协议的法律效力时依然保持了相当的谨慎性。具体体现在法院优先考虑债权人的合法权益，确保对赌协议的履行不会损害债权人的利益。在审理对赌协议案件时，法院会首先评估对赌协议是否侵害了债权人的合法权益，如果发现协议的履行可能对债权人造成不利影响，法院通常倾向于保护债权人的利益。此外，对赌协议的履行必须符合公司法中的相关程序性规定，如减资程序、股东大会决议等。这些程序性要求是法院审查对赌协议有效性的关键因素之一。如果公司未能依法完成这些程序，法院可能会驳回对赌协议的履行请求。法院还会评估协议内容是否违反公序良俗和社会公共利益，任何涉及非法或不道德行为的对赌协议都将被认定为无效。总之，法院在审查对赌协议时不仅关注合同自由原则，还严格遵循法律程序和社会公共利益的要求，以确保对赌协议的合法性和公平性。

3. 民商事审判对于搜索链接屏蔽的法律认定

在涉及新技术和新商业模式的纠纷中，商业逻辑与法律逻辑的冲突尤为显著。这类案件往往是首例案件，缺乏可供参考的先例，使法官在审理过程中难以深入理解新兴商业行为背后隐藏的商业逻辑，并评估商业惯例、自治规约及产业政策的存在与合理性。结果便可能因过度依赖法律逻辑进行形式推理而导致对新兴事物和商业活力的不当损害。

在北京甲公司诉北京乙公司不正当竞争纠纷案[①]中，案情涉及互联网商业模式的法律认定，展现了商业逻辑与法律逻辑之间的冲突。乙公司运营一款手机浏览器，该浏览器允许用户在搜索栏中设置默认搜索引擎。当用户选择将搜索引擎设置为甲公司时，乙公司在搜索栏下拉提示框的显著

---

① 参见北京知识产权法院民事判决书，（2015）京知民终字第557号。

位置展示了多个指向乙公司网站的提示词，点击这些提示词后，用户直接进入乙公司的相关服务页面。甲公司认为，乙公司在用户已经选择了甲公司作为默认搜索引擎的情况下，通过提示词将流量引导至乙公司，这种行为本质上构成了"流量劫持"。甲公司进一步主张，这种行为可能导致用户混淆，使用户误以为自己在使用甲公司的服务，实际上却被引导至乙公司的平台，因此构成不正当竞争。一审法院指出，虽然乙公司在其浏览器中利用用户的使用习惯推广自家服务，并不构成传统意义上的"流量劫持"，但其浏览器存在可能导致用户混淆的设计缺陷。一审法院认为，乙公司的行为不符合诚实信用原则，构成了不正当竞争。二审法院维持了一审法院的判决。这一案例中，法院肯定了互联网商业模式的市场价值，并进一步肯定了企业常用的商业模式所带来的"商业利益"。然而，商业主体的"利益"是否一定属于法律保护的对象，以及在商业利益相互冲突时如何进行选择保护，如何在商业利益与市场自由竞争之间寻求平衡，都是需要进一步探讨的问题。

笔者认为，法院在该案中对商业模式和经营行为的"强保护"状态存在泛滥保护的嫌疑，显示出司法对商业活动的干预。首先，互联网经济中，竞争往往表现为对用户注意力的争夺。乙公司通过在其浏览器中推广自家服务，是希望争取更多用户流量，这在互联网领域是一种常见且合理的商业策略。然而，法院的判决逻辑似乎默认了用户在选择甲公司搜索引擎后产生的流量应归甲公司所有，忽视了用户流量在互联网环境下的动态性和不确定性。这种逻辑可能导致过度保护既有商业模式，不利于鼓励创新和促进市场竞争。其次，商业模式是企业创造价值、获取竞争优势的手段。在市场竞争中，企业通过创新模式吸引用户和流量，这种行为应当受到尊重和鼓励。虽然法院判决意在保护甲公司的商业利益，但这种保护如果没有合理限度，可能会打击市场的创新活力，甚至遏制新商业模式的发展。此外，判决中对"混淆"的认定标准也值得进一步思考。互联网用户在使用不同服务时，往往具有较高的识别能力，而浏览器顶部栏显示的图标是否足以造成混淆，可能因用户的使用经验和技术素养而异。法院在此案例中的判决似乎倾向于保护传统商业模式，而忽视了用户自主选择和市场自由竞争的原则。

总体来看，该案例反映了法院在处理新兴技术和商业模式时的谨慎态度，强调了对既有商业利益的保护。然而，这种过度依赖法律逻辑的形式推理，可能导致对新兴事物和商业活力的不当损害。未来的司法实践中，需要更加灵活地适应新技术的快速发展，平衡市场竞争与法律保护之间的关系，从而推动经济与技术的创新发展。

上述案例揭示了我国法院民商事审判在认定商业模式时的不足之处。法院在面对新兴商业实践模式时，往往倾向于依赖旧有的法律路径，而非根据商业实践的实际情况进行灵活判断。对于对赌协议效力的认定，法院的观点存在变迁，反映了其在商业模式认定上的不确定性和缺乏稳定的法律基础。而在搜索链接屏蔽的法律认定中，法院更关注法律条文的适用，而非全面考虑商业模式对市场的影响和作用。总体来看，民商事审判对于案件中商业模式的认定较为薄弱，更多依赖法律判断而非商业判断，亟须在司法实践中加强对商业实际运作的理解和把握。

（三）仲裁庭对商业模式的认定

商事仲裁作为解决商业纠纷的一种重要途径，因其灵活性和专业性而受到广泛青睐。在处理涉及复杂商业模式的案件时，仲裁庭往往能够展现出较高的商业敏感度和专业判断力。本部分通过分析三个具体案例，探讨仲裁庭在认定和评估商业模式时的优势，展示其在商业判断上的细致和专业，进一步比较其与民商事审判在处理类似问题时的差异。

针对房地产开发公司股权转让合同中"额外补偿费"条款的效力问题，在某申请人与被申请人合同纠纷案中，[①] 仲裁庭认为"额外补偿费"

---

① 参见北京仲裁委员会、北京国际仲裁中心编：《股权转让案例精读》，商务印书馆2017年版，第444~474页。

条款在交易达成时具有合法有效性。该案涉及房地产开发项目股权转让中的"额外补偿费"条款的有效性及其在政策变化后适用的合理性问题。交易双方在股权转让过程中约定由受让方支付"额外补偿费",以反映目标公司所开发项目在未来可能带来的巨大升值空间。此"额外补偿费"旨在弥补目标公司股权价值因尚未取得项目土地而被低估的部分。尽管在股权转让时,目标公司已经通过与当地政府签署投资开发协议的方式获得了对目标土地的某种"排他性预期权",但在对目标公司股权价值的评估中,这一预期尚未被完全考虑。为弥补这一低估的结果,双方商定以"现有投入补偿+额外补偿费"的对价形式进行交易,其中"现有投入补偿"用于补偿出让方的实际投入。然而,在股权转让合同签订后,国家出台了一系列房地产调控政策,尤其是配套限价房和保障性住房等政策,导致原开发项目的利润空间缩减。受让方据此主张应减少支付"额外补偿费"。仲裁庭在审理过程中,首先确认了"额外补偿费"条款在交易达成时的合法有效性。仲裁庭认为,该条款反映了交易双方对目标公司未来升值潜力的合理预期,并且符合商业惯例中的常见做法。尽管在合同签订后,由于国家房地产政策的变化,原本预计的利润空间受到了限制,但仲裁庭认为,房地产市场价格在合同履行期间大幅上升,受让方仍然能够从交易中获得显著利益。因此,仲裁庭决定维持受让方支付"额外补偿费"的义务,但基于公平原则,仲裁庭对"额外补偿费"的数额进行了适当的缩减。这样的裁决既尊重了合同条款的原意,又适应了政策变化带来的实际情况,体现了自由裁量权的合理运用。

在该案中,仲裁庭在处理涉及复杂商业模式的股权转让纠纷时,展现出了高度的商业敏感度和专业判断力。首先,仲裁庭充分认识到"额外补偿费"这一条款的商业背景及其合理性。它不仅体现了交易双方对目标公司未来升值潜力的合理预期,也反映了在房地产开发项目中常见的风险分担和利益平衡机制。仲裁庭通过确认该条款的合法性,展现了对商业惯例和市场操作逻辑的深刻理解。其次,在面对政策变化带来的不确定性时,仲裁庭展示了其在复杂商业环境中灵活应对的能力。房地产市场的调控政策对项目的利润空间产生了直接影响，但仲裁庭并未简单地否定"额外补偿费"的合法性，而是通过酌减补偿金额的方式平衡了双方的利益。这种决策不仅体现了仲裁庭对合同自由原则的尊重，还展示了其在追求实质公平方面的专业判断力。最后，仲裁庭在裁定时考虑到了合同履行期间市场环境的变化，以及政策调整对实际盈利能力的影响。这种考虑不仅维护了合同的基本框架，还防止了市场或政策变动导致的利益失衡。这表明仲裁庭在处理此类案件时，能够灵活地适应商业模式中的复杂性，并作出符合商业现实和法律原则的判决。

总的来说，仲裁庭在该案中的表现，不仅显示出其在处理复杂商业模式纠纷时的商业敏感度，还突出了其专业的法律判断力。这种能力对于保护市场活力、促进商业创新具有重要意义，同时为类似案件的审理提供了有价值的参考。

在申请人诉被申请人氯化钙买卖合同仲裁案[1]中，申请人 A 与被申请人 B 签订了氯化钙买卖合同，约定的支付方式为"电汇"。合同签订后，被申请人拒绝向申请人供货，迫使申请人从另一公司购买了合同约定的货物并运往美国。由于新的采购价格和运费增加，申请人向仲裁庭提出索赔，要求被申请人赔偿因此产生的额外费用损失。被申请人辩称，由于合同中未明确规定是"货到付款"还是"款到发货"，而申请人尚未付款，所以被申请人有权依据同时履行抗辩权拒绝发货。仲裁庭经过审理后认为，尽管合同中约定了支付方式为"电汇"，但并未明确规定付款条件（如"货到付款"或"款到发货"）。依据贸易惯例，"电汇"支付通常在交单时进行，在合同履行期间被申请人并未提出"款到发货"的要求，其拒绝发货的理由不成立。此外，在申请人多次催促交货时，被申请人从未明确主张同时履行抗辩权，这进一步削弱了被申请人的抗辩理由。最终，

---

[1] 参见《氯化钙买卖合同仲裁案裁决书》，载中国国际经济贸易仲裁委员会网站 2006 年 9 月 26 日，http：//www.cietac.org.cn/index.php？m = Article&a = show&id = 232。

仲裁庭裁决被申请人赔偿申请人因货款增加和运费提高而产生的损失。

在该案中，仲裁庭的裁决展现了其对合同条款和国际贸易惯例的深刻理解，同时体现出处理复杂商业纠纷时的商业敏感度与专业判断力。首先，仲裁庭对"电汇"这一支付条款的解释显示了其对国际贸易惯例的敏锐把握。"电汇"在国际贸易中通常是与交单付款相关联的，而不是单纯的"款到发货"。仲裁庭通过这一惯例，明确了合同履行的应有程序，并指出被申请人未提出"款到发货"要求的行为，削弱了其拒绝发货的正当性。其次，仲裁庭注意到，在合同履行过程中，被申请人没有明确主张同时履行抗辩权，并在申请人催促交货时未提出合理的抗辩理由。仲裁庭的裁决强调了商业交易中的诚信原则，认定被申请人拒绝履行合同的行为缺乏合法依据。该案还反映了仲裁庭在商业纠纷中如何通过法律与商业实践的结合，作出平衡各方利益的公正裁决。仲裁庭不仅保护了申请人免受不当损失，同时维护了国际贸易中的基本诚信与公平原则。这种商业敏感度与专业判断力的体现，不仅保障了交易的顺利进行，也为未来类似案件的处理提供了有价值的参考。

在申请人对被申请人提起国际工程分包协议合同争议仲裁案[①]中，申请人与被申请人签订了《发电项目劳务分包合同》，约定申请人为被申请人位于泰国曼谷市的发电项目提供劳务分包服务。申请人认为被申请人拖欠工程款 1500 余万元，构成根本违约，因此向北京仲裁委员会提起仲裁，要求解除合同、支付拖欠的工程款，并赔偿工期延误造成的 1800 余万元损失。被申请人则提出反请求，要求申请人赔偿工期延误及工程质量问题给其造成的 3500 余万元损失。该案审理过程中，主要争议集中在工期延误责任及申请人基于工期延误提出的索赔主张上。仲裁庭分析了申请人提供的证据，发现申请人主要根据单个延误事件的持续时间主张合同工期的相应延长，并据此计算索赔费用。仲裁庭指出，施工管理中，工期延误的关键

---

① 参见《申请人对被申请人提起国际工程分包协议合同争议仲裁案》，载中国法律服务网，http：//alk. 12348. gov. cn/LawSelect/Detail？dbID＝75&dbName＝CWZC&sysID＝20。

在于是否影响了关键线路的工作。申请人未能提供工期网络计划来展示关键线路和非关键线路工作的自由时间,也未能证明被申请人就延误事件同意延长合同工期。仲裁庭还审查了申请人提供的财务凭证,包括工资表和考勤表,但这些证据无法有效区分正常履行费用和因延期增加的费用。最终,仲裁庭未支持申请人关于工期延误责任或损失索赔的主张,支持了被申请人关于工期延误及工程质量问题的反请求。

该案中的仲裁庭裁决展示了其在处理复杂商业模式纠纷时的商业敏感度和专业判断力,体现了对工程管理和合同履行规范的深刻理解。

首先,仲裁庭对工期延误责任的认定充分考虑了施工管理中的关键线路与非关键线路的影响。仲裁庭明确了只有关键线路的延误才会影响总体工期,而非关键线路的延误不会线性增加相关费用。申请人未能提供关键线路的工期网络计划及相关证据,未能证明其索赔主张的合理性。仲裁庭的判决展示了其对施工管理实务的精确把握,避免了因个别延误事件的误判影响整体裁决。其次,仲裁庭对申请人索赔的处理强调了索赔程序的严格执行。合同中明确规定了承包人需按照程序提出索赔,申请人未能证明其遵循了这一程序。最后,仲裁庭对申请人提供的财务证据进行了严格审查,这些证据未能证明正常履行费用与延期增加费用的区分。这反映了仲裁庭对合同条款和索赔程序的严格把控,确保了裁决的公正性。

通过对上述三起仲裁案件的分析,可以看出商事仲裁在处理涉及商业模式的纠纷时,展现出了高度的灵活性和专业性。仲裁庭不仅注重法律条文的适用,而且更能深入理解商业运作的实际需求和市场环境,对商业模式的认定更加细致和准确。仲裁庭在案件中展现出的对商业判断的高度敏感性和专业洞察力,使商事仲裁在处理复杂商业模式案件时,显得尤为重要和不可替代。

(四)商事仲裁与民商事审判在合同效力认定上的差异

商事仲裁与民商事审判在合同效力认定上的差异,充分反映了二者对待商事逻辑的不同态度。

首先,法院对于商事合同效力的态度经历了显著的转变。在1999年《合同法》颁布前,最高人民法院对于合同效力的认定倾向于否定。这一时期的司法实践中,合同无效的认定较为常见,反映了当时司法体系对合同自由和市场交易的谨慎态度。随着1999年《合同法》的颁布,立法理念开始转向鼓励合同自由,尽量促成交易。这一理念逐渐深入人心,使法院在认定合同效力时更加倾向于尊重当事人的意思自治和契约自由。然而,这种宽松态度在2019年《九民纪要》发布后有所收紧。最高人民法院在某些合同效力认定上开始更严格,强调合同的合法性和规范性,体现了对市场秩序和法律规范的重视。标志性事件是最高人民法院《关于进一步加强金融审判工作的若干意见》的出台,该意见明确提出要落实全国金融工作会议精神,服务和保障金融稳定发展,围绕服务实体经济、防控金融风险和深化金融改革三项任务,引导和规范金融交易。《九民纪要》公布后,收紧的态势更加明显,尤其是明确提出了穿透式审判思维,将涉及金融安全、市场秩序、国家宏观政策等公序良俗的规定一律界定为"效力性强制性规定",违反这些规定的合同均被认定为无效。

相比之下,仲裁机构对商事合同效力的认定始终较为宽松,没有显著的波动。仲裁机构在处理商事合同争议时,通常更注重合同当事人的真实意思表示和商业实践中的合理性,较少因为合同形式或细节问题而轻易认定合同无效。这种态度反映了仲裁机构对商事活动的理解和尊重,强调合同双方的意思自治和交易自主性。

法院对于合同效力较强的无效认定倾向背后是国家干预和管制思维。在审理合同纠纷时,特别是在涉及公共利益、社会秩序和法律规范时,法院往往倾向于通过严格的合同效力认定来维护国家法律的权威性和社会公共利益。这种干预和管制思维确保了市场交易的规范性和合法性,但也在一定程度上限制了合同自由和交易自主性。商事仲裁对于合同效力的宽松态度则反映了仲裁机构的民间属性和自治属性。仲裁作为一种替代性争议解决机制，强调商事活动的自主性和灵活性，尊重当事人之间的契约自由。仲裁机构通常由专业的商事仲裁员组成，他们更了解商业交易的实际需求和市场实践，因此在认定合同效力时更倾向于从商业逻辑和实际操作出发，而非严格按照法律条文干预。这种宽松的态度不仅提高了仲裁的效率和灵活性，也更符合商事主体对快速、公正解决纠纷的期望。商事仲裁与法院在合同效力认定上的差异还可以具体体现在它们对定向增发保底条款以及股权代持协议效力认定的态度上。法院通常会严格审查这些条款是否违反公序良俗或国家政策，而仲裁机构可能更多地关注合同双方的真实意思表示和商业逻辑，从而作出更为宽松的认定。商事仲裁与法院在合同效力认定上的差异，不仅体现了二者不同的立场和逻辑，也反映了各自背后的制度设计和价值取向。

为深入探讨这一问题，下文将分别就定向增发保底条款的效力认定和股权代持协议的效力认定，列举若干民商事审判和商事仲裁的典型案例。通过对这些案例的分析和对比，可以清晰地看到商事仲裁与法院在处理合同效力问题时的不同立场和判决逻辑，从而揭示出其背后的法律逻辑和商事逻辑的分歧。

1. 定向增发保底条款的效力认定

定向增发保底条款是指在企业定向增发过程中，为保障投资者利益而设置的一种特殊条款，其主要内容是，发行公司在定向增发完成后的一定期限内，如果市场价格低于定向增发价格，公司将按照约定补偿差额，保障投资者的投资本金或收益不受损失。这种条款在定向增发中起到重要的风险控制和投资保障作用，旨在增强投资者对定向增发交易的信心和参与意愿。定向增发保底条款的意义和作用不仅在于保护投资者的利益，还能有效提升企业定向增发的成功率和市场接受度。通过设立定向增发保底条款，企业能够吸引更多的投资者参与定向增发，尤其是那些对市场价格波动较为敏感的投资者。此外，定向增发保底条款还有助于企业管理层稳定市场情绪，减少定向增发过程中可能出现的价格波动和不确定性，有利于顺利完成资本筹集目标。历史上，定向增发保底条款的应用始于对投资者保护需求的增强和市场风险管理的不断完善。随着资本市场的发展和定向增发市场的日益活跃，定向增发保底条款逐渐成为企业和投资者在定向增发交易中常见的条款之一。其发展历程反映了市场主体对风险管理和投资保护意识逐步提升的过程，同时促进了资本市场的规范化和健康发展。

在现行法律和行政法规层面，定向增发保底条款的效力尚未被明确禁止，然而，一些行政规章对此持否定态度。例如，2020 年 2 月 14 日发布的《上市公司非公开发行股票实施细则》第 29 条明确规定："上市公司及其控股股东、实际控制人、主要股东不得向发行对象作出保底保收益或变相保底保收益承诺，且不得直接或通过利益相关方向发行对象提供财务资助或者补偿。"该实施细则虽已失效，但中国证监会于 2023 年 2 月 17 日颁布并实施的《上市公司证券发行注册管理办法》在第 66 条中仍延续并保留了该条规定的内容。此外，最高人民法院于 2022 年 6 月 23 日发布的《关于为深化新三板改革、设立北京证券交易所提供司法保障的若干意见》也明确规定，在上市公司定向增发等再融资过程中，对于投资方利用优势地位与上市公司及其控股股东、实际控制人或者主要股东订立的"定向增发保底"性质条款，因其赋予了投资方优越于其他同类股东的保证收益特殊权利，变相推高了中小企业融资成本，违反了证券法的公平原则和相关监管规定，法院应依法认定该条款无效。尽管《九民纪要》第 31 条对规章效力进行了提升，但《上市公司非公开发行股票实施细则》和《关于为深化新三板改革、设立北京证券交易所提供司法保障的若干意见》仍未对司法实践产生实质性影响。无论是法院还是仲裁机构，一般仍认定定向增发保底条款有效，其理由主要包括两点：首先，案件中的事实行为发生在《上市公司非公开发行股票实施细则》施行之前，法院一般依据法律不溯及既往的原则，判定"定向增发保底"条款有效，不受上述规定的约束；其次，《上市公司非公开发行股票实施细则》、《上市公司证券发行注册管理办法》和《关于为深化新三板改革、设立北京证券交易所提供司法保障的若干意见》在效力等级上属于部门规章，而根据合同法关于合同无效的规定，只有违反法律和行政法规的行为才能导致合同无效，因此认定"定向增发保底"条款具有法律效力。

尽管法院和仲裁机构在处理定向增发保底条款时通常都会倾向于认定其有效性，这一点具有一定的一致性，但两者在看待和评判这一问题时的视角和态度存在显著差异。下文的内容将通过对具体案例的分析，深入探讨法院和仲裁机构在认定定向增发保底条款有效性时所采用的不同逻辑和态度，进一步揭示这两类司法主体在处理商事争议时的不同立场与考量。

在一起上海仲裁委员会就申请人对被申请人定向增发保底协议效力进行仲裁的案件[①]中，2018年2月8日，申请人与两被申请人签订《收益保障协议》，该协议第3条第1款第1项约定，两被申请人向申请人保证申请人指定认购方（1号私募基金）成功认购标的股份而实际获得的年化投资收益率不低于11%，否则两被申请人自愿按该收益率直接向申请人补足差额部分。后申请人因两被申请人逾期支付差额补足款向上海仲裁委员会提起仲裁申请。两被申请人答辩认为，《收益保障协议》严重违法，属于无效合同，理由有三：一是《收益保障协议》系定向增发中投资人与上市公司大股东之间关于定向增发保底的约定，严重损害证券金融市场公共秩序和公序良俗；二是定向增发保底协议违背了证券投资行为和证券法根本原则之一的风险自负原则；三是定向增发保底协议违反了《证券法》《合同法》《民法总则》[②]的公平原则。仲裁庭认为，无论是《合同法》《证券法》，还是其他法律、行政法规，均没有对该案系争定向增发保底约定作出禁止性规定。虽然被申请人援引《证券法》《合同法》《民法总则》中关于公平原则的规定，认为案涉协议违反公平原则应当归于无效，但仲裁庭在对公平原则的解释上，侧重于签订协议双方主体之间的平等地位及权

---

① 参见《上海仲裁委员会就申请人对被申请人定向增发保底协议效力进行仲裁案》，载中国法律服务网，http：//alk.12348.gov.cn/Detail？dbID=77&dbName=GNZC&sysID=1439。

② 《民法总则》已因《民法典》施行而废止。

利义务关系，认为案涉协议各方的主体地位平等，订立合同系当事人各方真实、自愿的意思表示，合同约定的当事人各方权利义务对等，所承担的民事责任公平、合理。由于商事交易活动的灵活性和多样性，各项融资交易中存在多种保底性质的增信措施。司法实践中常见的保底协议有保本保收益承诺、份额回购/转让、差额补足等类型。保底协议多数是当事人意思自治的结果，但其性质在一定程度上违背了投资具有风险的本质特征。虽然在监管层面可以认定保底协议原则上不合规，会导致行政处罚或行业处罚。但在司法审判的角度，因规定多为部门规章或行业协会的管理性规定，效力等级较低，保底协议未违反法律、行政法规的强制性规定，并不一定会被认定为无效。

在甲公司等合同纠纷案[1]中，2018年1月5日，自然人A与甲公司签订了一份认购协议书。协议中，甲公司承诺对自然人A的认购本金及收益提供保证。后来，双方因协议内容产生纠纷。甲公司主张认购协议书的实质内容为定向增发保底协议，并认为该保底条款违反了《公司法》（2018年修正）、《证券法》、《证券发行与承销管理办法》（2017年修正）以及《上市公司非公开发行股票实施细则》（2020年修正）[2]等相关规定，因此该协议应被认定为无效。一审法院认定认购协议书是双方当事人的真实意思表示，且协议内容未违反法律、行政法规的强制性规定，应认定为有效，双方当事人需依约履行各自的义务。二审法院维持了一审法院的认定，认为认购协议书的交易安排是各方当事人自愿对资金融入、退出及补偿等事宜的安排。该协议内容并未明显增加市场风险或破坏市场稳定性，也没有证据表明甲公司的补偿承诺损害了债权人利益及社会公共利益，因此确认协议有效。在认购协议书的合同效力认定过程中，一审和二审法院的审理严格依据《合同法》及相关司法解释。法院认为合同的有效性必须以全国人大及其常委会制定的法律或国务院制定的行政法规为依据，并未

---

[1] 参见北京市高级人民法院民事判决书，（2021）京民终292号。
[2] 此细则已因《上市公司证券发行注册管理办法》施行而失效。

采纳甲公司关于认购协议书无效的主张。法院详细分析了甲公司提出的法律依据是否符合效力性强制性规定的标准，认定其主张不符合这些标准，因此判定合同有效。这一审判过程体现了法院对合同效力的严格法律逻辑，确保了法律的权威性和一致性，但可能忽略了合同内容对市场实际情况的反映以及实际交易中的商事逻辑。

在自然人 A 等与甲公司合同纠纷案[①]中，2017 年 11 月 23 日，甲公司（投资方）与乙公司、丙公司及自然人 A、自然人 B、自然人 C、自然人 D 签订了框架协议、补充协议和《现金补偿协议》。这些协议中包含差额补足条款，旨在确保甲公司在投资过程中获得最低收益。自然人 A、自然人 B、自然人 C、自然人 D 随后主张，这些协议因存在保底承诺，违反了强制性规定，应被认定为无效。法院认为，自然人 A、自然人 B、自然人 C、自然人 D 所依据的《证券期货经营机构私募资产管理计划备案管理规范第 4 号》和《关于加强私募投资基金监管的若干规定》均属于部门规章及规范性文件，并不能直接作为判定合同效力的依据。此外，中国证券监督管理委员会发布的《上市公司非公开发行股票实施细则》和《创业板上市公司证券发行注册管理办法（暂行）》[②] 明确禁止向发行对象作出保底或保收益的承诺，但这些规定均在案涉协议签订之后出台。基于法不溯及既往原则，法院认为这些规定不应适用于该案，最终裁定相关协议有效，双方应依约履行。民商事审判中，法院通常对法律和行政法规的适用更为严格，尤其是在合同效力的认定上，法官往往依赖现行的法律框架和条文解释。在该案中，法院基于相关规章文件是在案涉协议签订之后出台的这一事实，认定这些文件对案涉定向增发保底协议不具有溯及力，因此确认定向增发保底条款的有效性。这一裁决反映了法院在适用法律时严格遵循法律文件的时间效力原则，并强调了保障当事人基于现行法律所作出交易决策的合法性和稳定性。通过这一认定，法院在一定程度上保护了合同双方在

---

① 参见北京市第二中级人民法院民事判决书，（2022）京 02 民终 6084 号。
② 此管理办法已因《上市公司证券发行注册管理办法》施行而失效。

签订协议时的合理预期,避免了因后续法律文件的出台而对已成立的合法交易关系产生不利影响。

在杭州甲合伙企业与自然人 A 等合同纠纷案①中,杭州甲合伙企业与自然人 A 签订了 3 号协议书,其核心内容是差额补足条款。根据该协议,如果上市公司定向增发的股票未能达到预期收益,自然人 A 将承担亏损部分,并提供保证金作为追加保障措施。此协议在后续产生了纠纷,自然人 A 等主张该协议违反了相关法律规定,应属无效。

一审法院认为,案涉协议在签订时并未违反当时有效的法律或行政法规,因此认定协议有效。然而,二审法院推翻了一审判决,认定该协议无效。二审法院认为,3 号协议书实质上是一个差额补足协议,构成了上市公司定向增发股票中的保底承诺。根据《证券法》第 3 条、第 4 条、第 27 条及《公司法》(2018 年修正)第 126 条第 1 款②、《证券发行与承销管理办法》(2014 年修订)第 16 条③的规定,上市公司的利益相关方不得通过"抽屉协议"向发行对象作出保底承诺。自然人 A 作为上市公司实控人,通过该协议作出的承诺,违反了上述法律规定,并且其履行可能破坏市场公平竞争,影响上市公司控制权的稳定性,误导投资者。因此,二审法院认定该协议因损害广大投资者的合法权益和扰乱市场秩序而无效。再审法院对二审法院的判决予以维持,裁定驳回了某基金公司的再审申请。该案中,法院在合同效力认定上展现了对证券市场公平性和稳定性的高度重视。北京市高级人民法院在终审判决中强调了防止"抽屉协议"破坏市场公平竞争的必要性,体现了其对证券法相关规定的严格执行。与此相对,商事仲裁在类似合同纠纷中往往更注重当事人的意思自治和合同的商业逻辑,可能在合同效力认定上更倾向于考虑合同双方的商业利益和实际履行情况。这种差异反映出法院在处理涉及公众利益的商事合同时,更加强调

---

① 参见北京市高级人民法院民事裁定书,(2023)京民申 4917 号。
② 相关规定参见《公司法》(2023 年修订)第 143 条第 1 款。
③ 相关规定参见《证券发行与承销管理办法》(2023 年修订)第 27 条。

对市场秩序的维护和对投资者权益的保护。

　　通过对上述多个案件的分析可以观察到，在司法实践中，法院和仲裁机构通常仍然对定向增发保底条款的效力予以认定。然而，两者在认定定向增发保底条款有效性时的视角和态度存在显著差异：商事仲裁通常倾向于尊重当事人意思自治的原则，认为定向增发保底条款是双方当事人的真实意思表示，因此认定其有效。这种做法体现了仲裁机构在商事纠纷中对当事人合同自由的高度尊重。相较之下，法院在审理此类案件时所采取的立场更加谨慎和复杂。在前述三个民商事审判案例中，法院在认定定向增发保底条款有效性的问题上展示了不同的逻辑推理和法律考量。前两个案例中，法院分别基于以下两点作出了定向增发保底条款有效的认定：其一，法院认为案件审理时并没有明确的法律或行政法规对定向增发保底条款作出强制性无效的规定；其二，法院指出相关规章文件是在案涉协议签订之后出台的，对案涉定向增发保底协议不具有溯及力。因此，这些判决在一定程度上表现出法院在现行法律框架下对定向增发保底条款效力问题的审慎和权衡。然而，第三个民商事审判案例的二审判决却展现了不同的态度，直接推翻了一审对定向增发保底条款有效的认定。二审法院认为，定向增发保底条款不仅有损广大投资者的合法权益，而且对市场秩序构成了扰乱，因而认定该协议无效。这一判决反映了法院在面对涉及公共利益的重大商事案件时，倾向于更加严格地审查合同条款的合法性，并在必要时通过无效认定来保护市场的公平性和稳定性。

　　综上所述，商事仲裁机构在认定定向增发保底条款的效力时，更倾向于尊重当事人在签订合同时的商事考量和意思自治，强调合同双方真实意图的重要性。而法院在处理类似问题时更加关注法律文件的效力和溯及力，并且在必要时，会以维护社会公共利益为由，突破法律文件效力和溯及力的限制。法院的这种立场体现了其在审慎考量法律规范的同时，致力于平衡个案中的利益冲突，以维护市场秩序和公众利益。

2. 股权代持协议的效力认定

类似于定向增发保底条款，目前我国法律及行政法规中同样不存在对于股权代持的明确禁止性规定，仅在《商业银行股权管理暂行办法》《保险公司股权管理办法》等规章中存在对商业银行、保险公司股权代持的禁止性规定。然而，在司法实践中，已经出现多起认定商业银行、保险公司股权代持协议无效的案例。

相较于法院依据规章认定商业银行、保险公司股权代持协议无效的做法，商事仲裁中的仲裁庭并不一定会持此观点。事实上，商事仲裁案例中存在一些仲裁庭认定这类协议有效的情况。商事仲裁的特点在于更加注重合同背景、实际意图以及商业惯例的适用，这使其判断更为灵活和贴近商业实务的需求，为涉及商业银行股权代持的争议提供了多样化和灵活的解决途径。

在新乡市甲公司、自然人 A 案外人执行异议之诉案[①]中，该案涉及乙农商行（商业银行）股权的委托代持协议。根据 2018 年 1 月 5 日原中国银行业监督管理委员会发布的《商业银行股权管理暂行办法》，商业银行的股东必须使用自有资金入股，并不得委托他人或接受他人委托持有商业银行股权。然而，乙农商行的股东违反了这一规定，通过委托代持的方式持股。最高人民法院在审理过程中认定，《商业银行股权管理暂行办法》对商业银行股权的代持行为持否定态度，明确要求商业银行股东不得委托他人或接受他人委托持有商业银行股权。法院认为，如果轻易承认和保护实际出资人的权益，会导致不正常的公司持股现象增加，并增加交易成本，危及交易安全。进一步，法院指出，若一概承认实际出资人排除执行的权利，股权代持协议可能被滥用为规避法律监督、逃避责任的工具，最终损害市场秩序和公共利益。因此，法院对商业银行股权的代持行为不予肯定和支持，认定该类协议无效。最高人民法院在该案中的判决明确传达

---

① 参见最高人民法院民事判决书，（2018）最高法民再 325 号。

了其对商业银行股权代持行为的否定立场。这一立场不仅基于《商业银行股权管理暂行办法》中的规定，更反映了法院对市场秩序和金融安全的高度重视。法院担心，若对商业银行股权代持协议予以肯定，可能会在实践中发出错误信号，导致股东通过代持行为规避应有的监管义务和法律责任。这不仅会破坏市场的正常秩序，还可能使商业银行的股权结构更加不透明，增加金融系统的风险。法院在处理商业银行股权代持问题时，通过否定代持协议的效力，阻止了可能产生的金融风险和法律漏洞，确保了市场的透明度和公平性。总体来看，法院在该案中的判决不仅是对个案的裁定，更是对市场规则的一次重申，体现了司法在金融监管中的重要作用。在金融交易中，法院对合同效力的认定往往不仅基于当事人的约定，还会综合考虑公共利益和市场秩序的需要，这与仲裁庭在类似案件中的处理方式形成了鲜明的对比。

在2018年度上海法院金融商事审判十大案例之中，有一件典型案例涉及一起跨国股权代持纠纷案，对于双方于2005年签订的隐名代持协议，上海金融法院判决隐名代持协议无效。① 法院认为，《民法总则》第153条第2款②规定了"违背公序良俗的民事法律行为无效"。公序良俗的概念弹性较大，涉及证券领域的公共秩序时，应从实体正义和程序正当两个层面考察。证券发行人须如实披露股份权属，《证券法》和《首次公开发行股票并上市管理办法》③ 明确禁止股份隐名代持，涉及证券市场的整体法治秩序和广大投资者的合法权益。因此，隐名代持协议违反了公共秩序，应认定无效。在认定代持协议无效后，法院依照公平原则，根据双方对投资收益的贡献和承担的风险，合理分配收益。名义持有人与实际投资人同意以拍卖、变卖所得返还投资款和支付股份增值收益，属于合法处分权利，法院予以支持。该案中，法院一改此前必须由公共利益为规章背书才敢将规

---

① 参见上海金融法院民事判决书，（2018）沪74民初585号。
② 相关规定参见《民法典》第153条第2款。
③ 此办法已因《首次公开发行股票注册管理办法》施行而废止。

章作为有效性判断标准的做法，将《证券法》和《首次公开发行股票并上市管理办法》的规定直接作为合同效力判断的标准，突显了对市场规则的强调，并进一步确保了证券市场的透明性和稳定性。这种做法表明了法院在商事案件中对证券市场规则的严格遵守，以及对市场公平和公共秩序的重视。具体来说，法院对案涉股份认购与托管协议的无效认定，基于这些规章对于隐名代持行为的明确禁止，反映了对证券市场法治秩序的坚守。《证券法》和《首次公开发行股票并上市管理办法》旨在确保市场信息的透明和公平，避免隐名代持影响投资者权益和市场稳定。法院将这些法规作为判断合同效力的基础，增强了对证券市场的监管效能。这表明，法院在商事案件的裁判过程中，尤其是在涉及公共利益和市场秩序时，往往会采取更为严格和保守的立场，以保障法律法规的权威和市场的公平。

与此同时，在股份权益转让协议仲裁案[①]中，2017年，申请人与被申请人签署了《关于A银行股份有限公司股份权益转让协议》（以下简称《转让协议》）及其补充协议。根据上述协议，申请人同意以52亿元收购被申请人委托甲公司代持的A银行117，103万股股份。然而，截至2017年11月28日，申请人已向被申请人支付了52亿元，但被申请人未能促成股权转让协议的签署。申请人因此请求仲裁庭确认《转让协议》无效，并要求被申请人退还已支付的全部款项及支付违约金。该案中，仲裁庭并未依据规章条款判定《转让协议》无效。仲裁庭认为，《转让协议》是双方真实的意思表示，且不违反中国法律、行政法规的强制性规定，因此《转让协议》合法有效。仲裁庭根据协议条款确认了协议的效力，并据此裁决，未要求被申请人退还已支付款项或支付违约金。该案中仲裁庭对《转让协议》效力的认定展现了与法院不同的法律态度与逻辑。在民商事审判中，法院的判决往往更加关注法律、行政法规及部门规章的具体适用。《转让协议》涉及商业银行股权代持问题，根据原中国银行业监督管理委

---

① 参见中国国际经济贸易仲裁委员会裁决书，（2023）中国贸仲京裁字第0161号。

员会颁布的《商业银行股权管理暂行办法》，商业银行股权代持行为被明确禁止。法院在审理类似案件时，通常会严格依据这些规章条款，确保市场规则的透明性和稳定性。因此，法院可能会基于这些规章来认定协议无效，以维护证券市场的公共秩序和公平原则。相较之下，商事仲裁庭通常更加注重合同双方的真实意思表示和协议的实际执行情况。在该案中，仲裁庭并未直接依据相关规章条款判定《转让协议》无效，而是确认了协议的效力，认为其符合双方的真实意思表示，并且未违反法律的强制性规定。仲裁庭的判决反映了其对合同效力的判断更倾向于尊重当事人协议的自主性，同时强调合同条款的执行和实际利益的兑现。

本章小结

通过本节对多个上市公司股权代持民商事审判案例的分析，可以观察到法院与仲裁庭在处理合同效力时的不同态度。法院通过将规章直接作为合同效力判断的标准，增强了对公共利益和市场秩序的强调，以确保证券市场的透明性和稳定性。商事仲裁则更多地侧重于合同自由和当事人意思自治的立场，关注合同双方的意愿和实际履行情况，这种处理方式能够更灵活地应对复杂的商事纠纷。通过时空的穿越，回归商业交易的真实环境，从而对商业模式的认定与裁判更加细致和准确。

第五章
外观主义

意思表示是指向外部表明意在发生一定私法上效果的意思的行为，是法律行为的核心要素。意思表示主要包括两方面内容，即内心意思和就内心意思进行的外部表示，"意思"依其"表示"而外化并产生法律效果，二者合为一体，构成意思表示。无论是民商事审判还是商事仲裁，都无法绕开对意思表示的认定，尤其是在内心意思和表示行为出现不一致的情况时，如何认定直接决定了该意思表示所产生的法律效果。目前理论和司法实践中，注重表意人"意思"和注重表意人"表示"的不同产生了两种解释意思表示的方法，分别为意思主义和外观主义，而民商事审判和商事仲裁对于这两种解释方法侧重点的不同，表明了仲裁员法律思维与法官法律思维的不同。

一、意思主义和外观主义

（一）意思主义

意思主义又称主观主义，是指在当事人的内心意思与外在意思表示不一致时，应以尊重当事人的内心意思为准。意思主义通过考察当事人的外部表示探求其内心真意，进而确定民事权利义务关系，真实意思决定了法律行为的效果。

意思主义理论源于德国 18 世纪的理性法学派，在德国 19 世纪法律行为学说中居于支配地位。在资本主义革命方兴未艾、深受启蒙运动影响的大背景下，意思主义强调对个人自由的保护，认为法律行为的实质在于行为人的内心意思，法律行为不过是实现行为人意思自治的手段。[①] 意思主义的理论基础是自愿原则，强调私人相互间的法律关系应取决于个人的自由意思。该理论代表人物萨维尼曾指出："意思本身应视为唯一重要的、产生效力的事物，只是因为意思是内心的、看不到的，所以我们才需要借助于一个信号使第三人能看到。显示意思所使用的信号就是表示。"[②]

（二）外观主义

外观主义又称客观主义或表示主义，是指在当事人的内心意思与外在意思表示不一致时，应以当事人的外观表现为准，并以此确定其行为所应产生的法律效果。外观主义不是以行为人的意思及意思表示为出发点确定权利义务关系，而是以外观事实的存在为权利义务关系认定的依据，这使之与以意思主义为中心的法律行为理论大相径庭。

外观主义理论产生于 19 世纪末期，在工业迅速发展、商业交易频繁的社会背景下，意思主义保护"静的安全"的模式已无法适应当时高速运转的商业环境，而外观主义更尊重商事交易"动的安全"，即把保护相对人的利益进而保护交易安全放在首位。在外观主义下，表示一旦作出，即使作出的表示由于错误或虚假行为与表意人内心真意不符，也视为表达了表意人的意思。[③] 外观主义的理论基础是维护交易安全，同时提高商事交易的效率。

（三）意思主义和外观主义的区别和利弊

意思主义强调的是主观和内在的因素，注重表意人的真实意思，而外

[①] 参见尹飞：《合同成立与生效区分的再探讨》，载《法学家》2003 年第 3 期。
[②] 邓峥波：《合同成立研究》，武汉大学 2013 年博士学位论文，第 19 页。
[③] 参见尹飞：《合同成立与生效区分的再探讨》，载《法学家》2003 年第 3 期。

观主义强调的是公平正义和交易安全，一定程度上否定了当事人的意思自治以及真实意志对行为效果的支配。意思主义和外观主义侧重点的不同也决定了二者利弊的不同。

意思主义充分尊重私法自治，认为表意人的真实意思应通过法律行为实现法律效果，但是其弊端在于，法律行为相对人只能通过表意人的表示来获知其内心意思，一旦存在虚假表示或表示错误，相对人就无法获知表意人的真实内心意思，故过分强调保护表意人的真实意思和利益则对受意人显失公平，且不利于对交易安全的维护。意思主义在充分尊重个人自由和私法自治的同时，一定程度上忽视甚至牺牲了对相对人利益的保护和对交易安全的维护。

外观主义充分重视社会正义和交易安全，认为一旦表意人对内心意思进行表示，该表示行为就会在相对人的心中形成一定的预期，故通过表示行为表达出来的意思应同时对表意人和相对人具有约束力，从而实现当事人之间的公平交易和安全交易。但是，外观主义的适用会强迫表意人接受与其本意并不相符甚至背道而驰的法律效果，从而一定程度上抑制了个人自由。

二、民商事审判侧重于意思主义

（一）法院以传统民事思维解决商事纠纷的惯性

外观主义在商事纠纷的争议解决中具备一定优势和高效性，但在司法实践中，法院可能会忽略外观主义在商事活动中的基础性地位，而根据意思主义作出裁判，这与我国"民商合一"的传统是分不开的。

民法和商法是两个不同的分支，但在法院审理民事和商事案件的实务中，确实存在"民商不分"的情况。主要表现在我国没有一个独立的商法典，而是通过一系列的法律法规来调整商业行为和商业纠纷，或者是将商法内容融合在民事法律法规中，如《民法典》中既包含了民事法律规定，也包含了商事法律规定。在这一背景下，法院在解决商事纠纷时仍会保留一些民事思维的惯性，而事实上民事思维与商事思维在纠纷解决上存在很大差异。

商事纠纷和非商事民事纠纷在纠纷解决方面的差异表现为：由于商事交易中更加注重对表征交易安全的信赖保护，所以商事纠纷中普遍采用外观主义；而外观主义对于非商事民事纠纷来说仅是一种"常规法"体系之外的"矫正法"，如民法制度中占有、善意取得、取得时效、表见代理等均以外观主义为法理依据，但上述制度均为民法体系中的例外规定，民法还是更加趋向于保护行为人之利益，注重意思主义。在非商事民事纠纷中，外观主义所运用的领域是有限的，其仅在不得已的情况下才作为所有权绝对、实事求是、意思自治等原则的例外和补充，如公信原则及善意取得的规定不适用于登记名义人与真实的物权人之间的关系，也不适用于占有人与真实的物权人之间的关系，在不动产物权变动的直接当事人之间不得主张，他们之间的关系按照实事求是的原则处理。①

由此可知，非商事民事法律规范是根据意思主义为中心建立的制度体系，外观主义仅以矫正或补充单纯意思主义思维方式不足的形式出现，例外地体现于个别民事规范中。法院审判的法律基础为民事法律规范，即使案件涉及商事纠纷，相关法律规范也体现在民事规范中，因此法院习惯于用传统民事审判思维解决纠纷并侧重于意思主义。并且，在公正和效率的价值选择中，民事诉讼强调公正优先。正如《九民纪要》中提到的："……特别注意外观主义系民商法上的学理概括，并非现行法律规定的原则，现行法律只是规定了体现外观主义的具体规则，如《物权法》第106条规定的善意取得，《合同法》第49条、《民法总则》第172条规定的表见代理，《合同法》第50条规定的越权代表，审判实务中应当依据有关具体法律规则进行判断，类推适用亦应当以法律规则设定的情形、条件为基

---

① 参见崔建远：《论外观主义的运用边界》，载《清华法学》2019年第5期。

础。从现行法律规则看,外观主义是为保护交易安全设置的例外规定,一般适用于因合理信赖权利外观或意思表示外观的交易行为。实际权利人与名义权利人的关系,应注重财产的实质归属,而不单纯地取决于公示外观。总之,审判实务中要准确把握外观主义的适用边界,避免泛化和滥用。"由此可知,在民商事审判中对于外观主义的适用采用谨慎态度,仅在法律有明确规定的情况下方可例外适用,更多的是注重权利义务实质内容,探求当事人内心真意。

在民商事审判中,考虑到民事法律关系或民事合同当事人的认识或能力确有差异,尤其是在当事人能力、信息获取或议价地位不对等的情况下,出于保护弱势群体、维护公平原则的考虑,法院可能会将当事人过错纳入审理要件之一,基于过错来调整责任,如减轻或豁免责任、调整合同条款等,这种处理方式考虑到了个体间能力差异、信息不对称等因素,强调保护公平。但商事合同中一般以严格责任为原则,不考虑过错,商事合同当事人作为商主体,签订合同时应对自身履约能力有较为明确的认识,且不同的商事主体在合作中往往存在多个合同以达到共同的合作目的。存在这种情况,即单看某一合同约定存在利益(高度的)不平衡,但从所有合同构成的整体来看,并不失衡,而一个诉讼中双方当事人可能不会向法院提供所有的合同。若是,则可依严格责任和外观主义进行判决。严格责任原则的理论基础是保护交易的稳定性和可预见性,这对商事活动至关重要。

综上所述,非商事民事关系与商事关系在处理对象与价值取向上存在诸多差异,导致两类纠纷在意思主义与外观主义的选择上存在差异;而出于"民商合一"的惯性,法院在商事纠纷的解决过程中可能会受到传统民事审判思维的影响,不够重视外观主义在商事活动中的基础性地位,而根据意思主义进行裁判。因此,相对于商事仲裁,民商事审判适用传统民事审判思维故而更侧重于意思主义。

法院以传统民事思维解决商事纠纷并采用意思主义原则体现在众多司

法判例中。例如，在最高人民法院审理的某股权转让纠纷再审案[①]中，法院针对案件争议焦点问题"《股权转让协议》是否显失公平，应否撤销"进行审查时，对显失公平的要件进行了以下分析：一是主观上，民事法律行为的一方当事人利用了对方处于危困状态、缺乏判断能力等情形。这意味着，一方当事人主观上意识到对方当事人处于不利情境，且有利用这一不利情境之故意。所谓危困状态，一般指因陷入某种暂时性的急迫困境而对金钱、物的需求极为迫切等情形。所谓缺乏判断能力，是指缺少基于理性考虑而实施民事法律行为或对民事法律行为的后果予以评估的能力。二是客观上，民事行为成立时显失公平。此处的显失公平是指双方当事人在民事法律行为中的权利义务明显失衡、显著不相称。基于上述分析，并结合案件相关证据，最高人民法院从以下几个方面对案涉协议是否显失公平进行了论证：

首先，从股权转让前的客观事实情况来看，自然人A因涉嫌诈骗犯罪被采取刑事强制措施，其客观上不能对湖南甲公司及邵阳乙公司进行经营和管理。在其妻自然人B外出躲避的情况下，自然人A唯有特别授权其刚大学毕业回国的女儿自然人C代其行使权利。邵阳农发行在2000万元贷款逾期后多次与自然人C协商还款事宜，并明确告知自然人C，若逾期贷款不能按时归还，该行将采取诉讼保全措施。自然人C多方筹措资金未果。以上事实说明，股权转让前自然人A及其湖南甲公司已处于危困状态，若处理不及时，随时面临湖南甲公司被纳入失信人、抵押担保的财产被处分的危险境地。其次，从被授权人自然人C参与公司管理的实际情况来看，自然人C从学校毕业回国，在其父亲自然人A被羁押后，于毕业后2个月开始参与邵阳乙公司的经营管理。自然人C参与邵阳乙公司的管理，并没有深入了解邵阳乙公司的情况，仅参加重大事宜决策会议，对邵阳乙公司的具体管理、运营等均无具体参与。综合以上情形，自然人C刚从学

[①] 参见最高人民法院民事裁定书，（2020）最高法民申1231号。

校毕业步入社会，其是在父亲自然人 A 被羁押、母亲自然人 B 外出躲避的情况下，才仓促代表自然人 A 参与邵阳乙公司管理，其缺少企业管理经营经验，且参与邵阳乙公司管理时间短，对邵阳乙公司的基本情况未全面摸清。自然人 C 缺乏对自然人 A 持有邵阳乙公司股权正确估值的判断能力。最后，结合案件事实背景和最高人民法院《关于适用〈中华人民共和国合同法〉若干问题的解释（二）》① 第 19 条第 2 款的规定，转让价格达不到交易时交易地的指导价或者市场交易价 70% 的，一般可以视为明显不合理的低价，案涉股权转让价仅为股权评估价最低值的 63% 左右。据此，11,600 万元股权转让款为明显不合理低价、显失公平。综上，最高人民法院最终认定案涉股权转让协议显失公平，应予以撤销。

该案件中，自然人 A 向自然人 C 出具了特别授权书，授权内容包括"处理湖南甲公司和邵阳乙公司的股权转让及资产转让等事项"，且授权书经自然人 A 签名并公证，而自然人 C 代自然人 A 签署的股权转让协议明确约定了股权转让相关事宜。从上述法律行为的表示外观上看，自然人 C 签署股权转让协议的约定应为表达了自然人 A 的真实意思，但是最高人民法院从案件事实背景、委托人和受托人的特殊情况等来认定股权转让是否符合表意人自然人 A 的内心真实意思，并从公平公正的角度认定，充分考虑自然人 C 刚从学校毕业步入社会，是在父亲自然人 A 被羁押、母亲自然人 B 外出躲避的情况下，才仓促代表自然人 A 参与邵阳乙公司管理，其缺少企业管理经营经验，且参与邵阳乙公司管理时间短，对邵阳乙公司的基本情况未全面摸清，因而不具备对自然人 A 持有邵阳乙公司股权正确估值的判断能力，并进而认定股权转让协议的效力，适用了意思主义的认定方式。

与民商事审判不同的是，商事仲裁则以商事思维即适用外观主义来审理案件并据此作出裁决。例如，在申请人 A 公司与被申请人 B 增资协议纠

---

① 此解释已因《民法典》施行而失效。

纷仲裁案①中，申请人 A 公司为某大学生创新创业投资有限公司，被申请人 B 为自主创业的博士，是该案被投资医疗公司（以下简称目标公司）的股东及实际控制人。案外人 C 风投公司与目标公司签订投资意向书，约定 C 风投公司承诺利用 D 风投集团的资源为目标公司经营的后续融资提供支持，帮助目标公司拓展市场。同时该投资意向书约定其包括的条款除了保密和排他规定之外不具有法律约束力。申请人 A 公司、被申请人 B 与目标公司签订增资协议及补充协议，约定申请人 A 公司认缴目标公司新增注册资本，目标公司 2016 年与 2017 年的净利润综合低于 330 万元，则 A 公司有权要求被申请人 B 以投资本金加上 10% 年化收益的价格回购投资方所持有的全部股权。签约后，目标公司 2016 年、2017 年的净利润均为负数。A 公司遂向仲裁委员会提起仲裁，要求被申请人 B 支付股权回购款。

该案争议焦点为："被申请人主张的重大误解、显失公平、不可抗力是否成立？被申请人应否向申请人支付股权回购款？"仲裁庭认为，第一，关于重大误解。投资意向书的合同主体是 C 风投公司与被申请人 B，C 风投公司所作承诺不能视为 A 公司所作承诺，且该意向书约定其条款除保密和排他规定之外不具有法律约束力，因此关于投资方的承诺当然不具有约束力，增资协议和补充协议才是双方最终权利义务的确定。第二，关于显失公平。被申请人 B 作为完全民事行为能力人，具有博士文化水平，且应对医疗器械行业特性和目标公司经营状况具备足够认知，案涉系列文件、合同签订是双方综合权衡、相互妥协的结果，属于当事人对投资合作商业风险的安排，合法有效。第三，关于不可抗力。尽管国际局势会影响政策形势的变化，但并不必然导致合同目的无法实现。仲裁庭经审查最终认定，被申请人 B 主张的重大误解、显失公平、不可抗力不成立，被申请人 B 应向申请人 A 公司支付股权回购款，并支持了申请人 A 公司的仲裁请求。

---

① 参见《申请人某公司对被申请人另一公司就公司增资纠纷提起仲裁案》，载中国法律服务网，https：//alk.12348.gov.cn/Detail?dbID=77&dbName=GNZC&sysID=492。

该商事仲裁案件中，仲裁庭结合案件的实际情况进行综合认定，在专业领域的投融资合作中，往往是一方掌握更多专业技术知识优势，另一方掌握更多投融资经验优势，但并不能当然说明双方对于另一方面的知识和经验是完全未知的。被申请人 B 作为一名刚毕业的创业学生，虽然属于刚步入社会、对投融资缺乏经验的初次投资者，但投融资交易合同磋商和订立过程中往往伴随双方对彼此领域的深入考察，最终订立的合同是双方综合权衡、互相妥协的结果，在无充分证据予以证明的情况下，认定存在显失公平需要格外谨慎，故仲裁庭对于被申请人 B 关于显失公平的答辩未予以采纳，对于合同效力的认定，更侧重于合同外观是否有效。

（二）民商事审判中的"穿透式审判思维"

"穿透式审判思维"将哲学中"透过现象看本质"的思维运用到司法实务中，我国在金融领域对于"穿透式审判思维"的运用较为深入。

1. 金融审判中的穿透式审判思维

关于我国金融领域的穿透式审判思维，早在 2017 年 8 月 4 日，最高人民法院印发《关于进一步加强金融审判工作的若干意见》，在"以服务实体经济作为出发点和落脚点，引导和规范金融交易"中提出，"对以金融创新为名掩盖金融风险、规避金融监管、进行制度套利的金融违规行为，要以其实际构成的法律关系确定其效力和各方的权利义务。对于以金融创新名义非法吸收公众存款或者集资诈骗，构成犯罪的，依法追究刑事责任"。在审理金融案件时，应探求法律行为背后实际构成的法律关系，确定其效力和权利义务，若法律行为背后隐藏犯罪行为，法院亦应通过司法权力追究刑事责任。在金融监管领域，2018 年 4 月 27 日，中国人民银行、原中国银行保险监督管理委员会、中国证券监督管理委员会及国家外汇管理局联合发布《关于规范金融机构资产管理业务的指导意见》，明确提出对资产管理业务实施监管应遵循"实行穿透式监管，对于多层嵌套资产管理产品，向上识别产品的最终投资者，向下识别产品的底层资产"。该意见从金融监管的角度，提出穿透式监管原则，与金融案件的穿透式审判思维相呼应。

2023年1月10日，在全国法院金融审判工作会议上，最高人民法院审判委员会副部级专职委员刘贵祥发表重要讲话，提出要"守住风险底线，必须坚持实质重于形式原则，强化交易模式和风险识别……金融审判中坚持实质重于形式原则，就是要对晦涩难懂的金融合同文本和交易结构条分缕析，抽丝剥茧，以当事人的真实意思表示为基础，判断其真实的法律关系，进而对其是否违反强制性规定、是否违背公序良俗进行判断；从与穿透监管相契合的角度，对'抽屉协议''虚伪意思表示'等金融违规行为，更要揭开所掩盖的真实法律关系的盖子，对其效力问题综合判断"。[①]

根据前述意见、会议精神，穿透式金融审判思维是一种新型审判思维方式，践行了实质重于形式的原则，通过否定商事外观主义下当事人约定的表面意思，探究当事人之间的真实意思表示，并据此认定合同性质及其效力。穿透式金融审判与尊重契约自由、意思自治、严守合同相对性、形式外观主义等传统的金融商事审判思维迥异。此种新型审判思维针对金融创新过于复杂的现状，防止合同相对性被滥用，避免隐藏金融风险过高，保护市场整体利益，实现实质正义的必然要求。[②]

在金融领域，某些金融机构往往利用合同相对性、第三方收取贷款方式以及与第三方之间合作或关联的关系，控制资金款项的流向，以达到规避金融监管，甚至是实现某些金融犯罪的目的。金融领域交易复杂且频繁，市场主体为追求巨额权益，会选择利用显名协议来隐藏其背后交易，跟相对方通谋意思表示，这种情况下，金融监管部门难以发现抽屉协议。只有在金融商事诉讼中，通过法院穿透式审查全部协议，探究当事人之间的真实意思，才

---

① 刘贵祥：《关于金融民商事审判工作中的理念、机制和法律适用问题》，载《法律适用》2023年第1期。

② 参见李鹏：《穿透式思维在金融商事审判中的运用》，载微信公众号"上海高院"2024年1月15日，https：//mp.weixin.qq.com/s/4ep5jGveh_-uf0V--zYCrQ。

能通过司法手段弥补行政监管手段的不足,避免金融领域违法违规行为造成危害。

2. 民商事审判中的穿透式审判思维

我国首次明确提出民商事审判中的穿透式审判思维是 2019 年 11 月 8 日实施的《九民纪要》,上述会议指出,要"注意处理好民商事审判与行政监管的关系,通过穿透式审判思维,查明当事人的真实意思,探求真实法律关系"。此后实施的《民法典》第 146 条规定:"行为人与相对人以虚假的意思表示实施的民事法律行为无效。以虚假的意思表示隐藏的民事法律行为的效力,依照有关法律规定处理。"该条款中关于虚假表示与隐藏行为效力的规定,为民商事案件穿透式审判思维的适用提供了法律依据。

民商事审判法官的穿透式审判思维是一种在处理复杂民商事案件时,法官通过深入分析案件的本质和背后的法律关系,穿透表面的法律形式、合同安排或商业结构,以查明事实真相和认定实质权利义务关系的审判方式。该思维模式要求法官不局限于案件的表象,而是要透过复杂的商业安排或法律形式,揭示其中隐藏的实质性法律关系和真实权利义务。穿透式审判思维是民商事诉讼案件的必然选择,其对提高民商事案件裁判质量、维护司法公平正义和法律公正适用等具有重要意义。

"穿透式审判"产生于规制违法行为的现实需求。近年来,大量的"套路贷"违法犯罪行为没有被发现,主要原因在于该类案件的审理偏重对借条的形式主义审查,而忽视了实质的资金流向,部分当事人为逃避债务,与他人虚构借款关系,并通过法院出具调解书达到转移财产的目的,部分当事人为规避民间借贷最高利息标准的限制,采取"砍头息"或虚构现金交付等形式,有的裁判偏重保护债权人利益,将借条视同资金交付,无形中滋生了大量虚假诉讼、套路贷案件。[①] 以上违法行为需要通过法官穿透式审判予以甄别,并依法追究违法行为的责任。

---

① 参见谷昔伟:《穿透式审判思维在民商事案件中的运用与界限》,载《山东法官培训学院学报》2022 年第 4 期。

"穿透式审判"的目的在于规避形式主义司法的弊端。在形式主义盛行时期，即便是通谋虚伪意思表示，也被认定为理性当事人的自由选择，当事人自愿在合同上签字，只要不存在欺诈、重大误解等可撤销事由，就应当受到约束。例如，在循环贸易中，当事人通过签订买卖合同，以明显不合理的"高买低卖"方式（差额实为利息）进行贸易性融资，有的裁判认定买卖合同有效，支持出资方请求融资方履行买卖合同的诉请。[①] 形式审查虽然能够减轻法官审理案件的负担，但无法查清案件事实和真实法律关系，导致法律事实严重偏离客观事实，通过虚伪意思表示隐藏的违法行为被"合法化"。

民商事审判中"穿透式审判"的核心在于实质重于形式，追求探明当事人的内心真意，采用意思主义原则。民商事案件司法实践中，法官运用穿透式审判思维体现在各个方面。一是对当事人主体的穿透，例如，根据最高人民法院《关于审理民间借贷案件适用法律若干问题的规定》（以下简称《民间借贷司法解释》）第 22 条的规定，法定代表人或负责人以单位名义借款，但实际由个人使用，或者是以个人名义借款用于单位生产经营的，借款合同的约束力穿透到实际用款主体，个人与公司应共同承担责任。该审判结论突破了合同相对性，保护债权人的实质正义。又如，循环贸易类案件中，案件当事人只就某一环节提起诉讼，通道方怠于行使权利而消极不配合的，有必要穿透追加通道方以及相关上下游交易方作为第三人，以探求各方当事人的内心真意。二是对法律关系的穿透，例如，"明股实债"，常见的表现形式是对赌协议、股权回购协议等，合同形式上约定了股权转让，但是投资者的回报不与被投资企业的经营业绩、投资收益或亏损直接挂钩，而是在合同中约定保本收益承诺和附条件触发股权回购，这类案件中，法官直接穿透式审理，将形式上的股权转让法律关系识别为借贷法律关系。又如，《民间借贷司法解释》第 23 条规定买卖型担保按照实质上民间借贷法律关系进行审理，也是对法律关系的穿透。三是诉讼程序穿透，如在合同无效的程序穿透上，

[①] 参见谷昔伟：《穿透式审判思维在民商事案件中的运用与界限》，载《山东法官培训学院学报》2022 年第 4 期。

《九民纪要》第36条规定："在双务合同中，原告起诉请求确认合同有效并请求继续履行合同，被告主张合同无效的，或者原告起诉请求确认合同无效并返还财产，而被告主张合同有效的，都要防止机械适用'不告不理'原则，仅就当事人的诉讼请求进行审理，而应向原告释明变更或者增加诉讼请求，或者向被告释明提出同时履行抗辩，尽可能一次性解决纠纷……第一审人民法院未予释明，第二审人民法院认为应当对合同不成立、无效或者被撤销的法律后果作出判决的，可以直接释明并改判……"该审理思路突破了一审、二审的程序性要求，简化诉讼程序，高效且实质性解决当事人之间的争议。对于同一当事人在不同法院起诉上下游交易方或通道方的，通过移送一法院合并审理或作为系列案件审理的"穿透式"审判程序，减少讼累并查明真实案情。

穿透式审判思维有以下特点：一是透过现象看本质，在许多民商事案件中，法律关系表面上可能较为复杂，尤其是在涉及公司结构、金融工具、信托、合同链条等场景时，表面的法律形式未必反映真实的权利义务关系。穿透式思维要求法官深入调查和分析，揭示案件背后的真实经济或法律实质。二是关注经济实质，法官不仅要关注合同或交易的法律形式，还要考察交易的实质内容和背后意图。例如，在某些融资安排或公司股权架构中，法官可能需要穿透表面的协议和结构，认定交易的实质是否符合某些法律规则或是否存在规避法律的意图。三是揭示隐藏法律关系，法官在适用穿透式思维时，往往要剖析当事人之间的复杂交易安排，识别是否存在隐藏的实质性法律关系，特别是在虚假交易、关联交易、恶意规避法律等情况下，穿透式审判可以揭露隐藏的真实法律关系。四是防止规避法律，该思维模式还特别强调防止当事人通过复杂的法律安排或表面合规的结构设计，规避法律强制性规定或损害第三方利益。例如，通过揭示表面合法的行为背后的规避行为，确保法律的强制性规定得到有效执行。

穿透式审判思维一直贯穿我国民商事审判的司法实践，并且在维护社会公平正义上发挥着重要作用。如在自然人 A、自然人 B 等金融借款合同纠纷案①中，甲银行天津分行与自然人 A（债务人）、自然人 C（共同债务人）签订《零售授信额度借款合同》，约定甲银行天津分行为自然人 A、自然人 C 提供额度授信，保证人有天津乙公司、自然人 A、自然人 C、自然人 D、自然人 E 等，保证方式为连带责任保证担保。甲银行天津分行向自然人 A 发放借款后自然人 A 未按约偿还。甲银行天津分行就上述债务在一审法院提起诉讼。后甲银行天津分行与丙公司签订《债权转让合同》，约定甲银行天津分行将其对自然人 A 享有的未受清偿的债权及对担保人所享有的担保权益及其他相关权利转让给丙公司，涉诉贷款欠付共计 7,149,578 元。天津乙公司向丙公司转账 710 万元，丙公司将该款转给甲银行天津分行，银行撤诉。银行撤诉后，丙公司起诉除天津乙公司之外的保证人，丙公司主张天津乙公司向丙公司转账 710 万元的款项系其与天津乙公司合作购买涉诉债权的款项，并提交《不良资产项目合作协议》。被告（各保证人）抗辩天津乙公司亦是保证人，天津乙公司所支付的实为偿还银行贷款的款项，该款性质为履行保证义务。法院在审查该案争议焦点即"天津乙公司向丙公司转账的710万元款项的性质"时认为，即便丙公司主张为真，按照丙公司主张的710万元系天津乙公司支付的合作款分析，天津乙公司作为保证人违反诚信原则，有清偿能力而不承担保证责任，与丙公司恶意串通，指使丙公司去购买债权，双方谋求不正当利益。而丙公司明知出资方是保证人，有清偿能力，却与出资方合谋，以自己的名义去购买债权，且在原审诉讼中撤回对天津乙公司的起诉，不正当地行使诉权，损害了其他保证人的利益，丙公司与出资人天津乙公司之间的《不良资产项目合作协议》所谓的合作亦应认定为无效。最高人民法院《关于适用〈中华人民共和国民法典〉有关担保制度的解释》（以下简称《担保制度解释》）第 14 条规定，"同一债务有两个以上第三人提供担保，担保人受让债权的，人民法院应当认定该行为系承担担保责任。受让债

---

① 参见天津市第二中级人民法院民事判决书，（2021）津 02 民终 5726 号。

权的担保人作为债权人请求其他担保人承担担保责任的,人民法院不予支持;该担保人请求其他担保人分担相应份额的,依照本解释第十三条的规定处理"。参照该条款的立法精神,即便担保人通过购买债权的方式成为债权人,其因购买相应债权所支付的款项亦应视为履行了担保责任。法院最终认定该710万元应视为天津乙公司履行担保责任。

该案中,丙公司主张天津乙公司向丙公司转账710万元的款项系其与天津乙公司合作购买涉诉债权的款项,并提交了一份落款日期为2017年6月的《不良资产项目合作协议》,但法院基于案涉借款法律关系中天津乙公司"保证人"的身份,穿透《不良资产项目合作协议》和《零售授信额度借款合同》合同条款的约定,综合考量并认定天津乙公司向丙公司转账的710万元系基于其担保责任所履行的还款义务,该处理结果对其他保证人而言更为公平公正。

在最高人民法院发布的指导性案例甲公司诉成都乙公司等买卖合同纠纷案[①]中,成都乙公司拖欠甲公司货款未付,而成都丙公司、四川丁公司与成都乙公司人格混同,三个公司的实际控制人自然人A以及成都乙公司股东等人的个人资产与公司资产混同,均应承担连带清偿责任。甲公司请求判令成都乙公司支付所欠货款,且成都丙公司、四川丁公司及自然人A等个人对上述债务承担连带清偿责任。

法院在审理该案争议焦点"成都丙公司、四川丁公司与成都乙公司是否人格混同,应否对成都乙公司的债务承担连带清偿责任"时认为,成都乙公司与成都丙公司、四川丁公司人格混同。一是三个公司的人员混同。三个公司的经理、财务负责人、出纳会计、工商手续经办人均相同,其他管理人员亦存在交叉任职的情形,成都乙公司的人事任免存在由成都丙公司决定的情形。二是三个公司的业务混同。三个公司实际经营中均涉及工程机械相关业务,经销过程中存在共用销售手册、经销协议的情形;对外进行宣传时信

---

① 参见最高人民法院《关于发布第四批指导性案例的通知》(法〔2013〕24号)。

息混同。三是三个公司的财务混同。三个公司使用共同账户，将自然人 A 的签字作为具体用款依据，对其中的资金及支配无法证明已作区分；三个公司与甲公司之间的债权债务、业绩、账务及返利均计算在成都乙公司名下。因此，三个公司之间表征人格的因素（人员、业务、财务等）高度混同，导致各自财产无法区分，已丧失独立人格，构成人格混同。成都丙公司、四川丁公司应当对成都乙公司的债务承担连带清偿责任。公司人格独立是其作为法人独立承担责任的前提。公司的独立财产是公司独立承担责任的物质保证，公司的独立人格也突出地表现在财产的独立上。当关联公司的财产无法区分，丧失独立人格时，就丧失了独立承担责任的基础。该案中，三个公司虽在工商登记部门登记为彼此独立的企业法人，但实际上相互之间界限模糊、人格混同，其中成都乙公司承担所有关联公司的债务却无力清偿，又使其他关联公司逃避巨额债务，严重损害了债权人的利益。上述行为违背了法人制度设立的宗旨，违背了诚实信用原则，其行为本质和危害结果与《公司法》（2005 年修订）第 20 条第 3 款[1]规定的情形相当，故成都丙公司、四川丁公司对成都乙公司的债务应当承担连带清偿责任。

  该案中，与甲公司签订合同并存在债权债务关系的主体是成都乙公司，但法院从关联公司的人员、业务、财务等方面是否存在交叉或混同导致各自财产无法区分进行审查，如丧失独立人格构成人格混同。并且，关联公司人格混同，严重损害债权人利益的，关联公司相互之间对外部债务承担连带责任。上述审判思路突破了合同相对性及合同签订的外观，穿透至债务人关联方主体，是法院在民商事审判中穿透思维的运用。

  在福建甲公司、自然人 A、自然人 B 等借款合同纠纷案[2]中，自然人 A 是中国乙公司员工，自然人 A 受中国乙公司委托作为借款人，自然人 B、自然人 C 作为保证人，福建甲公司作为贷款人，三方签订《借款/担保合同》。针对"实际借款人是谁，应由谁承担返还借款的责任"的争议焦点问题，法

---

[1] 相关规定参见 2023 年《公司法》第 23 条第 1 款。
[2] 参见福建省泉州市中级人民法院民事判决书，(2018) 闽 05 民终 686 号。

院认为《借款/担保合同》不是福建甲公司与自然人A的真实意思表示,而是虚假的意思表示,《借款/担保合同》对福建甲公司与自然人A而言是无效的。《借款/担保合同》所隐藏的民事法律行为是中国乙公司与福建甲公司之间的借款行为,该借款行为不违反法律法规强制性规定,应认定有效。自然人B虽在《借款/担保合同》担保人处签字,但自然人B系自然人A的配偶,其签字行为可以理解为配合自然人A的行为,已有证据无法体现自然人B有为中国乙公司借款提供担保的真实意思表示,在自然人A不承担返还借款责任的情形下,其配偶自然人B也不应当对借款承担民事责任。至于另一保证人自然人C,其并未提出上诉,并且在出具给自然人A的承诺书中,自然人C在明知借款人为中国乙公司的前提下,以保证人身份签名并表示"今后有关本项贷款的本金、利息和实现债权的一切费用由本公司及本保证人负责偿还",故自然人C应对该案债务承担连带清偿责任。

该案中,自然人A和自然人B虽在《借款/担保合同》中签字,但法官通过穿透式审判思维,审查当事人的真实意思表示,查明中国乙公司为实际借款人,且将自然人A的配偶自然人B的签字行为认定为配合自然人A的行为,自然人B并无为中国乙公司借款提供担保的真实意思表示,故自然人A和自然人B均无须承担责任,但自然人C签字并提供担保为其真实意思表示,应承担连带清偿责任。

三、商事仲裁侧重于外观主义

相对于民商事审判,商事仲裁更加侧重于外观主义,其原因有两方面:从民商事审判的角度来看,我国法律体系长期以来"民商合一"的传统使法院在解决商事纠纷时存在以传统民事思维即意思主义解决商事纠纷的惯性;从商事仲裁的角度来看,外观主义更加符合商事纠纷争议解决的要求,商事关系在遵守意思自治的同时,为了建立动态安全、快捷交易的秩序,促进社会经济繁荣发展,必然选择"效率优先,兼顾公平"的价值位阶,从而转向社会本位,① 即对公平的追求不能妨碍商主体效益的实现,从而与以外观主义为中心的思维模式相适应。

商事仲裁侧重于外观主义主要体现在对合同相对性的坚守和符合商事纠纷争议解决的要求两个方面。

(一) 商事仲裁对于合同相对性的坚守

《民法典》第 465 条第 2 款规定:"依法成立的合同,仅对当事人具有法律约束力,但是法律另有规定的除外。"该条款对合同相对性原则进行了明确:从合同主体角度来说,依法成立的合同仅约束合同当事人,即合同主体,对于合同之外的第三人不具有法律约束力;从合同关系中的权利与义务角度看,作为合同内容,合同当事人应全面履行合同中约定的各方义务及享有各项权利,仅合同主体能够享有合同约定的权利且为满足对方权利而根据请求履行一定合同义务;从纠纷处理角度看,合同关系只能发生在双方当事人之间,如合同主体之间就约定事宜发生纠纷,一方当事人只能依据合同向合同相对方主张权利并追究其责任,而不能针对合同外第三方或由第三方提出请求或者提起诉讼。

商事仲裁对于合同相对性的坚守体现出商事仲裁的外观主义倾向,因其排除了合同外第三人的责任承担问题,将争议焦点固定于合同相对方,对于维护交易安全和秩序,保护交易当事人的合法权益,具有重要意义。

商事仲裁和民商事审判均会遵循合同相对性原则,但商事仲裁相较于民商事审判而言对合同相对性原则的坚守更为严格,最主要、最直接的例证即在于仲裁协议的相对性。仲裁协议是仲裁制度的基石,无论排除法院对纠纷的审判权还是产生妨诉抗辩权,抑或仲裁裁决具有法律效力及可执行性,均以当事人间存在有效的仲裁协议为基础。作为基本原则,无仲裁协议,则无人可被强制仲裁。② 商事仲裁对合同相对性的追求具有基础性和根本性,仲

---

① 参见郭富青:《外观主义思维模式与商事裁判方法》,载《西部法学评论》2015 年第 2 期。
② 参见陈杭平:《仲裁协议主观范围理论的重构》,载《法学研究》2023 年第 2 期。

裁条款也只有在法定情形如《关于适用〈中华人民共和国仲裁法〉若干问题的解释》第8条、第9条规定的情况下，才能约束仲裁条款当事人之外的第三人，但此处的第三人也并非严格意义上的合同相对人以外的第三人，这些主体均因合同权利义务承继或债权债务转移已成为合同当事人主体，受合同条款的约束。

仲裁条款约束力在民商事审判和商事仲裁中存在的区别，在两类案件中比较典型，一是建设工程施工合同纠纷案件中，总承包合同约定了仲裁条款，工程的实际施工人是否受仲裁条款约束？二是保证合同纠纷案件中，主合同约定了仲裁条款，保证人是否受仲裁条款约束？

1. 实际施工人不受仲裁条款约束

建设工程施工合同中约定了仲裁条款，而实际施工人未签订仲裁协议，则实际施工人不受发包人和承包人之间仲裁条款的约束，只能通过诉讼维权。

法院在审理建设工程施工合同纠纷案件时，通过穿透式审判查明个别案件的实质权利义务关系主体，即使实际施工人形式上未签订仲裁条款，实质上是承包人的，应认定其应受仲裁条款约束。例如，在最高人民法院审理的自然人A、自然人B、自然人C与江西甲公司等建设工程施工合同纠纷案[①]（以下简称案例1）中，自然人A、自然人B、自然人C（实际施工人）以江西乙公司名义与江西甲公司签订合同协议书，对争议解决的方式约定为仲裁，而自然人A等人与江西甲公司的合同中未约定仲裁。后自然人A、自然人B、自然人C以江西甲公司为被告，向法院提起诉讼。江西甲公司辩称案涉合同协议书中存在合法有效的仲裁条款，且合同协议书是由自然人C以江西乙公司名义签订的，自然人C自认对仲裁条款是清楚且知悉的。因此该案应排除法院管辖权。胡某等人则认为，自然人A、自然人B和自然人C作为案涉工程实际施工人不受江西甲公司与江西乙公司间约定的仲裁条款约束。

---

① 参见最高人民法院民事裁定书，（2020）最高法民申4893号。

再审法院认为，实际施工人主张工程价款的基础法律关系是其与转包人或者违法分包人的合同关系，其向发包人主张权利是法律赋予的例外救济方式。该案中，自然人 A、自然人 B、自然人 C 在再审申请中提出，案涉合同协议书系自然人 C 在江西甲公司要求下以江西乙公司名义签订的，协议签订后，自然人 C 才与自然人 A、自然人 B 协商合作施工事宜。据此可知，自然人 C 主张案涉工程价款的基础法律关系是其以江西乙公司名义与江西甲公司签订的协议书，而该协议书中约定了仲裁条款，此条款具有独立性且排除了法院的管辖权。故驳回了自然人 A、自然人 B、自然人 C 的再审申请。

在该案中，虽然法院认定实际施工人自然人 A 等人应受江西甲公司与江西乙公司间仲裁条款的约束，表面上看突破了仲裁条款的相对性，但该案的实际情况为实际施工人以江西乙公司的名义与江西甲公司签订合同。签订协议后，江西乙公司并未参与施工，亦未收取任何费用，案涉合同协议书形同虚设。整个施工过程均是自然人 C 在联系，自然人 C 在签订协议后又与自然人 B、自然人 A 协商共同出资修建案涉工程。即法院认定实际施工人以承包人名义与发包人签订合同约定了仲裁管辖的前提下，即使实际施工人并非形式上的仲裁协议当事人，也应受到仲裁协议管辖，并未突破仲裁协议的相对性。

我国法院主流观点是实际施工人不应受仲裁条款的约束。例如，在河南省商丘市中级人民法院审理的自然人 A 与河南甲公司建设工程施工合同纠纷案[1]（以下简称案例 2）中，实际施工人自然人 A 以发包人河南甲公司为被告，以承包人河南乙公司为第三人向法院提起诉讼，请求法院判令河南甲公司向其支付工程款及利息。河南甲公司辩称其与河南乙公司之间签订的《安装工程合同》第三部分专用条款第 43 条均明确约定了仲裁条款，且自然人 A 对该仲裁条款的存在是明知的，因此自然人 A 应当受仲

---

[1] 参见河南省商丘市中级人民法院民事裁定书，(2023) 豫 14 民终 3035 号。

条款约束，法院对该案不具备管辖权。一审法院认为该案与最高人民法院（2020）最高法民申 4893 号案（上文案例 1）属于类案，以"实际施工人主张工程价款的基础法律关系是其与转包人或者违法分包人的合同关系，其向发包人主张权利是法律赋予的例外救济方式"为由裁定自然人 A 应当受到仲裁条款的约束，驳回自然人 A 起诉。后自然人 A 上诉，二审法院则以"《安装工程合同》系由被上诉人河南甲公司与原审第三人河南乙公司签订，上诉人自然人 A 并非案涉合同相对人，河南甲公司与河南乙公司签订的仲裁条款对上诉人不具有约束力"为由裁定一审法院驳回起诉不当。

由前述案例 1 和案例 2 两个案例可知，当前我国司法对实际施工人是否受仲裁条款约束的问题的主流观点为否定的，即实际施工人不应受发包人与承包人之间仲裁条款的约束。案例 1 中法院认为实际施工人应受仲裁条款的约束也仅是在实际施工人以承包人名义与发包人签订合同并约定仲裁管辖的前提下，实质上认定了实际施工人与发包人之间存在仲裁条款。此外，在最高人民法院（2014）民申字第 1575 号、最高人民法院（2019）最高法民辖终 14 号、最高人民法院（2021）最高法民申 5747 号等案例中，法院均维持着实际施工人不应受仲裁条款约束的观点，即仲裁条款具有相对性，该条款只对协议当事人具有约束力。

建设工程施工合同纠纷案件中的基础法律关系应是当事人之间签订的建设工程施工合同法律关系。但是，最高人民法院《关于审理建设工程施工合同纠纷案件适用法律问题的解释（一）》第 43 条第 2 款规定："实际施工人以发包人为被告主张权利的，人民法院应当追加转包人或者违法分包人为本案第三人，在查明发包人欠付转包人或者违法分包人建设工程价款的数额后，判决发包人在欠付建设工程价款范围内对实际施工人承担责任。"第 44 条规定："实际施工人依据民法典第五百三十五条规定，以转包人或者违法分包人怠于向发包人行使到期债权或者与该债权有关的从权利，影响其到期债权实现，提起代位权诉讼的，人民法院应予支持。"可知,即使实际施工人与发包人之间未签订合同,法律亦赋予实际施工人例外的救济方式,而这种救济方式突破了合同相对性。司法实践中,虽然法律规定在实体上赋予了实际施工人救济权,但由于商事仲裁对于仲裁条款的严格要求,实际施工人只能向法院提起诉讼,案件受理的分流更凸显商事仲裁对合同相对性的坚守和民事诉讼在特定情形下对合同相对性的突破。

2. 担保人不受仲裁条款约束

主合同约定了仲裁条款,从合同即担保合同中未约定仲裁条款,担保人不受仲裁条款约束。《担保制度解释》第 21 条第 2 款规定:"债权人一并起诉债务人和担保人的,应当根据主合同确定管辖法院。"根据该约定,如果主合同约定了管辖法院,保证合同未约定管辖法院,可根据主合同确定管辖法院,这个在民商事审判中已无争议。如在深圳甲公司与江苏乙公司等合同纠纷案[①]中,法院根据《担保制度解释》第 21 条第 2 款"债权人一并起诉债务人和担保人的,应当根据主合同确定管辖法院"的规定,认为该案系江苏乙公司基于《框架委托合同》《连带责任保证协议》等合同,起诉深圳丙公司给付违约金,起诉深圳甲公司、自然人 A 等承担连带责任的合同纠纷诉讼,应按照主合同《框架委托合同》确定管辖,深圳甲公司与深圳丙公司签署的《框架委托合同》中约定:"对于因本合同的订立、效力、执行和解释而产生之争议,协商不成的,提交至原告所在地有管辖权的人民法院诉讼解决。"上述协议管辖条款系当事人真实意愿,且不违反法律强制性规定,属合法有效,故该案应当由原审原告深圳甲公司所在地法院管辖。

针对商事仲裁案件,《担保制度解释》第 21 条未明确规定主合同仲裁条款能否直接扩张适用于担保合同,但最高人民法院民事审判第二庭认

---

① 参见北京市高级人民法院民事裁定书,(2023)京民辖终 161 号。

为，主合同中的仲裁条款不能直接扩张适用于担保合同。① 由此可知，上述法律规定的主合同和担保合同发生纠纷提起诉讼的，应当根据主合同确定案件的管辖法院，解决的是法院间诉讼案件的管辖问题，并非纠纷的主管问题，不适用于主合同约定仲裁条款的情形。对此，2021 年发布的《全国法院涉外商事海事审判工作座谈会会议纪要》第 97 条规定："当事人在主合同和从合同中分别约定诉讼和仲裁两种不同的争议解决方式，应当分别按照主从合同的约定确定争议解决方式。当事人在主合同中约定争议解决方式为仲裁，从合同未约定争议解决方式的，主合同中的仲裁协议不能约束从合同的当事人，但主从合同当事人相同的除外。"其中"主合同中的仲裁协议不能约束从合同的当事人"也是持相同观点，虽然该纪要还规定"主从合同当事人相同的除外"，但该除外规定并不会损害商事仲裁的保密性原则。

针对主合同中的仲裁条款是否可以约束担保人，我国现阶段的审判主流观点为否定的。在中国甲公司与自然人 A 申请确认仲裁协议效力案②中，针对案件争议焦点"《投资基金基金合同》的仲裁条款，其效力能否及于本案中的《承诺函》"，法院认为仲裁是建立在当事人有真实有效的仲裁协议的基础上的，只有经当事人明示授权，仲裁庭才能取得处理纠纷的权力。仲裁效力扩张有具体范围，不能任意作扩大解释。目前对于主合同的仲裁条款约定能否适用于从合同并无相关法律的明确规定，鉴于仲裁条款的特殊性质，在无明确法律依据的情况下不能任意扩大解释仲裁条款的适用范围，应严格探求当事人适用仲裁解决争议的意思表示。中国甲公司并未直接与自然人 A 签订《投资基金基金合同》，案涉承诺函并非中国甲公司向自然人 A 出具的，双方之间并未有明确的仲裁解决争议的意思表示，中国甲公司与自然人 A 不存在仲裁协议。

---

① 参见最高人民法院民事审判第二庭：《最高人民法院民法典担保制度司法解释理解与适用》，人民法院出版社 2021 年版，第 231~232 页。
② 参见北京金融法院民事裁定书，(2022) 京 74 民特 13 号。

在意大利甲公司、天津乙公司与北京丙公司申请撤销仲裁裁决案[①]中，申请人意大利甲公司与天津乙公司提出多项申请撤销仲裁裁决的事由，其中包括：采购合同的仲裁条款仅能约束买卖双方，不能约束为卖方履约行为提供担保的担保方，仲裁条款对意大利甲公司没有约束力。仲裁和诉讼在管辖方面是有区别的，诉讼从合同的管辖按主合同走，而仲裁从合同必须有仲裁的意思表示，不能直接跟主合同走。关于采购合同的仲裁条款对意大利甲公司是否具有约束力的争议焦点问题。法院认为，当事人通过仲裁方式解决纠纷应当有明确约定。该案中，意大利甲公司并未参加采购合同的签订，其签署的合同附件7担保函中载明意大利甲公司为此合同的履行提供担保，与天津乙公司承担同样的责任。该担保函在意大利甲公司与北京丙公司之间形成担保法律关系。而对于该担保的争议解决方式，担保函中并未进行约定，同时相关法律亦无主合同约定仲裁条款，担保合同亦应适用仲裁的规定。因而在意大利甲公司与北京丙公司未就担保的争议解决方式达成仲裁合意的情况下，采购合同中的仲裁条款不适用于该担保函的管辖。虽然采购合同中约定："本合同的附件是合同不可分割的一部分，与合同具有同等效力。"但该约定仅是指明了采购合同与其附件之间的关联关系，采购合同中双方关于争议解决方式的约定并不必然适用于其附件。

从上述案例可以看出，商事仲裁案件严格限制仲裁协议效力的扩张，这是对合同相对性的坚守，更是商事仲裁外观主义的体现。

（二）外观主义更加符合商事纠纷争议解决的要求

商事仲裁是解决商事纠纷的重要方式。虽然在商事纠纷的审理中，选择外观主义还是意思主义需要根据具体案件的情况进行权衡和选择，但在一般情况下，商事纠纷的审理更加注重考察法律行为的表面含义，即更倾

---

① 参见北京市第四中级人民法院民事裁定书，（2017）京04民特32号。

向于采用外观主义原则。这意味着在商事纠纷争议解决中，对维护交易安全的需要高于对表意人个人自由的尊重。形成这一倾向的原因在于外观主义更加符合商事纠纷的特点以及商事纠纷争议解决的要求。

首先，商事行为交易链长、反复大量、交易对象复杂等特点导致其对交易安全有更高的要求。非商事民事行为一般以满足主体的自身生活需求为目的，因而大多为一对一的简单关系。即使存在交易关系，交易完成后也会很快进入消费阶段，行为一般只涉及两方当事人，交易链很短，对交易方式的要式性和技术性的要求不高；而商事行为以营利即资本增值为目的，商事交易表现为同宗交易反复大量进行，交易环节或链条较长。此外，在商事关系中，商事主体注重通过反复大量的交易实现利润的最大化，由此必然导致交易对象的扩大化。商事交易的双方可能是未发生过任何联系的独立主体，通过市场的媒介互相选择对方作为交易对象。商事行为的这些特点无疑对交易安全提出了更高的要求，奠定了外观主义适用的基础。

其次，商事纠纷的争议解决对效率有很高的要求。商事纠纷一般涉及商业合同、商业交易等商业活动，而商业活动通常具有迅速变化、竞争激烈、时效性强等特点。因此，商事纠纷的争议解决需要具备高效的特点，以满足商业活动的要求。而外观主义可以提高商事纠纷解决的效率，降低当事人的纠纷解决成本。例如，在票据纠纷中，背书的连续性本身即具有对持票人享有票据权利的证明力，而无须持票人就票据转让的根据及其合法性另行举证。外观主义在商法中的普遍推行，还可以有效保护相对人及第三人的预期效果，减少交易中的预测成本。在促进商事交易快速、便捷的同时，消除行为人内在心态难以准确测定的弊端。此外，对仲裁庭来说，外观主义方法的运用也意味着审判成本的降低。仲裁庭可以通过当事人商业行为的表面含义进行认定和裁判，而无须对当事人的意图进行深入细致的考证和推理，这无疑节约了大量的时间和精力成本。

最后，商事关系中一般至少有一方当事人中存在商主体。所谓商事主体，指具有商事权利能力，依法独立享有商事权利和承担商事义务的个人和组织。与一般的民事主体相比，商事主体的行为能力较高，即商事主体辨别是非正误及利害得失的能力通常比民事主体高，法律将商人定位为"精于算计的理性人"。商业合同往往由经验丰富的商业人士编写，旨在实现各方的商业目的，商事行为的表面含义通常就是双方的共同意图。因此，在商事纠纷的争议解决中不需要司法的过多介入，仅需依据外观主义进行判断。

由此可知，考虑到商事交易安全、争议解决的效率以及商事行为主体的特殊性等因素，商事纠纷争议解决中会更加倾向于采用外观主义。虽然商事仲裁和民商事审判均为商事纠纷争议解决的方式，但是二者在外观主义的适用上存在差异。

商事仲裁的案件为"平等主体的公民、法人和其他组织之间发生的合同纠纷和其他财产权益纠纷"，均为商事纠纷案件，因此外观主义的适用更符合仲裁机构裁决案件的要求，仲裁庭在裁决案件过程中会更侧重于关注当事人之间合同条款约定的内容，并认可合同条款的约束力。而民商事审判中，法院在审理商事纠纷争议案件时对于外观主义的适用更为审慎，如《九民纪要》明确提出要"特别注意外观主义系民商法上的学理概括，并非现行法律规定的原则，现行法律只是规定了体现外观主义的具体规则，如《物权法》第 106 条规定的善意取得，《合同法》第 49 条、《民法总则》第 172 条规定的表见代理，《合同法》第 50 条规定的越权代表，审判实务中应当依据有关具体法律规则进行判断，类推适用亦应当以法律规则设定的情形、条件为基础。从现行法律规则看，外观主义是为保护交易安全设置的例外规定，一般适用于因合理信赖权利外观或意思表示外观的交易行为。实际权利人与名义权利人的关系，应注重财产的实质归属，而不单纯地取决于公示外观。总之，审判实务中要准确把握外观主义的适用边界，避免泛化和滥用"。

以下案例充分体现了商事仲裁采用外观主义审理案件的司法实践。

在申请人甲公司与被申请人乙公司、意大利丙公司采购合同争议仲裁案[1]中，申请人甲公司、法国丁公司作为一方（卖方）与第一被申请人乙公司、第二被申请人意大利丙公司组成的"Z联合体"（买方）签订《某供水一期工程总干渠隧洞双护盾采购合同》。根据该合同，卖方向买方出售大型、复杂的综合设备，约定设备质量标准为"设备的质量和性能是否达标主要考核设备完好率，合同约定的完好率是不低于80%"。卖方认为其供应该设备后，设备完好率达到85%，超出合同要求性能考核保证值，已具备合同约定的完成验收条件，交付的设备质量符合合同的约定，完全履行了供货义务。但买方认为，卖方所提供的设备虽然达到完好率的要求，但投入工程后发现了诸多质量问题，对隧洞掘进造成较大的影响。因此，买方一直未签署最终验收证书，也未支付剩余提供货款。卖方进而提起仲裁。仲裁庭认为合同中约定的标准应当为设备是否符合质量要求的唯一标准。在这种清晰的合同条款约定下，即便买方表示货物交付使用后质量不佳，对工程进度造成较大影响，也不妨碍仲裁庭依据合同，认可卖方完成了约定的交货义务。

在申请人甲公司与被申请人乙公司买卖合同争议仲裁案[2]中，申请人甲公司与被申请人乙公司签订了花生仁买卖合同，由申请人向被申请人提供每盎司标准粒数为40/50的中国产花生5000吨；价格为每吨715美元，FOB（船上交货）天津，总金额为3,575,000美元；支付方式为由买方在装船期前15日内开出不可撤销的、可转让的信用证；装运期为1994年4月至5月。申请人诉称：合同签订后，申请人按规定积极备货，于1994年3月及5月与被申请人共同看货，以便被申请人及早开出信用证，但被申请人没有开证。1994年5月31日，被申请人以所剩时间来不及安排装船为由宣布解除其合同项下的义务，申请人仍希望继续履行合同，直至1994

---

[1] 参见中国国际经济贸易仲裁委员会：《中国国际商事仲裁年度报告2017》，第71~72页。
[2] 参见《案例六：国际货物买卖中双方的履约先后问题》，载中国国际经济贸易仲裁委员会网站，http：//www.cietac.org.cn/index.php？m=Article&a=show&id=19。

年 6 月 30 日双方谈判破裂，申请人遂提出索赔，并宣告合同解除。此案中，双方对于被申请人没有开证这一事实没有异议，其争议在于：申请人认为，在 FOB 合同项下，申请人只有义务在货物上船时保证所交货物的质量、规格符合合同的规定，没有义务在卖方未开证、未派船的情况下履行上述义务。而被申请人认为，被申请人在与申请人长期贸易关系中已确立被申请人开证时间应为双方共同验货合格后的合理时间这一惯例。双方在订立合同时均有明确表示，并作为双方长期合作的惯例一直被双方作为默示条件而遵照执行。因此，被申请人没有开证完全是申请人没有备妥合同所规定的货物所致。被申请人没有违约。

仲裁庭认为，合同规定的价格条款是 FOB 天津，合同中没有关于被申请人开证时间应为双方共同验货合格后的合理时间的约定，相反却明文规定买方应在装运期 15 天之前开出信用证。无论双方在以往的长期合作中是否有先验货后开证的惯例，如果合同有明确的相反规定，即构成明示的约定，明示的约定自然取代对默示的推定。故被申请人应根据合同，在装运期 15 天之前开出信用证。被申请人没有依约履行义务，并于 1994 年 5 月 31 日传真申请人宣布解除合同，已构成对合同的根本违反，应承担违约责任。当事人之间的习惯操作不能对抗合同的明文规定。

由此可知，在商业合作惯例和合同条款约定之间，仲裁庭更倾向于以双方当事人实际签订的合同条款约定的内容来判断双方权利义务，并判断双方的违约责任，这种裁判思路是商事外观主义的体现。

此外，仲裁庭对商业风险、不可抗力、显失公平的谨慎认定也体现出仲裁更加侧重于商事外观主义。在申请人自然人 A 与被申请人北京甲公司租赁合同争议仲裁案[①]中，申请人自然人 A 与被申请人北京甲公司签订《房产租赁合同》，由申请人向被申请人出租位于北京西八里庄某处房产。合同对租金及其支付均作出了具体规定。在申请人与被申请人签订上述合

---

① 参见《案例三：租赁合同争议——显失公平与撤销权的行使》，载中国国际经济贸易仲裁委员会网站，http：//www.cietac.org.cn/index.php？m = Article&a = show&id = 22。

同前，被申请人与北京另外一百货公司签订了转租合同，将上述申请人与被申请人间《房产租赁合同》项下的租赁物转租给了该百货公司。《房产租赁合同》第8.8条规定，若被申请人将租赁物分租或转租他人，因此所获得的租金如高于该合同所约定的租金标准，申请人不得就高出部分主张权利；所获租金如低于该合同所约定的租金标准，则不足部分由被申请人补足，以支付申请人。后因被申请人欠付租金，申请人遂向仲裁委员会申请仲裁。被申请人认为，双方所签租赁合同所规定的租金额远远超过了被申请人与其下家所签订的转租合同所约定的租金额。根据《合同法》第5条[①]的规定，该租赁合同租金条款显失公平，应予撤销。

仲裁庭认为，被申请人关于租赁合同显失公平的主张不能成立。首先，申请人和被申请人《房产租赁合同》对租金数额及其确定方法已作出了明确约定。其次，在被申请人与申请人签订租赁合同前，被申请人已同其下家签订转租合同，将租赁物以低于租赁合同规定的租金标准予以转租。转租价低于租赁合同价，被申请人在签订租赁合同时即已知晓。再次，租赁合同系被申请人起草的格式合同。最后，若合同显失公平，当事人一方有权请求法院或仲裁机构予以变更或撤销，但具有撤销权的一方当事人自知道或理应知道撤销事由之日起1年内没有行使撤销权的，撤销权消灭。而该案被申请人在合同签订3年后才主张行使撤销权。所以，即使租赁合同显失公平，被申请人也由于其未能在法律规定的期限内提出主张而丧失了撤销权。基于上述分析，仲裁庭裁定，被申请人关于租赁合同显失公平的主张不能成立，被申请人应将其欠付的租金如数支付申请人并加计相应利息。

主张合同显失公平或援引合同所规定的不可抗力条款在仲裁案件中经常被援用，但很难成功，原因就在于，现实生活中，合同的订立一般均建立在当事人自由协商的基础上。谨慎的商人们总是在分析并平衡各种情况

[①] 相关规定参见《民法典》第6条。

后作出其抉择，签订合同。由于客观情况的变化或市场预测不准，在情形对其不利时，不依约履行合同，想通过主张合同显失公平以规避合同风险或推却损失，这种做法本身便与合同法诚实信用和公平交易的原则相违背。

本章小结

我国法律制度和民商事审判体系"民商不分"的现实情况，决定了法院在审判商事案件过程中不可避免地存在以传统民事思维解决商事纠纷的惯性，且法院作为国家具有强制力的司法审判机关，其有探求真实法律关系、维护公平正义的价值追求，法官在审理案件的过程中往往以"穿透式审判思维"来全面深入审查案件。而商事仲裁为了维护商事活动动态安全、快捷交易的秩序，促进社会经济的繁荣发展，在审理案件的过程中更加注重商事行为的合同相对性和形式外观，即采用外观主义。民商事审判和商事仲裁对意思表示解释方式中意思主义和外观主义的不同侧重，体现出两种审判模式的特性差异以及法官和仲裁员思维的差异。

第六章

自由裁量

法官的自由裁量权一直备受社会的关注，也不乏一些理论界和实务界的探讨和研究，关于仲裁员的自由裁量权却鲜有深入的探讨。实践中，仲裁员的自由裁量权当然具有存在的必要性，但是，若仲裁员的自由裁量权遭到滥用，其危害同样深重，不仅会侵害当事人的合法权益，而且长此以往必将降低仲裁的公信力，不利于仲裁制度的长远发展。为此，下文将对仲裁员的自由裁量权展开研究，希望能够引起更多人更为深入的思考。

一、自由裁量权

自由裁量权是指权力主体在自己所享有的权力范围内，根据法律授权和具体情况，自行判断行为条件、选择行为方式并作出决定的权力。这种权力既包括行政自由裁量权，也包括司法自由裁量权和仲裁自由裁量权，存在于法律授权的范围内，旨在更有效地实现实质正义。

（一）法官的自由裁量权的定义

关于自由裁量权，理论界与实务界并没有一个统一、权威的界定。在英文版《牛津法律大辞典》（*The Oxford Companion to Law*）中，自由裁量权的释义为"The Power of the court to take some step, grant a remedy, or admit evidence or not as it thinks fit"，即只要其认为合适，法院可以采取措施、授予补偿、接受或不接受证据的权力。中文版《牛津法律大辞典》将其定义为："是对案件酌情作出决定的权力，并且这种决定在当时特定情况下应是正义、公正、正确、公平和合理的。"[①] 英国学者R. 帕滕顿认为，自由裁量权应该至少从以下六个维度进行理解："（1）指一种思维性质（mental quality），一种审慎的、思虑周详的态度。这个用法没有特别的法律意义。（2）表示法官并非依据硬性的法律规则（如果条件A满足，法官必须做B）来决定问题，而是享有选择权，可以根据案件事实作出决定（如果条件A满足，法官可以做B）。（3）指法官在某硬性规则诸要素已满足的情况下，必须自觉地按某种特定方式行事。但该规则含有一个或者若干个比较模糊的标准（如'合理'、'公平'等），要求法官对具体情况作出个人判断。（4）指法官在决定下列初步性事实问题时行使的判断权：某孩童是否有能力发誓举证？证人的精神状态是否适于作证？在这里，既没有规则也没有标准可赖以指导，法官必须依靠证人举证给他的印象：如提供证据是否自我矛盾、冲突等。这种'事实自由裁量权'与第二种用法的区别是：虽然法官对事实的认定很难与事实真相相一致，但法院通常相信，事实问题有客观的、正确的答案；而行使第二种意义的自由裁量权所找到的答案只可以说其合理或者不合理，并不能评论其是正确还是错误。（5）指法官裁判权的终局性，即对其裁决不得上诉。（6）指具有立法意义的裁判权。由于法律语言的开放性，立法者模糊立法目的，相对地忽视事实以及判例制度的不确定性，就会产生没有规则可以适用的情形。这时，法官就行使了立法性自由裁量权，一旦法官做出了选择，根据遵循先例原则，法官就不大可能再重新判断了。这与第二种用法不同，后

[①] ［英］戴维·M. 沃克:《牛津法律大辞典》，北京社会与科技发展研究所译，光明日报出版社1988年版，第261页。

者的自由裁量权明确地受制于法律，并可反复使用。"①

美国法学家德沃金对自由裁量权从三种意义上进行了阐述："第一，是指官员在适用标准时，需运用判断力，使用前结合上下文进行判断，而不能机械地将其运用于具体情况。第二，官员有自由裁量权是指对于作出决定而言，他享有最终权力，另外的官员即使是上级官员也不能审查其决定，对其进行监督或撤销。第三，官员有自由裁量权是指官员在决策时不受权威设定的准则限制。"② 美国学者梅里曼认为："审判上的自由裁量权是普通法系法官传统固有的权力，是指能够根据案件事实决定其法律后果，为了实现真正的公平正义可以不拘泥于法律，还能够不断解释法律使之更合于社会的变化。"③

国内的学者则对自由裁量权有以下几种理解：《中国法学大辞典》将法官的自由裁量权定义为法官根据正义、公平、正确和合理的原则，对案件酌情作出决定的权力。④ 梁迎修教授则认为，法官自由裁量权就是在法律适用的过程中，法官在多种合法的法律解决方案之间进行合理选择的权力。⑤ 最高人民法院院长张军认为，自由裁量是指在法院审判工作中，法官根据法律（包括司法解释），依据法庭查明的事实，在个人法律意识支配下作出裁判的过程。也就是说，自由裁量是个过程，法官作出的判决和裁定是自由裁量的结果。具体而言，张军认为，首先，法官进行自由裁量必须根据法律，法官不是在法律之外运用法律，而是在法律规定下找到裁判空间，从而进行裁量，这绝对不同于英美法系的"法官造法"。自由裁量是根据法律（包括实体法与程序法）作出裁判，司法解释也是自由裁量

---

① 信春鹰编：《公法》（第 3 卷），法律出版社 2002 年版，第 449 页。
② ［美］罗纳德·德沃金：《认真对待权利》，信春鹰、吴玉章译，中国大百科全书出版社 1998 年版，第 53 页。
③ ［美］约翰·亨利·梅里曼：《大陆法系》，顾培东、禄正平译，西南政法学院出版社 1983 年版，第 57 页。
④ 参见孙国华主编：《中华法学大辞典》（法理学卷），中国检察出版社 1997 年版，第 542 页。
⑤ 参见梁迎修：《法官自由裁量权》，中国法制出版社 2005 年版，第 25 页。

的一种贯彻表现。其次，法官进行自由裁量必须依据法庭查明的事实。自由裁量的限制除了法律还有事实、对象，这是对自由裁量权的约束，必须在法庭作出调查的基础上自由裁量。也就是说，自由裁量必须在对事实、证据进行认定之后才能作出。再次，自由裁量是在法官个人法律意识支配下进行的，每一个法官包括合议庭成员个人成长经历的不同使他们对于法律和社会的认识不一致，所以每个法官的个人法律意识决定了其裁判思维和判断依据。最后，法官进行自由裁量是作出判决和裁定的过程，判决和裁定是自由裁量的结果。①

（二）仲裁员的自由裁量权的定义

自由裁量权是一个广泛的概念，它涉及在法律规定的范围内，根据案件的具体情况和自己的理性判断，灵活地处理问题。在仲裁过程中，仲裁员被赋予了一定的自由裁量权，以便根据案件的实际情况作出公正、合理的裁决。这种权力不仅包括对事实的认定，还包括对适用法律的选择，以及在裁决过程中对各种因素的综合考虑。通过这种方式，仲裁过程能够更加有效地解决争议，实现公正和合理的裁决结果。结合仲裁的特点可以看出，仲裁员的自由裁量权是指在仲裁案件的审理过程中，当法律或仲裁规则没有规定或规定不够明确或该规定为一定幅度或一个区间时，仲裁员对案件的实体问题及程序问题根据符合法律基本原则酌情作出决定的权力。

仲裁员的自由裁量权体现了法律原则与实际情况的结合，确保了仲裁结果的公正性和合理性。在行使自由裁量权时，仲裁员需要遵循公正、公开的原则，确保裁决符合法律规定和法律精神。此外，仲裁员的自由裁量权还包括对事实性质认定的自由裁量权，这种权力的存在是为了确保法律能够适应不断变化的社会现实，同时为仲裁员提供了根据具体情况灵活处理问题的能力。

---

① 参见张军：《法官的自由裁量权与司法正义》，载《法律科学（西北政法大学学报）》2015年第4期。

二、自由裁量权存在的必要性及问题

（一）法官自由裁量权存在的必要性及问题

1. 法官行使自由裁量权的必要性

首先，法律的不完善性。法律本身存在局限性，不可能完美无缺，因此需要通过立法措施不断使其趋于完善。法律的漏洞、模糊概念、原则性规定不会因不断的立法而消除，需要通过法官的自由裁量权来弥补法律的不足。其次，个案公正的需求。为了追求个案的公正，法官需要灵活适用法律，解释法律，以克服法律适用上的僵硬，确保每个案件都能得到公正的处理。再次，补充法律漏洞。在法律未作规定或规定有缺失的情况下，法官需要根据法律的授权和自己的理解及法律精神，在合理的范围内依据公正的原则进行裁判，这是司法自由裁量权存在的必要性之一。又次，发挥主观能动性。在法律的适用过程中，人发挥主观能动性是不可避免的。即使立法再完备详细，实施也需要自由裁量，因为司法者"在认定事实、适用法律和作出决定的过程中拥有判断和选择的可能性"。最后，促进法律发展。通过法官的解释和运用，法律才具有生命力。法官的自由裁量权有助于促进法律的发展和完善。

2. 法官行使自由裁量权存在的问题

首先，法官在行使自由裁量权时，可能会因个人情感、偏见或其他非理性因素而裁量不当，从而影响案件的公正处理。例如，在民事审判中，法官对举证责任的分配、证据证明力的判断等，都需要根据案件的具体情况进行裁量，但如果法官受到不当影响，可能会导致裁量结果不公。其次，法律条文的模糊性和原则性为法官提供了较大的自由裁量空间，但同时增加了裁量的难度和风险。例如侵权责任法中关于精神损害赔偿的规定，虽然赋予了法官一定的自由裁量权，但也增加了裁量的复杂性和难度。再次，对法官自由裁量权的监督和制约机制不完善，容易导致权力滥用。虽然有建议提出通过加强对自由裁量案件的有效监督、推进对民商事同类型案件自由裁量的研究和规范等方式来减少自由裁量的任意性，但这些措施的实施和效果还有待观察。又次，法官在行使自由裁量权时，不可避免地会受到社会环境和个人因素的影响。例如，法官的教育背景、社会待遇等可能影响其独立判断，而且在广大的农村、偏远地区，诉讼当事人可能缺乏足够的法律知识和诉讼技巧，这在一定程度上影响了法官自由裁量的公正性。最后，在实现正义的过程中，必须平衡实体正义与程序正义的关系。法官在行使自由裁量权时，需要兼顾程序正义与实体正义的平衡，这既是挑战也是难点。例如，在保护弱势群体时，如何在维护一般正义的同时找到一般正义与个别正义的平衡点，是法官自由裁量权的重要价值所在。

（二）仲裁员自由裁量权存在的必要性及问题

1. 仲裁员自由裁量权存在的必要性

（1）一般必要性

首先，自由裁量权的存在源于法律本身的局限性。法律条文的稳定性、滞后性与社会生活的复杂性、多变性是矛盾且共生的。日新月异的社会生活及层出不穷的新生事物必然要求在法律尚未制定或修改时借助和运用自由裁量权在既有的法律规定框架下进行裁判。其次，自由裁量权的存在也源于法律语言过于原则和抽象。为了能够在有限的文字表述中更全面地规范一类法律关系，法律语言必然是总结性的、抽象性的、概括性的和原则性的。然而，当抽象概括的法律语言与生动鲜活的个案事例相结合时，也必然需要借助和运用自由裁量权。再次，自由裁量权的存在是法律适用过程的衍生结果。案件的审理过程是一个"三段论"[①] 的推理过程，

---

① 三段论为逻辑学概念，提出者是亚里士多德。三段论推理是演绎推理中的一种简单判断推理。它包含两个性质判断构成的前提和一个性质判断构成的结论。一个正确的三段论有且仅有三个词项，其中联系大小前提的词项叫中项；出现在大前提中，又在结论中做谓项的词项叫大项；出现在小前提中，又在结论中做主项的词项叫小项。

即法律规范为大前提，具体的案件事实为小前提，根据逻辑三段论推导出结论即判决。但现实生活中并非每一个小前提都能与大前提的条件完全吻合，因此，一条法律规范能否被适用、如何被适用以及在多大程度上予以适用，无不依靠自由裁量权。最后，对公平正义的追求离不开自由裁量权。公平和正义是法律的基本原则和基本价值。我们也从一些个案中能够看到，裁判者会放弃对具体法律规定的适用而选择去适用规定基本原则的条款，这无疑是为了避免适用具体法律规定而产生个案不公平的结果，是为了在一般正义和个别正义中取得平衡。

（2）特殊必要性

仲裁的独立性是仲裁制度产生和发展的基石，《仲裁法》第 8 条规定："仲裁依法独立进行，不受行政机关、社会团体和个人的干涉。"赋予仲裁员绝对的自由裁量权是保持仲裁独立性的内在要求，也是保持仲裁制度活力与优势的必然要求。因此，除上述自由裁量权共有的存在必要外，仲裁中的自由裁量权还有其自身存在的必要。和诉讼相比，仲裁的形式更加灵活多样，相应地，仲裁制度也赋予了仲裁员更大程度上的自由裁量权。对于商事纠纷的复杂性、专业性以及快速解决的需求，实体上除将法律作为仲裁依据外，商业习惯、行业惯例、善良风俗、诚实信用等也较多地被作为参考依据；程序上除遵循仲裁法和仲裁规则外，国际商事仲裁的原则和惯例也时常予以考虑。仲裁员更大程度上的自由裁量权不仅是适应经济发展的需要，也是推动仲裁发展的需要，是保持仲裁生命力的需要。综上，仲裁员的自由裁量权具有十分重要的存在意义，应得到较大的发挥空间。"正是借助于裁量，普遍正义和个案正义、稳定的法律与变动的事实之间的紧张才得以缓解，相互冲突的法律价值才得以协调。"[①]

2. 仲裁员自由裁量权存在的问题

首先，由于仲裁员是从不同行业选拔出来的，部分仲裁员并未接受过

[①] 沈光：《简述对法官自由裁量权的程序制约》，载《今日南国（理论创新版）》2009 年第 1 期。

法律教育。如果仲裁员没有进行专门的知识训练，缺乏对法律和仲裁规则的深入理解，可能会导致裁决结果与法律规定相违背，甚至与法院的判决背道而驰。其次，仲裁员如果拥有过大的自由裁量权，可能会滥用这一权力，导致裁决结果不公正，损害当事人的合法权益。再次，仲裁员在裁决过程中拥有较大的自由裁量权，可能会导致不同仲裁员对相似案件的裁决结果不一致，降低裁决的可预测性和一致性。最后，仲裁裁决与法院判决的不一致性可能会给法律体系的统一性和稳定性带来挑战，尤其是在涉外案件中，仲裁裁决的执行和撤销与国内案件不同，这增加了协调的复杂性。

三、仲裁员自由裁量权的内容

关于法官的自由裁量权问题，已经有相当多的理论成果，其早已成为备受中外学者关注的热点话题。仲裁员的自由裁量权和法官的自由裁量权的限度从《仲裁法》和《民事诉讼法》的原则性规定中可见一斑。《仲裁法》第7条规定："仲裁应当根据事实，符合法律规定，公平合理地解决纠纷。"《民事诉讼法》第7条规定："人民法院审理民事案件，必须以事实为根据，以法律为准绳。"从前述规定可以看出，仲裁员的自由裁量权比法官的自由裁量权具有更大的限度，其内容主要体现在以下几个方面。

（一）关于仲裁程序的自由裁量

在程序方面，自由裁量权的尺度更大是仲裁员的自由裁量权与法官的自由裁量权相比显著的不同。因为我国的《民事诉讼法》及其司法解释对民事诉讼的程序要求已经作出了较为详尽的规定，供法官自由裁量的空间不大。相比较而言，仲裁程序具有更大的灵活性，《仲裁法》只是作了基本的规定，更多更大的发挥空间留给了仲裁规则及仲裁员对仲裁规则的适用。综观各仲裁机构的仲裁规则，除了体现当事人根据意思自治对程序的选择外，也较多地规定了仲裁员在仲裁程序中自由裁量的权力，主要表现为对程序规范的适用以及对程序的指挥和管理，具体包括：（1）程序管理权，如证据过多是否进行庭前质证、案件是否合并审理、当事人逾期提出变更请求或反请求是否接受、举证期限的规定、逾期证据是否采纳等；（2）证据调查权；（3）程序的释明权，如要求当事人对其请求进行解释和明确、当事人自行调解的时间等；（4）填补程序空缺，即当事人未约定，仲裁法和仲裁规则也未规定时，仲裁员确定仲裁程序所应适用的规定。①虽然仲裁庭在程序性事项上有一定的自由裁量权，但这种权力的行使是有条件的。例如，在临时仲裁中，如果当事人未事先约定仲裁地，仲裁庭可以根据案情确定仲裁地。但这种自由裁量权的行使不应违反法律规定或当事人之间的约定。

在某仲裁委租赁合同纠纷案②中，申请人矿业 A 公司的仲裁请求为解除与被申请人钢铁 B 公司的租赁合同并赔偿损失。在首次开庭时，申请人变更其仲裁请求为撤销与被申请人的租赁合同并赔偿损失。仲裁庭当庭接受了申请人的变更请求并给予被申请人一定的答辩期限。在第二次开庭时，双方围绕合同的撤销理由是否成立展开充分的辩论，双方都补充提交了围绕新的争议焦点而组织收集的证据。在第二次开庭结束后不久，申请人再次请求变更仲裁请求为解除与被申请人的租赁合同并赔偿损失。为此，被申请人提出异议，但是，仲裁庭再次接受了申请人的请求。以下自由裁量权问题由之产生：在已经围绕变更后的仲裁请求、案件事实、法律适用进行充分辩论的情况下，是否应该再次接受变更仲裁请求的申请？在案件审理期限已经超出仲裁规则规定的情况下，是否应接受变更仲裁请求的申请而导致审理期限再次被延长？相对于法官而言，仲裁员在程序主导权上有更大的灵活性和自主性。

---

① 参见陈忠谦：《仲裁员自由裁量权探析》，载《仲裁研究》2009 年第 3 期。
② 本案例为笔者团队代理案件，因涉及保密要求，相关裁判文书号不予披露。

（二）关于事实认定的自由裁量

在仲裁过程中，关于事实认定方面的自由裁量是由仲裁自身的特点决定的。相较于法院判决的公开性和可上诉性，仲裁的不公开审理和一裁终局决定了仲裁裁决结果更关注个案的差异，并基于这种个案差异使个案的裁决空间根据个案的具体情形不同而发生变化或有所拓展。仲裁员会更加关注庭审过程中争议各方证据质证背后可能蕴含的事实真相，仲裁员的心中存在根据庭审以及证据材料努力追求案件的客观事实真相的强烈意愿。从仲裁裁决的结果来看，仲裁裁决更符合交易主体在一个交易中的预先设定，仲裁结果则更容易满足交易主体的预期，仲裁的过程更利于挖掘和满足当事人当初的协议目的或安排。可见，在事实认定方面，仲裁员更注重事件本身的逻辑演绎、生活经验以及由此带来的内心确信。

在某仲裁委买卖合同纠纷案①中，北京 A 公司拟从上海 B 公司采购一批机器，为履行该合同，上海 B 公司从意大利进口这批机器的零部件组装后再卖给北京 A 公司。双方之间的买卖合同约定，合同自上海 B 公司收到北京 A 公司预付款之后生效。在合同经双方签字盖章成立但北京 A 公司未支付预付款的情况下，北京 A 公司向上海 B 公司发出了履行合同的明确指示，包括交付货物的时间和数量等信息，上海 B 公司收到指示后，向意大利某公司发出订单，为进口零部件前后花去货款、运费、关税等费用约 2000 万元人民币。之后，北京 A 公司因为国外买方毁约而拒绝接受已经备好的货物并取消合同，并以合同未生效为由拒绝赔付上海 B 公司的损失。上海 B 公司遂提请仲裁，要求北京 A 公司赔偿损失，最终仲裁裁决结果认定，北京 A 公司构成缔约过失责任，导致上海 B 公司的信赖利益损失，但裁决北京 A 公司赔偿 100 万元人民币。相对于仲裁请求的金额 2000 万元人民币来说，裁决结果的 100 万元人民币赔偿额显然是仲裁员对损失认定

---

① 本案例为笔者团队代理案件，因涉及保密要求，相关仲裁文书号不予披露。

依法进行自由裁量的结果。

在湖南 A 公司与常德 B 学校不服执行裁定申诉案[①]中，常德 B 学校向常德市中级人民法院申请不予执行常德仲裁委员会作出的（2011）常仲裁字第 163 号仲裁裁决，其中的理由之一是仲裁裁决认定事实的证据不足。对此，法院认为，仲裁庭在认定事实和法律方面有一定的自由裁量权，当事人选择了仲裁途径，就应当承担相应的后果。该案中，常德 B 学校在收到湖南 A 公司提供的工程结算文件后逾期没有答复，且在工程还未验收的情况下就投入使用，仲裁庭据此对合同的结算条款作出常德 B 学校逾期不答复即视为认可结算文件的解释，在事实认定和适用法律方面并无明显的错误。该案充分体现了仲裁员在认定事实和法律方面具有一定的自由裁量权。

（三）关于证据审查的自由裁量

证据是认定事实的基础，是赢得诉讼或仲裁的关键，因为只有审核证据才能形成对事实的认定，这也是为什么在诉讼或仲裁的过程中，当事人十分重视对证据的搜集以及对证据规则的运用。诉讼中有严格的证据规则，如《民诉证据规定》，仲裁中却没有类似的关于证据的详尽规定，而将这一权利赋予了各仲裁委的仲裁规则。实践中，仲裁规则也大多没有明确详细的证据规则，仅仅作了一般性规定。因此，在这方面仲裁员的自由裁量权大于法官的自由裁量权。

1. 关于证据认定标准的问题

仲裁员应当全面、客观地审核证据，运用逻辑推理和日常生活经验，对证据有无证明力和证明力大小独立进行判断。证据不具有自我证明的能力，必须由仲裁员根据案件的具体情形对证据的证明力作出判断。这个判断的过程需要发挥仲裁员的主观能动性，这种主观能动性也可称为自由心

---

① 参见最高人民法院执行裁定书，（2015）执申字第 33 号。

证。例如,《北京仲裁委员会仲裁规则》第 38 条第 1 款规定:"证据由仲裁庭认定;鉴定意见,由仲裁庭决定是否采纳。"从上述规定可以看出,相关仲裁规则在证据认定问题上赋予了仲裁员极大的自主权。

在某仲裁委国际货物买卖合同案[①]中,卖方中国 A 公司与买方韩国 B 公司签订了螺纹钢国际货物买卖合同,约定:中国 A 公司向韩国 B 公司出售螺纹钢,质量标准必须符合韩国 KS3504 SD400 的标准与规格。合同同时约定了买方开立信用证的日期和卖方装船的日期。后韩国 B 公司迟迟未开证并要求中国 A 公司降价及延后装船,经过数次推延后双方无法达成一致最终产生纠纷。在此期间,螺纹钢的市场价格因金融危机一路下跌,中国 A 公司为止损而转卖货物时的价格仅为原价格的 60%。为此,中国 A 公司申请仲裁要求韩国 B 公司赔偿损失。韩国 B 公司在仲裁过程中辩称,中国 A 公司没有履行合同约定的备货义务,其主张该合同项下的货物是"非合金钢"的螺纹钢筋,而中国 A 公司实际生产、备运的是"合金钢"。韩国 B 公司的上述主张主要是基于其出具给中国 A 公司表明将要开具给中国 A 公司的合同项下的信用证开证申请书中列明的 HS 编码 7214.20.1000 代表的是"非合金钢",而中国 A 公司对此未提出异议,但中国 A 公司在向韩国其他公司转售合同项下货物时出口的商品编码 7228.3000 代表的是"合金钢"。最终仲裁庭认定:双方明确约定买卖的货物是高强度螺纹钢筋,其质量标准必须符合韩国 KS3504 SD400 的质量标准,从该质量标准中没有发现任何条文或规定明确指向合金钢或者非合金钢。仲裁庭认为,韩国 B 公司没有举证证明合同禁止添加合金元素或者中国 A 公司添加少量合金元素导致产品不符合韩国 KS3504 SD400 的质量标准。同时,仲裁庭认为,韩国 B 公司没有举证证明 HS 编码作为该案合同下货物识别的"唯一身份代码"。因此,仲裁庭认定中国 A 公司已经履行合同约定的备货义务。关于是否履行备货义务这一问题,双方均提交了海量的证据证明,但

---

① 本案例为笔者团队代理案件,因涉及保密要求,相关仲裁文书号不予披露。

仲裁庭能够明确核心问题，并围绕核心问题对所举证据进行有无证明力和证明力大小的判断，充分体现了仲裁员的自由裁量权。

2. 关于域外证据的问题

审判程序中，根据《民诉证据规定》第 16 条和第 17 条的规定，当事人向法院提供的公文书证系在中国领域外形成的，该证据应当经所在国公证机关证明，或者履行中国与该所在国订立的有关条约中规定的证明手续。中国领域外形成的涉及身份关系的证据，应当经所在国公证机关证明并经中国驻该国使领馆认证，或者履行中国与该所在国订立的有关条约中规定的证明手续。当事人向法院提供外文书证或者外文说明资料应当附有中文译本。而在仲裁程序中，在中国领域外形成的证据是否需要公证认证？外文证据是否需要翻译成中文译本？对此，国内各仲裁机构的仲裁规则虽表述不同，但总的来说由仲裁员根据情况决定。例如，《中国国际经济贸易仲裁委员会仲裁规则》第 84 条第 4 款规定，当事人提交的各种文书和证明材料，仲裁庭或仲裁委员会仲裁院认为必要时，可以要求当事人提供相应的中文译本或其他语言译本；《北京仲裁委员会仲裁规则》第 72 条第 3 款规定，本会或者仲裁庭可以根据案件具体情况确定国际商事仲裁程序中的书面材料是否需要附具中文译本或者其他语言译本。

3. 关于逾期举证的问题

审判程序中，逾期举证的法律后果经历了由严到宽的变化。例如，2001 年《民诉证据规定》第 34 条规定："当事人应当在举证期限内向人民法院提交证据材料，当事人在举证期限内不提交的，视为放弃举证权利。对于当事人逾期提交的证据材料，人民法院审理时不组织质证。但对方当事人同意质证的除外。当事人增加、变更诉讼请求或者提起反诉的，应当在举证期限届满前提出。"第 43 条第 1 款规定："当事人举证期限届满后提供的证据不是新的证据的，人民法院不予采纳。"而 2022 年修正的《民诉法解释》第 101 条却明确规定："当事人逾期提供证据的，人民法院应当责令其说明理由，必要时可以要求其提供相应的证据。当事人因客观原因逾期提供证据，或者对方当事人对逾期提供证据未提出异议的，视为未逾期。"第 102 条规定："当事人因故意或者重大过失逾期提供的证据，人民法院不予采纳。但该证据与案件基本事实有关的，人民法院应当采纳，并依照民事诉讼法第六十八条、第一百一十八条第一款的规定予以训诫、罚款。当事人非因故意或者重大过失逾期提供的证据，人民法院应当采纳，并对当事人予以训诫。当事人一方要求另一方赔偿因逾期提供证据致使其增加的交通、住宿、就餐、误工、证人出庭作证等必要费用的，人民法院可予支持。"在仲裁程序中，仲裁规则一般都规定，对于举证期限届满后当事人逾期提交的证据，仲裁庭"有权"拒绝接受或"可以"不予接受。① 通常，仲裁庭会结合证据的重要程度、获取证据的难易程度、当事人的举证能力和态度、逾期时间的长短、是否影响作出仲裁裁决的期限等因素综合判断，一般情况下会予以接受并向对方当事人解释接受的原因。

4. 关于举证责任分配的问题

《中国国际经济贸易仲裁委员会仲裁规则》第 41 条第 3 款规定，当事人未能在规定的期限内提交证据，或虽提交证据但不足以证明其主张的，负有举证责任的当事人承担因此产生的后果。当事人提交的证据是否足以证明其主张，也是仲裁员自由裁量的过程。仲裁员认定负有举证责任的一方当事人应承担举证不能的风险，这就是仲裁员对举证责任的分配。仲裁员在行使举证责任分配的自由裁量权时应考虑双方当事人的主张、当事人的举证能力和举证成本以及待证事实发生的盖然性程度。

（四）关于法律适用的自由裁量

在根据证据对事实进行认定后，就需要仲裁员依据相关法律规范对案

---

① 《北京仲裁委员会仲裁规则》第 33 条第 2 款规定，仲裁庭有权要求当事人在一定期限内提交证据材料，当事人应当在要求的期限内提交；逾期提交的，仲裁庭有权拒绝接受。当事人另有约定或者仲裁庭认为有必要接受的除外。《中国国际经济贸易仲裁委员会仲裁规则》第 41 条第 2 款规定，仲裁庭可以规定当事人提交证据的期限。当事人应在规定的期限内提交证据。逾期提交的，仲裁庭可以不予接受。当事人在举证期限内提交证据材料确有困难的，可以在期限届满前申请延长举证期限。是否延长，由仲裁庭决定。

件作出裁决，因此，法律适用也是自由裁量权的重要内容。在法律适用这个问题上涉及几个层次的问题。

首先，对于法律规范的选择需要发挥仲裁员的主观能动性。对于涉及多重法律关系及多重法律规范的复杂纠纷来说，适用哪些规定及诸多规定相互重叠甚至相互冲突时应作何选择，需要仲裁员的自由裁量。即使是对于只需要适用单一法律规范的简单纠纷来说，仲裁员也需要在该规定给出的几种法定情形中作出选择并在法定的幅度和范围内作出裁量。

其次，法律解释的思考过程也是自由裁量的过程。如前文所述，法律规定是原则的、滞后的，法律语言是抽象的、概括的，因此，法律适用的过程必然连带着进行法律解释。也就是说，"法律之解释乃成为法律适用之基本问题。法律必经解释，始能适用"[1]。在法律解释的过程中，不可避免地体现出仲裁员对法律的理解和价值的判断，也不可避免地打上了自由裁量的痕迹。

最后，当法律没有规定或者规定不明确时需要自由裁量。当法律纠纷的处理缺乏法律依据时，仲裁员应当行使自由裁量权，这也是仲裁员自由裁量权最重要的内容之一。仲裁员多为某一领域的专业人员，具有丰富的行业经验，或者为资深的专家学者，具有深厚的理论基础，他们的知识储备、实践经验对于通过自由裁量弥补法律空白是十分必要的。因此，当法律没有规定或者规定不明确时，仲裁员可以根据商业习惯、行业惯例、民商事法律的基本原则等找到可以类推适用的其他相关规定。

在某仲裁委房屋买卖合同纠纷案[2]中，买方自然人甲在上海购买卖方自然人乙的别墅，合同总价款2000万元，自然人乙在房屋上设有抵押。自然人甲先后支付了1500万元的购房款。合同约定，自然人甲的购房款交齐后自然人乙办理过户，但过户前自然人乙必须解除抵押。双方对合同义务的履行顺序存在争议，自然人甲申请仲裁，要求自然人乙解除抵押将房屋过户并支付逾期履行违约金，自然人乙提出反请求，要求自然人甲交清剩

---

[1] 梁慧星：《民法解释学》，中国政法大学出版社1995年版，第300页。
[2] 本案例为笔者团队代理案件，因涉及保密要求，相关仲裁文书号不予披露。

余价款并支付逾期履行违约金。双方都存在一定违约行为，仲裁裁决自然人甲享有先履行抗辩权，自然人乙违约，自然人乙应当支付违约金近500万元，数额上相当于剩余房款。该案中存在多个合同义务的先后履行顺序，一方违反合同次要义务能否成为另一方拒绝履行合同主要义务的抗辩事由？当时依据的《合同法》中关于先履行抗辩权的规定应当如何适用？仲裁员在法律适用方面有充分的自由裁量权，但应当将相应的方法和理据阐述清楚。

（五）国际仲裁中仲裁庭对"文件出示"的自由裁量权

在国际仲裁中，"文件出示"是一项非常重要的取证程序工具，属于仲裁庭的自由裁量范畴，这就意味着，仲裁庭有权决定是否要求或准予出示文件以及出示文件的程度或范围。纵览各国家（地区）仲裁法及仲裁机构的仲裁规则可知，仲裁法和仲裁规则赋予仲裁庭要求当事人进行文件出示的自由裁量权，且都明确规定了仲裁庭有权要求当事人出示文件，除伦敦国际仲裁院仲裁规则外，尽管有国家或者地区的仲裁法及仲裁规则对基于当事人申请的文件出示未进行明确规定，但也未进行限制性规定，而是将该事项赋予仲裁庭和当事人来决定。从国际仲裁实践看，如果仲裁庭及双方代理人均来自大陆法系国家，当事人很少申请要求对方进行文件出示，即使提出申请，仲裁庭通常也不太情愿对当事人申请的文件出示作出裁定。若仲裁庭及双方代理人均来自普通法系国家，当事人向仲裁庭申请要求对方进行文件披露通常会成为不可避免的取证程序，除非当事人明确协议约定排除。然而，如果仲裁庭和当事人分别来自不同法系国家，双方对基于当事人申请的文件出示可能就会存在争议，各方均希望按照己方所熟悉的取证规则进行文件出示，最终可能将按照独任仲裁员或首席仲裁员所熟悉或隶属的法系或者双方普遍接受的规则进行文件出示。[①]

[①] 参见孙红丽：《天册法评 | 国际仲裁中仲裁庭对"文件出示"的自由裁量权》，载微信公众号"天册律师事务所"2022年5月7日，http://mp.weixin.qq.com/s/9L－Im_R0YWEsd59KiiutlA。

四、对仲裁员自由裁量权的规制

如前文所述，仲裁员的自由裁量权必然具有存在的价值，要充分肯定和依法保障仲裁员自由裁量的权力，但绝对的自由裁量不可避免地也会带来一些副作用，即权力的滥用。截至 2024 年，我国共设立仲裁机构 282 家，仲裁员 6 万余名，[1] 如此庞大的仲裁机构和仲裁员数量必然导致水平和素质的参差不齐，再加上仲裁程序的保密性使其缺乏必要的监督，特别是公众的监督，更可能导致这种权力的肆意行使，损害当事人的合法权益，进一步影响仲裁这种纠纷解决途径的发展前景。因此，在承认仲裁自由裁量权存在的必要性的同时，必须采取必要的措施对其进行规制。

（一）仲裁机构应建立仲裁员从产生到退出的完整机制并采取多种措施，确保仲裁员依法履职

对于仲裁员的遴选应当制定严格的条件和程序，仲裁员的遴选应当是公开透明的，除了统一的标准之外还应结合专业水平和道德品质综合考察。一般来说，各仲裁委员会尤其是知名仲裁委员会在遴选仲裁员时会在法律的基本规定之上附加更严苛的条件，如北京仲裁委员会在招聘律师作为仲裁员时，除要求从事律师工作满 8 年外，还要求仲裁员具有法律专业硕士研究生或以上学历；或者具有法律专业大学本科学历，并多次任首席或独任仲裁员，办案能力强；从事或曾从事诉讼或仲裁业务，办案经验丰富；在律师行业中具有较高的专业水准和良好信誉；能够胜任首席或独任仲裁员工作。[2] 这在一定程度上对仲裁员的专业水平有了更高的要求。

---

[1] 参见《司法部：截至目前我国共设立 282 家仲裁机构》，载中国新闻网，http://www.chinanews.com.cn/gn/2024/09-09/10282710.shtml。

[2] 参见《北京仲裁委员会第八届仲裁员选聘公告》，载北京仲裁委员会网 2023 年 11 月 1 日，https://www.bjac.org.cn/news/view?id=4638。

仲裁机构应当规定合理的仲裁员退出机制，应当对仲裁员合格与否建立量化指标，当现任仲裁员不再适宜担任仲裁员时应有相应的退出制度。北京仲裁委员会出台了具体规定，① 在此方面作出有益尝试。

应当加强对现任仲裁员的各种培训，提高仲裁员的业务素质和道德素质。

应当对现任仲裁员的仲裁水平定期予以评估，可以通过当事人调查问卷及抽查裁决书等途径进行考核。

仲裁机构应当加强总结和调研，促进裁决标准的相对统一，相对缩小仲裁员自由裁量空间。仲裁委员会应当重视和加强对案件的研究和整理，收集并解决仲裁工作中的热点、难点问题，对仲裁实践中长期积累形成的经验教训进行总结和反思，并在结合现实的发展及国际商事仲裁的新趋势的基础上出台指导意见或操作规程，以促进不同仲裁员对于相同或类似案件的审理程序、裁决标准及自由裁量权行使幅度的统一，从而相对缩小自由裁量的空间。

应当充分发挥专家咨询委员会的作用。对于重大、疑难、复杂的案件需要较大幅度地运用自由裁量权，或一方当事人发现仲裁程序显然存在不当可能影响实体公正时，该当事人可以向仲裁秘书书面申请将案件提交仲裁机构所设立的专家咨询委员会进行讨论和咨询，仲裁秘书应当报秘书长提交，以充分集智，避免自由裁量权行使不当。

（二）经过保密化措施后，仲裁裁决书的裁决理由应当公开，接受行业外社会监督

仲裁的主要特点在于其保密性，因此，案件的审理过程及裁决书内容都是不予公开的，同时，这也是裁决书缺乏必要监督的温床，一定程度上

---

① 《北京仲裁委员会仲裁员聘用管理办法（修订）》第 7 条规定："有《仲裁员守则》第二十二条规定的情形的，仲裁委员会予以解聘。"载北京仲裁委员会网 2002 年 1 月 1 日，https：//www.bjac.org.cn/news/view? id=265。

有可能滋生违法裁决。因此，一方面，应当要求仲裁员的仲裁裁决中包括认定案件事实所依据的证据、采信证据的理由、选择的法律规范及理由，特别应对自由裁量的方法及理据，以及正当性和合理性进行详细阐述。①另一方面，在对当事人信息及案件事实信息进行保密化处理后，应当允许向外界公开，以便于社会各界对裁决书制作水平进行整体化监督，并对自由裁量权的行使方法和尺度进行必要的监督。

（三）主动配合仲裁裁决的司法监督，加强对仲裁裁决的跟踪反馈，对违法、不当仲裁裁决作出者启动相应措施

仲裁裁决作出后，仲裁委员会应当对其予以必要的跟踪并对跟踪结果及时进行反馈和总结。对于滥用自由裁量权，并导致仲裁裁决被撤销或者不予执行的，尤其是因此给仲裁机构的声誉带来不良影响的，应当予以惩戒，对责任仲裁员不应继续聘用。对经过司法监督程序予以撤销或不予执行的仲裁裁决书进行统计，无论原因，对于有超过一定数量裁决书被撤销或不予执行者，免去仲裁员资格。

本章小结

仲裁员自由裁量权的行使体现了仲裁作为一种争议解决方式的灵活性和效率。通过允许仲裁员在法律框架内根据案件的具体情况进行裁决，可以更好地实现公正和效率的平衡。例如，仲裁程序中，仲裁员对禁止反言应用更加频繁，禁止当事人出尔反尔也是各仲裁机构证据采信的基本规则。同时，这也要求仲裁员具备高度的专业素养和道德责任感，以确保裁决的公正性和合法性。仲裁员的自由裁量权在确保仲裁过程独立、灵活的同时，也受到一定的限制和监督，以确保公正、高效地解决争议。实践

---

① 参见陈忠谦：《仲裁员自由裁量权探析》，载《仲裁研究》2009年第3期。

中，仲裁员对于商事仲裁自由裁量权行使的得当与否关乎仲裁裁决的权威与公正以及仲裁作为非诉讼纠纷解决程序解决商事争议方式的社会地位。在赋予仲裁员更大的自由裁量权的同时，也应当加重仲裁员的责任承担。例如，在仲裁委员会的临时仲裁规则中增加如下规定：如果仲裁员在行使自由裁量权时出现错误或疏忽，可能会承担相应的责任。这种责任的加重有助于促使仲裁员更加勤勉地履行职责，保障仲裁裁决的质量。

第七章

个案个判

我国案例指导制度以及类案检索制度共同搭建起从"同案"通向"同判"的桥梁，使个案经验经过调适与修正，转化为裁判者的思维规则，同案同判原则对裁判者自由裁量权能够进行有效的限制，且在"统一法律适用和裁判尺度"的角度维护我国司法公正与权威，是我国司法改革进程中一直追求的目标。而个案个判原则能够充分尊重每一个案件自身的特征，从个案事实情况和法律关系的角度进行审查，继而探求个案的实质正义。同案同判与个案个判都有其存在的价值和意义，但基于我国民商事审判和商事仲裁自身特点的不同，二者对于裁判原则的适用存在不同的倾向，即民商事审判追求同案同判，而商事仲裁倾向于个案个判。

一、同案同判和个案个判

（一）同案的判断与同判的作出

"同案同判"一词是指在相同的案件中作出相同的判决。同案同判体现了司法裁判过程中对具有共同要素的案件在处理上的一致性，是"同等情况同等对待"原则在司法裁判中的具体应用。尽管在司法实践中不存在两个完全相同的案件，但是从法律调整人们社会关系和社会秩序时涉及的类型化行为规范体系可以看出，人类法律行为具有一定的可重复性，而由此产生的法律纠纷又具有一定的类型化特征，民商事审判中的案由分类、特殊管辖等均是纠纷类型化的体现。同案是同判的前提和条件，而同判是同案带来的法律后果。

对"同案"的概念存在以下三种解读：一是同一案件，这种情形下仅有一个案件存在，没有相互对比的可能性，但若该案存在多个管辖法院，则在不同法院可能出现的结果应具有相比性。二是相同案件，这种情形下存在两个及两个以上的案件，在这多个案件中，除了案涉主体（当事人）存在差异外，其他的案件要素应当保持高度一致，如业主与开发商之间的房屋买卖合同纠纷案件中，房屋买卖合同文本均由开发商统一提供，合同类型、权利义务约定等完全相同，在开发商逾期交付房屋时，不同业主与开发商之间产生纠纷的案件要素保持高度一致，甚至达到完全相同的程度。三是同类案件，这种情形下两个及以上案件的各种因素不必完全吻合，只需要主要特征保持高度一致即可，如基本事实、法律关系以及争议焦点等保持高度一致，便可据此得出相同的正向或否定的法律评价，这也是目前学界以及司法实务界的主流观点。在实践中，对于"同案"的把握需要根据某些因素来判断个案是否相同或相似，即回答个案之间"比什么"的问题。虽然站在自然意义立场上称不存在"同案"的论断可以成立，但立足于规范意义来说，即在法官经过依据诉讼法和实体法进行加工、提炼和涵摄之后，"同案"是完全存在的。[1]

相应地，"同判"指的是在认定为同案的基础上作出同等处理的结果，包括相同的法律认定以及相应的肯定或否定的法律后果。这也表明，同案同判存在于司法操作过程中，其立足于具体的个案审理和评价，致力于创建个案判决之间的连贯性和逻辑性，寻求法律适用的统一性。[2] 针对不同类型的"同案"，"同判"也有不同的含义，"同一案件"中的"同判"更

---

[1] 参见刘树德：《刑事司法语境下的"同案同判"》，载《中国法学》2011年第1期。
[2] 参见杨知文：《"同案同判"的性质及其证立理据》，载《学术月刊》2021年第11期。

多的是指该案件在不同裁判机关之间能获得相同的裁判;"相同案件"和"同类案件"中,"同判"是指相同裁判或同类裁判,如法院针对同案作出"驳回起诉""驳回诉讼请求"等裁判结果时,该结果可实现严格意义上的同判,而针对需要作出具体判项的案件时,由于案件事实存在一定差异,故审判机构需根据案情的相似度,作出虽有部分差别但整体上保持一致的裁判,如股权回购合同纠纷案件中,两个案件均支持股权回购,仅在股权回购金额和违约金计算上存在差异。

同案同判原则的意义在于对法官的自由裁量权进行一定的限制。若法律对各项事务事先均作出了事无巨细的规定,则"同案同判"就不是司法裁判需遵循的原则,根据法律规定进行裁判即可,故当法律规定本身是原则性规定,法官适用法律必须进行自由裁量或价值判断时,"同案同判"才具有一定的价值。换言之,司法活动的目标是将具有抽象性的法律规范适用于具体的个案事实,实现法律规范与个案事实之间的对接就是完成这种目标的必经环节,而在现实中,法律规范与案件事实并不总是能够自动完美地简单对接,它们存在比较复杂的关系。这就要求法官必须进行法律的具体化工作,这定然离不开法官对自由裁量权的运用。在法律具体化的语境下,为了限制和规范司法裁量权的行使,"同案同判"就理所当然地成为法律适用的一种准则。①

(二)个案的分析与个判的唯一

"个案个判"是相对于"同案同判"而言的,在司法实践中并不存在严格意义上完全相同的案件,均为独一无二的"个案",因此审判人员需要对案件要素进行个案分析,基于案件的法律关系和事实情况,在法律规定的前提下和自由裁量空间范围内作出适合案件的公平合理并具唯一性的裁判。个案个判得以存在的基石是"自由裁量权",即法官或仲裁员在审

---

① 参见杨知文:《"同案同判"的性质及其证立理据》,载《学术月刊》2021年第11期。

理案件的过程中，在查明事实的基础上，根据法律原则及公平正义理念进行选择和判断，权衡利弊、酌情处理，并作出合理裁判的权力。在民商事审判或商事仲裁中，自由裁量权的行使具有必要性。

首先，法律规定的滞后性无法与日新月异的社会生活相适应。法律规定作为法院和仲裁机构审理案件的依据，其本身应该与时俱进以适应社会的发展，但是朝令夕改的法律无法保证其权威性，亦无法起到规范和指引的作用，由此决定法律必须具有一定的稳定性，而该性质带来的滞后性无法与不断发展的社会新事物相适应。日新月异的社会生活及层出不穷的新生事物必然要求在法律尚未制定或修改之前借助和运用自由裁量权在既有的法律规定框架下进行裁判。①

其次，法律规定的原则性和概括性无法与复杂多样的社会生活相匹配。法律在调整社会关系中为主体提供的行为规范具有原则性和概括性的特点，法律适用的对象是普遍的，是为一般人、抽象的人而不是为具体的人、特定的人提供行为标准。②而社会生活是丰富多样的，每个个案事例都有其独特的特点，即使法律规定制定得再完善，也无法将社会中每个案例的细节均规定进去，因此，不存在适用于任何事物的法律规定。

最后，审判工作对效率的要求与有限的司法资源之间存在矛盾。现今社会发展迅速、生活节奏加快，随之而来的是层出不穷的法律纠纷，提高司法审判的效率与维护公平一样十分重要，在有限的司法资源情况下，赋予审判者自由裁量权使审判者在复杂多变、繁多的法律纠纷中能够迅速权衡利弊、审时度势，及时作出裁判、提高司法效率。

综上可知，个案个判离不开对法律规则的适用，而法律规则具有稳定性、普遍性等特点，有利于维护安全的社会秩序，但也存在模糊性、不周延性、滞后性、不合目的性等不足，需要司法机关在具体案件审理中承担

---

① 参见沈四宝、蒋琪：《浅论仲裁员的自由裁量权》，载《河北法学》2017年第3期。
② 参见刘杰：《论法官自由裁量权的限制和规范》，载中国法院网2013年5月16日，https：//www.chinacourt.org/article/detail/2013/05/id/959246.shtml。

法律具体化、弥补法律漏洞、推动法律完善等职能，通过自由裁量权实现普遍正义和个别正义、形式公正和实质公正的统一。①

（三）同案同判与个案个判的利弊分析

同案同判不仅能够统一法律适用和裁判尺度，增强法律适用的可预见性，同时能在一定程度上限制法官的自由裁量权，也大大提高了司法审判的效率，但其仍然存在一些局限性，体现出个案个判的必要性。

首先，同案同判原则中适用的先例无法及时适应时代发展。"同案同判"作为一项法律原则，其适用方式也有别于"全有或全无"的法律规则，不是简单适用与否的判断，而应以综合考虑案件各类因素为基础并通过全面衡量的方式进行适用。但是，"同案同判"施加于法官的是一种"初确性义务"，随着社会的不断发展尤其是当代新兴事物不断出现，针对相同的案件事实产生法律后果的认定也会不同，因此，遵循先例原则在不同历史条件下可能会存在不适用的情形，甚至一味遵循先例反而造成对当事人的不公平。正如拉伦茨所认为的"在某种程度上，判决先例可以主张其享有正确性推定；但法官不可不假思索地信赖它，如其发现判决先例有可疑之处，即须自为判断"②。

其次，真正的"同案"并不存在，即使存在也很难判定。"同案同判"所追求的是相同案件在最终结果上的一致性。当"同案"是指"相同案件"时，既然是"相同案件"，作出一致的处理结果无论如何都不会错。而且，一旦确定两个案件属于相同案件，作出相同判决也是很容易做到的。但是，真正的难题恰恰在于对"同案"的证明以及案件属于"同类案件"时的判定，两个案件是否属于"同案"，并不是仅凭案件事实的简单比较就能判定的，它是一个极为复杂的认识和评价过程，而当两个案件属

---

① 参见宋晓明、雷继平、林海权：《自由裁量权的行使及其规制（上）》，载中国法院网2012年5月16日，https://www.chinacourt.org/article/detail/2012/05/id/517732.shtml。

② ［德］卡尔·拉伦茨：《法学方法论》，陈爱娥译，商务印书馆2003年版，第302页。

于同类案件时，对此作出的"同判"尺度更难把握。

最后，追求平等正义价值不等于简单地追求"同等情况同等对待"，同案同判很难实现实质公平。虽然同案同判原则背后暗含对平等与正义价值的追求，但是，一方面，平等原则只是要求法律适用上的"平等对待"，而不是通过法律消除法律事实之间的差异性，"平等对待"意味着相同法律事实适用相同的法律规定，继而得出相同的法律后果，同时，它本身也暗含对不同特征进行区分的要求。正如哈特曾经指出，在"同样情况同样对待"之外，还需要对之补上"不同情况不同对待"。每一个案件的发生都有其具体的情境，个案的差异性才是司法必须面对的问题。司法实践的真正难题不在于判定"同案"，而在于对案件作出区分。事实上，案件的类同性并非法律生活的常态，案件的差异性才是司法实践的真实处境。也就是说，司法公正所面临的真正难题其实并不是"同案同判"，而是差异化判决在个案意义上的合理性确证。① 另一方面，"同案同判"原则体现的更多是形式公平，对实质公平的实现却存在难度。个案个判的差异化裁判更能准确全面地判断个案事实和法律关系，进而作出具有针对性和实质公证的裁判，精确地达致个案公正，而同案同判是公式化、流水线式的思维方式，只要符合一定的特征类别，便可得出相同的裁判结论，无法充分地实现个案公正。与更加注重形式公正的同案同判相比，基于个案差异化特征进行个案个判，充分考虑每一个法律主体、法律事实的具体情况，从而实现每一个案件的实质正义，才能更加体现司法审判活动的公平正义。

从以上几点可知，民商事案件在裁判过程中始终对个别化特征存在考量的必要，而司法实践中所称的"同案"往往只是根据案件基本事实、基本法律关系进行总结提炼并加以确认的，而不是对案件全部事实和法律因素进行全面比较的结果。但是，一个案件的处理结果并不能仅仅取决于基

---

① 参见周少华：《同案同判：一个虚构的法治神话》，载《法学》2015 年第 11 期。

本事实和基本法律关系，即使上述两个因素完全一致，也可能因作出法律行为的主体或作出法律行为所处的特殊时期存在不同，而应作出不同的法律评价，因此非基本事实、非基本法律关系的各种因素对案件的处理结果也经常具有意义。所以，即使是"同案"也应进行个别化考量，尤其是新兴经济领域，新的商业模式、新的合同内容层出不穷，往往很难用既有的类型完全准确地去套用所有合同。对于同案同判的追求有时并不适用于商事审判。

个案个判，在尊重社会关系个例特征的基础上，深入审查案件事实和法律关系的特性，并且充分肯定审判者的自由裁量权，使每个个案得以追求实质公正，但是个案个判也存在一定的局限性。一是效率较低，每个案件均需要投入更多的司法资源进行针对性的审查、判断和裁量。二是可能导致自由裁量权的专断和滥用，个案个判给予审判人员更大的自由裁量权，而自由裁量权的本质是一种专断的权力，一旦超越审判者的权限，就会出现权力的专断和滥用。三是受限于审判人员主体水平的差异，自由裁量权的行使主体是法官或仲裁员，而每个审判人员都是不同的个体，其专业水平、对同一事实的认知等均存在差异，甚至同一审判人员在不同时间、不同地点对同一事实的认知也会存在不同，因此个案个判结果的差异受限于审判人员水平的差异。

二、民商事审判追求同案同判

遵循先例原则一直是英美法系"判例法"国家的一项重要原则，我国作为中国特色社会主义法律体系国家，重视成文法规范作用的同时，在司法审判实践中也越来越注重"先例"的重要作用，"同案同判"已成为我国民商事审判追求的目标之一。

（一）同案同判的价值追求

"同案同判"不仅在理论上受到广泛关注，更在司法实践中具有重要的价值，是我国司法改革进程中一直追求的目标。司法裁判中统一裁判尺度，追求同案同判的裁判效果，才能实现对政治效果、社会效果、法律效果的有机统一。

首先，同案同判是法律平等适用和司法公信力的体现。随着我国经济社会的迅速发展，不同地域、不同级别的法院在一定范围、一定程度出现的"同案不同判"现象一定程度上影响了我国司法的公信力。"同案不同判"是表面现象，背后的本质是法律适用标准不统一，而"同案同判"一直是统一法律适用、规范裁量权行使的重要体现，是衡量司法工作法治化水平的基本指标，同案同判的推行有助于提高我国司法公信力。

其次，同案同判增强法律适用的可预见性。司法审判实践中，对法律的适用不仅包括对法律条文的直接适用，还包括对法律条文的理解和解释，而不同审判者由于知识水平、人生阅历的不同，对相同法律条款的理解和解释也会存在差异，同案同判一定程度上限定了针对特定法律条款的理解适用范围，提高法律在民商事审判案件中的可预见性。

最后，同案同判是实现司法公正的基础。正如丹尼斯·罗伊德曾指出的："法律被认为不分轩轾地援用到一切情况，一切人物，不论贫富，不分贵贱。法律能够这样毫无差别地适用，才可以称作正义的实践。"同案同判实质的意义是将法律平等地适用于所有人。

同案同判，于个人而言，可以维护其合法权益，实现司法公平正义；于国家和社会而言，能够维护国家法制统一，提高司法公信力和权威。民商事审判追求"同案同判"，是维护公民合法权益，增强司法公正、司法权威，提升司法公信力的价值所向。

（二）同案同判的制度基础

民商事审判中同案同判原则的推行离不开制度的保障，我国案例指导制度、裁判文书公开制度、类案检索和案例数据库等为同案同判提供了适用的基础。

1. 案例指导制度

早在 2005 年，最高人民法院发布的《人民法院第二个五年改革纲要（2004—2008）》便提出要"改革和完善审判指导制度与法律统一适用机制……建立和完善案例指导制度，重视指导性案例在统一法律适用标准、指导下级法院审判工作、丰富和发展法学理论等方面的作用。最高人民法院制定关于案例指导制度的规范性文件，规定指导性案例的编选标准、编选程序、发布方式、指导规则等"，建立和完善案例指导制度为同案同判建立了制度基础。所谓案例指导制度，指的是在地方各级法院审判完毕的案件中以一定的标准进行筛选，然后按照一定的程序上报到最高人民法院，最高人民法院审核通过后，由其公布为指导性案例，对各级人民法院以后的审判工作进行指导的一种制度。通过选择典型案例判决并以此为案例，法官在审理案件时能有所借鉴，在以后遇到类似案件的审理时，可将其作为参照进行判决，以尽可能地使相同的案情有相同或者相似的处理结果，确保审判的公正性和效率。[①]

我国具有社会主义特色的指导案例制度与英美法系的判例法存在很大差异。《元照英美法词典》对判例法（case law）的解释包括两个含义：（1）在实在法（positive law）意义上讲，指的是由一个个实际案件中的司法判决所确立的原则和规则集合的总称，它是一种区别于制定法或其他形式法律的法律形式渊源。（2）在学理意义上讲，它是指由判例所构成的一套法理。[②] 从以上概念可以看出，在普通法系判例法的运用过程中，法官是判例法的缔造者，法官不仅能就个案作出判决，履行司法职能，而且能在判例法的运用中通过一系列的技术方法运用创制法律。法官通过无数个例的审理和判决，遵循先例或创造先例，并将无数具体个案进行关联和提炼，进而从个案中总结出法律原则和先例的强制约束力，即先前案例中提

[①] 参见吴恙：《简析我国案例指导制度与英美法系判例法的区别》，载《法律家》2016 年 1 月 6 日，http://www.fae.cn/gz/wl/180.html。

[②] 参见薛波主编、潘汉典总审订：《元照英美法词典》，法律出版社 2003 年版，第 197 页。

炼的法律原则和规则对后案产生法律约束力，此为判例法。而我国的案例指导制度并不具有这种法律渊源的地位，其不具有规范和强制约束力的意义而只起指导作用，对正在审理的案件选出最合适的适用法律。指导案例发挥作用需要结合法律规定以及对法律的正确理解和适用，它不创造法律，而只是辅导法律的适用，我国案例指导制度的特色是事实上的约束力而非法律上的约束力。

2010年11月26日，最高人民法院发布《关于案例指导工作的规定》，该文件第6条第2款规定："最高人民法院审判委员会讨论决定的指导性案例，统一在《最高人民法院公报》、最高人民法院网站、《人民法院报》上以公告的形式发布。"第7条规定："最高人民法院发布的指导性案例，各级人民法院审判类似案例时应当参照。"这标志着中国特色案例指导制度初步确立。自2011年12月最高人民法院发布第一批指导性案例开始，案例指导制度更是被视为解决"同案不同判"现象的一剂良方而被学界寄予甚高的预期——期待它能够"成为我国除法律、司法解释以外的一种规则形成机制"。[1] 此后，最高人民法院每年均会发布指导性案例，截至2024年5月30日，最高人民法院已发布共40批指导性案例，共计229个案例。上述案例在民商事司法审判实践中不仅发挥对未决案件的指导意义，还在出现与指导案例相悖裁判时发挥纠正作用，如辽宁省高级人民法院2021年12月17日就某机动车交通事故责任纠纷案作出的民事裁定书[2]中直接提出："对于再审申请人提出本案与最高人民法院颁布的第24号指导案例案件基本事实、争议焦点及法律适用具有高度相似性，应同案同判的理由，原一、二审法院未予论述说理，应参照该指导意见重新予以审理。"该案件在裁判文书中对指导性案例的参照性、同案同判原则给予了充分的肯定并实际适用，同时发挥了指导性案例的纠错功能。

在发布指导性案例的同时，最高人民法院会结合国家法律规定的修订

---

[1] 参见陈兴良：《案例指导制度的法理考察》，载《法制与社会发展》2012年第3期。
[2] 参见辽宁省高级人民法院民事裁定书，（2021）辽民申5273号。

以及司法实践的发展，适时调整指导性案例，如 2020 年 12 月 29 日，最高人民法院发布《关于部分指导性案例不再参照的通知》（法〔2020〕343号），该通知规定："为保证国家法律统一正确适用，根据《中华人民共和国民法典》等有关法律规定和审判实际，经最高人民法院审判委员会讨论决定，9 号、20 号指导性案例不再参照。"

我国案例指导制度的推行有效弥补了我国法律和司法解释在司法实践中滞后性、抽象性的不足，发挥积极有效的作用。首先，指导案例对法律适用中出现的问题可进行针对性回应，法律规定都是原则性和概括性的，在针对具体案件中的特殊问题时，法律规定无法逐一解决，此时指导案例进行针对性判决，总结提炼针对特殊问题的应对思路，有效解决个案难题。其次，指导案例对新兴事物可作出及时应对，当今社会的发展变化快速且多样，新兴事物层出不穷，已有法律无法涵盖并进行有效约束，指导案例的出现能够及时对该新兴法律事实和法律关系进行判断，为司法审判提供及时性指导。最后，指导案例规范法律适用，有效规范法官自由裁量权，法无解释不得适用，而不同法官对同一法律的理解和适用不可避免地存在差异，指导案例对法律的解释更具准确性、权威性和专业性，可规范和统一法律适用，做到同案同判，并进一步规范法官的自由裁量权，维护司法公正和权威。

2. 类案检索制度

我国在推行案例指导制度的同时，也在建立类案及关联案件强制检索机制，确保类案裁判标准统一、法律适用统一。2017 年 4 月 12 日最高人民法院发布的《关于落实司法责任制完善审判监督管理机制的意见（试行）》指出，要"在完善类案参考、裁判指引等工作机制基础上，建立类案及关联案件强制检索机制，确保类案裁判标准统一、法律适用统一"。2020 年 7 月 15 日，最高人民法院发布《关于统一法律适用加强类案检索的指导意见（试行）》，对类案的概念、应当进行类案检索的情形、类案检索的方式、类案检索的范围等进行了明确规定，是我国最高人民法院在互联网时代背景下对同案同判提出的新要求，是对类案检索的规范化、制度化提炼，也是第一次从法律规定层面对类案检索制度进行明确全面的规定。最高人民法院于 2020 年 9 月 14 日发布《关于完善统一法律适用标准工作机制的意见》，再次强调要"完善类案和新类型案件强制检索报告工作机制"。2021 年 3 月 16 日，最高人民法院发布《2021 年人民法院司法改革工作要点》（法〔2021〕72 号），明确规定："完善统一法律适用机制。完善指导性案例制度，进一步健全案例报送、筛选、发布、评估和应用机制。推动落实高级人民法院审判业务文件和参考性案例备案机制。推行类案和新类型案件强制检索制度……推进类案同判规则数据库和优秀案例分析数据库建设，为审判人员办案提供规则指引和参考案例。"在完善案例指导制度的同时，强调类案强制检索制度。

3. 人工智能和大数据

近几年来人工智能和大数据的发展对司法审判也产生了巨大的影响，其利用互联网等现代科学技术，对所收集的生效裁判文书及法律法规等数据进行整理、分析，从而辅助案例指导和类案检索制度，推动司法审判工作更加公正高效。在法院审判中发挥人工智能和大数据作用，一个重要的前提就是承认同案同判对于裁判的基础性意义，同时，同案同判的要求又促进人工智能和大数据司法迅速发展。

2017 年的最高人民法院《关于加快建设智慧法院的意见》就明确提出，要"运用大数据和人工智能技术，按需提供精准智能服务"，"促进法官类案同判和量刑规范化"，2022 年 12 月，最高人民法院发布《关于规范和加强人工智能司法应用的意见》，提出要"加快推进人工智能技术与审判执行、诉讼服务、司法管理和服务社会治理等工作的深度融合，规范司法人工智能技术应用，提升人工智能司法应用实效，促进审判体系和审判能力现代化，为全面建设社会主义现代化国家、全面推进中华民族伟大复兴提供有力司法服务"。对人工智能和大数据的重视对同案同判产生了巨大的积极影响，同时说明了同案同判在我国现代化司法建设中具有重要意义。

(三) 同案同判的适用方式

全国审判业务专家邹碧华曾在其专著《要件审判九步法》中提出"要件审判九步法",它是一种以权利请求为出发点、以实体法律规范构成要件分析为基本手段的审判方法。具体审判步骤分别是:第一步,固定权利请求;第二步,确定权利请求基础规范;第三步,确定抗辩权基础规范;第四步,基础规范构成要件分析;第五步,诉讼主张的检索;第六步,争点整理;第七步,要件事实证明;第八步,事实认定;第九步,要件归入、作出裁判。上述要件审判的步骤和方法展现了民商事审判中法院的审判流程、法官的裁判方法和思路。随着我国民商事审判对同案同判原则的推行和重视,司法实践已在上述审判步骤中不断融入同案同判的适用步骤和思路。

法院审理案件需要确定案由,对相关合同进行明确定性,再行适用相关规则。"现行法不容批判""遵循前例"是法官民商事审判思维应当遵守的规则。[①] 在具体的民商事案件审判过程中,法官在准确查明事实的前提下,通过案例搜寻、同案甄别、固定思路、结论检验四步法贯彻同案同判的原则。所谓"现行法不容批判"原则,是指法官在运用法律审判案件时不能质疑或挑战现行法的权威,即所谓法理学上之"恶法亦法",不能怀疑或挑战现行法的制度规则,主要是避免司法的过分立法化,减少国家顶层设计中司法权对立法权的挑战。我国作为社会主义法治国家,法院根据《宪法》和《人民法院组织法》依法行使审判权,而不享有立法权,因此法院必须严格根据法律的现行规则适用法律,减少审判对现行法权威的影响和干预,避免司法权越俎代庖,侵蚀全国人民代表大会的立法权能。当然,如果法官或法院认为某些现行法律制度的规定不尽合理,可以通过法

---

① 参见赵钢、王杏飞:《新的法律虚无主义之批判——基于民事司法的视角》,载《现代法学》2012年第4期。

律和司法解释规定的司法建议、立法建议等形式向同级人民代表大会及其常务委员会提出，但不能违背法律规定的文义解释、体系解释乃至目的解释而随意扩张或限缩法律的应用范围，从而避免陷入"法律虚无主义"的窠臼。现行法不容批判原则是法治国家的一般原则，也是一项宪法原则，是同案同判原则的重要基石之一。遵循先例原则是同案同判原则的另一重要基础，也是法院在审理案件时所具备的条件反射。遵循先例原则源于古老的普通法传统，是指法院在审理裁判案件时应当以本院及上级法院的生效裁判为依据，法律关系、争议焦点相同的情况下，裁判者应当保持法律适用方式和尺度的统一，相同的情形作相同的处理。① 遵循先例原则的核心在于类比推理，要求找到正在审理的案件与先例之间的事实相似性，从而确定是否适用先例中的规则，② 即以参照适用在先案例实现同案同判的运行条件指导性案例制度以统一法律适用为预设目标，以下级法院参照适用指导性案例的方式赋予指导性案例拘束力，以防止和减少同案不同判的现象，这与以遵循先例、实现同案同判的普通法在运行机制上十分类似。③ 遵循先例原则实际上是朴素的正义观在诉讼程序中的具体体现和表征，相同或者类似的案件情况理应做到适用法律的一贯性与均衡性，从而减少人民群众对司法不公或司法腐败的质疑与挑战。

  法官将首先搜寻在先案例，继而对搜寻到的案例进行同案甄别。通过检验案件的法律关系、诉讼标的等基础要素判断本案与在先的案例是否属于"同案"。在甄别出与待决案件相同的案件后，需要对这些案件的裁判思路或者观点进行归纳，得出本案结论。最后再对得出的结论进行检验，检验的总体原则应是"法律效果与社会效果的统一"，运用利益平衡、诚实信用、公平正义等基本原则，综合考虑法律因素、政策因素、习惯因素

---

  ① 参见王利明：《法学方法论》，中国人民大学出版社 2011 年版，第 121 页。
  ② 参见郑戈：《算法的法律与法律的算法》，载《中国法律评论》2018 年第 2 期。
  ③ 参见毕潇潇：《指导性案例制度的运行思路再定位》，载《云南社会科学》2024 年第 2 期。

等进行综合评价。

三、商事仲裁遵循个案个判

相较于民商事审判的"同案同判",商事仲裁更加注重具体问题具体分析的"个案个判"。商事仲裁倾向于根据案件的具体情况对双方的争议进行认定,对仲裁请求作出裁决,基于案件的客观情况审理案件,强调尊重当事人意思自治和遵循商业逻辑。此时私法自治、效益优先、动态安全等商事审判理念应当成为法律解释、法律适用的价值判断因素。

商事仲裁在同案同判和个案个判中更倾向于后者,这与商事仲裁本身的性质和制度特点息息相关。

一方面,商事仲裁是一种基于当事人意思自治选择的、具有民间性的争议解决方式,缺乏强有力的、层级性的机制保障已作出的仲裁裁决对后续裁决的约束力。法院属于国家审判机关,具有上下级关系,且最高人民法院是中国的最高审判机关,负责审理各类案件,制定司法解释,监督地方各级法院和专门法院的审判工作,并依照法律确定的职责范围,管理全国法院的司法行政工作;而仲裁委员会独立于行政机关,与行政机关没有隶属关系,仲裁委员会之间也没有隶属关系,属于民间裁决机构。因此,在同案同判的适用上,商事仲裁没有上级强制力来保障在先裁决对后续裁决的约束力,仲裁的"一裁终局"也充分说明了仲裁机构彼此之间的独立性、无上下层级之分。

另一方面,商事仲裁的保密性使同案同判无法实现。民商事审判的庭审公开以及生效裁判文书网上公开等制度,使法院在先判例不仅被案件当事人获取,还能被其他法院法官、律师甚至是普通民众获悉,这为同案同判提供了必要的条件和基础。但是,仲裁的保密性决定了仲裁裁决无法做到充足、全面地公开,仲裁裁决无法作为其他仲裁机构仲裁员、其他案件当事人以及律师等的参考,同案同判无法实现。

上述因素决定了在具体的商事仲裁案件中，仲裁庭不过于执着对合同的定性，而是注重对具体商事案件中的商事法律争议进行科学、全面的研究，关注和发现隐藏于合同中的各方的真实利益，从而作出最客观合理的裁判。即使两个案件的当事人签订的合同条款相同，案涉争议的性质也相同，但若当事人履行合同的情况或处理双方争议的方式不同，仲裁庭也可能会作出不同的裁决。此外，仲裁强调当事人的合意，即使是相似的案情，但不同案件当事人对于结果和处理方式的追求可能不同，也要求仲裁庭进行具体分析。仲裁的保密性也为个案个判提供了客观条件。

商事仲裁的个案个判原则体现在具体的裁决案例中，针对类似事实背景和法律关系的案件，不同仲裁庭作出了不同的裁决结果。

（一）关于第三人代履行合同债务行为性质认定的不同裁决

在申请人 A 与被申请人 B 买卖合同纠纷仲裁案①中，申请人 A 与被申请人 B 就某建筑安装工程项目签订《轻质抹灰石膏采购合同》，申请人 A 按照合同约定向被申请人 B 供货，结束供货后申请人 A 向被申请人 B 发送结算确认函，要求被申请人 B 对申请人 A 供货结算总价进行最终结算。经多次交涉，申请人 A 与被申请人 B 签订协议，约定申请人 A 对被申请人 B 的债权由案外人 C 公司以电子商票形式直接支付，上述款项支付成功后，申请人 A 不再对被申请人 B 享有债权。后案外人 C 公司向申请人 A 出具电子商业承兑汇票，但票据状态为逾期付款已拒付。申请人 A 向被申请人 B 发送最终结算承诺函，确认最终结算金额并继续主张被申请人 B 支付货款。重庆仲裁委员会认为该案中协议的约定属于第三人代为履行，债权债务并未转移，故仲裁庭对申请人 A 要求被申请人 B 履行支付货款的仲裁请求予以支持。

---

① 参见《重庆仲裁委员会就申请人与被申请人买卖合同纠纷进行仲裁案》，载中国法律服务网，https：//alk.12348.gov.cn/Detail?dbID=77&dbName=GNZC&sysID=3281。

在申请人 D 与被申请人 E 租赁合同纠纷仲裁案①中，被申请人 E 因建设某项目向申请人 D 租赁铝合金模板设备。双方对工程进行结算后签订两份协议约定：申请人 D 同意对被申请人 E 债权由案外人项目业主方 F 公司以电子商票形式直接支付给申请人 D，协议生效后，申请人 D 不再享有对被申请人 E 的债权，双方同意在协议上签字以确认知悉上述债权债务的转让事宜。上述款项由 F 公司支付成功后，即视为申请人 D 收讫，申请人 D 不再以任何形式向被申请人 E 追索相应款项。协议签订后 F 公司向申请人 D 出具电子商业承兑汇票，申请人 D 收票后，将电子商业承兑汇票背书给 G 公司，G 公司于汇票提示付款日期申请承兑，被拒绝签收，拒付理由为商业承兑汇票承兑人账户余额不足。因电子商票无法承兑，申请人 D 认为其与被申请人 E 之间的债权债务关系并没有消灭，被申请人 E 应支付欠付的款项。重庆仲裁委员会认为案涉债权债务已经转移，申请人 D 无权主张，故驳回申请人 D 的全部仲裁请求。

以上两个案例均为合同双方当事人达成协议，由第三人以出具电子商业汇票的形式代债务人履行全部或部分债权，而第三人出具的汇票均因各种原因最终未能实际承兑，在这一情况下，申请人提起仲裁要求被申请人承担协议中约定的由第三人支付的部分金额。尽管两起案例的案情非常相似，但仲裁庭的最终裁决结果大相径庭。核心原因在于，两案中仲裁庭对协议的性质属于债务转移还是第三人代为履行作出了不同的认定。《民法典》第 523 条规定了第三人代为履行："当事人约定由第三人向债权人履行债务，第三人不履行债务或者履行债务不符合约定的，债务人应当向债权人承担违约责任。"第 551 条对债务转移作出规定："债务人将债务的全部或者部分转移给第三人的，应当经债权人同意。债务人或者第三人可以催告债权人在合理期限内予以同意，债权人未作表示的，视为不同意。"

---

① 参见《重庆仲裁委员会就申请人与被申请人租赁合同纠纷进行仲裁案》，载中国法律服务网，https：//alk.12348.gov.cn/Detail?dbID=77&dbName=GNZC&sysID=3312。

可以看出，第三人代为履行及债务转移均为在第三人履行完毕相应责任范围内的债务后，导致原债权债务关系在对应范围内消灭的制度，存在一定相似性，但在责任承担方式和法律后果上有所不同。在第三人代为履行中，第三人并不成为债权债务关系中的一方主体，而仅作为债务人的代理人履行债务，其履行行为视为债务人的履行行为，在第三人未依约履行债务时，债权人仅能向债务人主张权利。在债务转移中，发生的法律后果是除了第三人成为合同当事人之外，原债务人不再就已转移的全部或部分债务承担任何义务，债务人实际退出已转移的债务，形成新的合同关系。

在买卖合同案例中，仲裁庭认为，协议签订的主体仅为原债权人和债务人双方，第三人C公司只是代履行主体而非债权债务的当事人，协议书并未明确表示将被申请人B对第三人C公司享有的债权让与申请人A，也并未明确表示被申请人B将对申请人A负有的债务移转给第三人C公司，未使原合同当事人发生变化，属于第三人代为履行。协议约定第三人C公司以出具电子商票的形式向申请人A代为履行货款，但被承兑方拒付，属于第三人履行债务不符合约定，此时债务人即被申请人B应当向债权人即申请人A承担违约责任。故仲裁庭对申请人A要求被申请人B履行支付货款的仲裁请求予以支持。

在租赁合同案例中，案涉协议约定由第三人履行债务看似是代履行性质，但是协议又明确是"债权债务转让"且协议中载明协议签字盖章生效后申请人D就不再享有对被申请人E的债权，由此推翻了协议属于代履行性质，但是协议又约定了一条与代履行相呼应的条款，即上述款项由F公司支付成功后，即视为申请人D收讫，申请人D不再以任何形式向被申请人E追索相应款项。因协议内容存在自相矛盾之处，故在该案审理过程中，当事人就协议性质产生了争议，此时要解决案涉纠纷，就需要对协议进行解释。仲裁庭结合协议条款的约定进行分析，实际上是被申请人E将其拥有的对F公司的债权转让给申请人D用于清偿案涉债务，且协议签订次日F公司向申请人D出具相应金额电子商业承兑汇票。由此可以看出F公司已经知晓协议内容且已实际履行了协议中的付款义务。F公司作为开发商，被申请人E作为承包商，F公司虽然不是协议当事人，但履行协议中的付款义务，可以认定F公司对协议负有债务。故仲裁庭综合认为，协议的性质应为债权转让，而非委托代履行。

（二）关于政府政策是否属于不可抗力的不同裁决

在申请人A与被申请人B房屋买卖合同纠纷仲裁案①中，申请人A与被申请人B签订房屋买卖合同和补充协议，约定申请人A购买被申请人B的商品房为某小区住宅楼，除不可抗力外，被申请人B未按照约定时间交付商品房的应承担逾期违约责任。补充协议约定，若遭遇不可抗力或因遵守、配合政府的法规政策和规范性文件，或政府及其部门有关机构的行为引起主合同约定的被申请人B各项履行期限延误，被申请人B可以据实予以延期，并无须承担合同主文中的违约责任。合同履行过程中，被申请人B超过合同约定时间向申请人A交付商品房。申请人A请求被申请人B支付逾期交房的违约金，被申请人B抗辩称政府政策性文件导致的延误天数应从逾期天数中扣除。仲裁庭认为，被申请人B施工期间政府发布的《在建工程全面停止施工的通知》《大气污染防治责任状任务分解表》《秋冬季大气污染综合治理的通知》等政策性文件属于不可抗力，因此违约金的起算时间应扣除被申请人B履行该市政府政策性文件导致的施工延期天数。并在裁决中扣除相应期间对应的违约金。

在申请人C公司与被申请人D公司增资协议争议仲裁案②中，被申请

---

① 参见《石家庄仲裁委员会就申请人对被申请人房屋买卖合同纠纷进行仲裁案》，载中国法律服务网，https：//alk.12348.gov.cn/Detail? dbID=77&dbName=GNZC&sysID=1511。

② 参见《某生物技术公司对某投资公司提起增资协议争议仲裁案》，载中国法律服务网，https：//alk.12348.gov.cn/Detail? dbID=77&dbName=GNZC&sysID=59。

人 D 公司（目标公司）及其控股股东与申请人 C 公司及其他 5 家外部投资人签署了《增资扩股协议》，约定外部投资人联合出资 875 万元投资目标公司。其中 E 投资公司出资 100 万元，认购目标公司的新增出资额 18 余万元，持股比例为 4%。各方还签署了《增资扩股补充协议》，约定自本次增资扩股后，到 2015 年 12 月 31 日止，如果目标公司未能在国内证券交易所成功发行上市或公司发行股票未被中国证监会受理，投资方有权要求控股股东以投资方本次股份认购对价回购投资方持有公司全部或部分股份，并按年收益率 12% 计算收益支付给投资方，公司在此期间的分红派息计算在收益之内。目标公司未能在 2015 年 12 月 31 日前上报中国证监会 IPO 材料，亦未能在上述日期前在国内 A 股市场上市或通过重组并购间接上市。申请人 C 公司遂依据《增资扩股协议》要求控股股东支付股权回购款及相应收益。被申请人 D 公司抗辩称，2014 年棉花直补政策构成不可抗力，应当免除其回购义务。仲裁庭认为，政府补贴政策变化及棉花种植面积变化均不属于不可抗力的范畴。项目公司及其控股股东以此抗辩，仲裁庭不予认可，控股股东应按约履行支付股权回购款和相应收益的义务。

在政府政策性文件等抽象行政行为是否构成不可抗力事件的问题上，不同仲裁庭在不同仲裁案件中作出了不同的判断。在房屋买卖合同案例中，案涉合同约定了政府行为、政策调整等属于不可抗力，仲裁庭因此认定政策性文件导致的停工且在开发商施工期间延误工期导致延期交付房屋属于不可抗力，对被申请人的此部分抗辩理由予以支持。在增资协议案例中，案涉合同的不可抗力条款并未对构成不可抗力的事件范围进行约定，仲裁庭即结合政府抽象行政行为是否属于不能预见、不能避免、不能克服的客观情况具体分析产业政策调整是否属于不可抗力。

综上，仲裁庭在个案中判断政府政策是否属于不可抗力免责事由时，不仅会分析案涉合同不可抗力条款的约定情况，案涉政府政策是否为不能避免、不能克服的客观情况，同时会考虑政策是否具有连贯性和一致性、行业发展背景等因素，以判断案涉政府政策是否构成

"不可预见"。以上裁决思路正体现了商事仲裁案件个案分析、个案个判的特点。

本章小结

同案同判与个案个判在价值追求上存在差异，前者追求统一法律适用标准、限制审判者自由裁量权以及提高司法审判效率，进而提升司法公信力；后者追求全面审查个案事实和法律特征、强调案件审理的保密性和审理机构的独立性，以期探究个案实质正义。而民商事审判与商事仲裁也存在差异，一是审理案件的机构性质不同，法院为国家司法机关，存在上下级管理关系；仲裁委是民间仲裁机构，具有独立性。二是案件保密性要求不同，民商事审判一般为公开审理，裁判文书上网公开；仲裁案件具有保密性，当事人之外的第三方无从知悉。三是管辖权来源不同，民商事审判的管辖权源于法律规定，商事仲裁的管辖权来自双方当事人的意思自治。上述特点和差异决定了民商事审判需要追求同案同判，而商事仲裁需要进行个案个判。同案同判和个案个判在不同的审判机制中有其发挥价值的空间，无论适用哪种审判原则和制度，民商事审判与商事仲裁的目标都是一致的，那就是通过司法途径定分止争，维护当事人合法权益、维护司法公平正义。成文法国家的仲裁员相对于法官在同样坚持依成文法裁判的前提下，更加重视个案正义。

第八章

程序正义

程序正义对商事仲裁的公信力和生命力有至关重要的意义和价值。程序正义在任何争议解决程序中均扮演着重要的角色，特别是在仲裁程序中，相较于传统民商事诉讼当事人更为关注实质正义或实体正义的实现，仲裁案件中，当事人往往更为关注纠纷解决过程或程序的公正性。在民事诉讼审判和商事仲裁的不同语境下，程序正义的内涵、外延和重点内容具有一定程度的相似性和多样性，应当重点予以区分把握。作为商事仲裁业务的从业人员，无论是仲裁机构的工作人员，抑或仲裁员、仲裁业务的代理律师，都应当从不同角度出发，为维护民商事仲裁的程序正义作出自身应有的贡献。2024年《仲裁法（修订草案）征求意见》在立法目的部分明确强调，《仲裁法》的制定目的是保证公正、及时地仲裁经济纠纷，保护当事人的合法权益，保障社会主义市场经济健康发展。在国际经济交往中，为将我国打造成为一流的国际争议解决中心，推进涉外法治建设，仲裁的程序正义是必须强调的重要原则。

一、程序正义概述

司法公正是人类进入文明社会以来，为解决各类社会冲突而追求或持有的一种法律理想和法律评价。它是指国家司法机关在处理各类案件的过程中，既能运用体现公平原则的实体规范确认和分配具体的权利义务，又能使这种确认和分配的过程与方式体现公平性。理论上一般把前者归纳为实体正义，把后者称作程序正义。程序正义是一种法律精神或者法律理念，即任何法律决定必须经过正当的程序，而这种程序的正当性体现为特定的主体根据法律规定和法律授权所作出的与程序有关的行为。[1]

程序正义作为一种观念，早在13世纪就出现在英国普通法之中，并在美国得到前所未有的发展。程序正义观念的古典表述在英国是"自然正义"，在美国则是"正当法律程序"。1215年英格兰国王颁行的《大宪章》第39条规定："除非经由贵族法官的合法裁判或者根据当地法律，不得对任何自由人实施监禁、剥夺财产、流放、杀害等措施。"1355年英王爱德华三世颁布的一项律令（有学者称之为"自由律"）明确规定："任何人，无论其身份、地位状况如何，未经正当法律程序，不得予以逮捕、监禁、没收财产……或者处死。"这两个法律文件被许多学者视为英美普通法中正当程序或程序正义的最早渊源。[2]

自然正义原则有两个基本要求：（1）任何人均不得担任自己的诉讼案件的法官；（2）法官在制作裁判时应听取双方当事人的陈述。根据上述第一项要求，法官在审判中不得存有任何偏私，而且须在外观上使任何正直的人不对其中立性有任何合理的怀疑。为防止那些对某一方当事人怀有不利偏见的人担任裁判者，法官不仅不能与案件或者当事人双方存有利益上的牵连，而且不得对案件事实事先形成预决性的认识或判断，否则法官所作的裁判就会失去法律效力。自然正义的第二项要求又可称为"两造听证"原则，即法官必须给予所有与案件结局有直接利害关系的人充分陈述

---

[1] 参见陈瑞华：《程序正义的理论基础——评马修的"尊严价值理论"》，载《中国法学》2000年第3期。

[2] 参见季卫东：《法律程序的形式性与实质性——以对程序理论的批判和批判理论的程序化为线索》，载《北京大学学报（哲学社会科学版）》2006年第1期。

意见的机会，并且平等对待各方的意见和证据，否则他所制作的裁判就不具有法律效力。不难看出，自然正义的这两个要求都是有关法律程序本身正当性和合理性的标准，法官对它们的遵守成为对其所作裁判结论的法律效力的基本保障，而对它们的违背又会直接导致裁判结论法律效力的丧失。这样，自然正义原则就包含了法律程序正当性的基本内容，成为程序正义观念的最早体现。

英国普通法上的程序正义观念在美国得到继承和发展。美国《联邦宪法》第5条和第14条修正案均规定："未经正当法律程序，不得剥夺任何人的生命、自由和财产。"这标志着程序正义观念在美国以宪法原则的形式得到确认和保障。根据美国学者和美国联邦最高法院的解释，正当法律程序可分为"实体性正当程序"和"程序性正当程序"两大理念，其中前者是对联邦和各州立法权的一种宪法限制，它要求任何一项涉及剥夺公民生命、自由或者财产的法律不能是不合理的、任意的或者反复无常的，而应符合公平、正义、理性等基本理念；而后者涉及法律实施的方法和过程，它要求用以解决利益争端的法律程序必须是公正、合理的。美国权威的《布莱克法律辞典》对程序性正当程序的含义作出了具体的解释："任何权益受判决结果影响的当事人有权获得法庭审判的机会，并且应被告知控诉的性质和理由……合理的告知、获得法庭审判的机会以及提出主张和辩护等都体现在'程序性正当程序'之中。"在美国学者看来，正当法律程序体现了正义的基本要求，而程序性正当程序更是体现了程序正义的基本观念。时任美国联邦最高法院大法官的杰克逊认为，"程序的公正、合理是自由的内在本质"，有可能的话，人们宁肯选择通过公正的程序实施一项暴戾的实体法，也不愿意选择通过不公正的程序实施一项较为宽容的实体法。因此，程序性正当程序所表达的价值就是程序正义。[①] 戈尔丁认为程序正义包括3个方面9项原则。第一，中立性，包括：（1）与自身有

---

① 参见陈瑞华：《程序正义论——从刑事审判角度的分析》，载《中外法学》1997年第2期。

关的人不应该是法官；（2）结果中不应含纠纷解决者个人利益；（3）纠纷解决者不应有支持或反对某一方的偏见。第二，劝导性争端，包括：（1）对各方当事人的诉讼都应给予公平的注意；（2）纠纷解决者应听取双方的论据和证据；（3）纠纷解决者应只在另一方在场的情况下听取一方意见；（4）各方当事人都应得到公平机会来对另一方提出的论据和证据作出反响。第三，解决，包括：（1）解决的诸项条件应以理性推演为依据；（2）推理应论及所提出的论据和证据。[①]

二、程序正义的价值

关于程序价值的观点基本上分为程序工具主义和程序本位主义两大阵营。程序工具主义认为，法律程序的目的是实现实体正义，程序具有工具性的特征。程序本身无所谓正当性与合理性，只要能形成好的实体结果，程序就具有了善的属性。程序工具主义强调实体结果才是人们希望最终实现的目标，因此结果或者实体相对于程序而言具有优先地位。而程序本位主义认为程序本身具有独立于结果之外的正义价值，不应将结果的好坏作为评判程序正义与否的标准。在某种程度上，正是程序决定了结果的公正与否，赋予了实体以实际的意义和内容。没有程序的结果或实体只不过是一种主张或权利义务的假象。

程序工具主义将实质正义放在第一位，这种理念有其合理性。在一般情况下，法律应当以社会正义为宗旨和标准，及时反映实质正义。当社会正义与法律发生矛盾的时候，甚至可以冲破滞后的法律。但事实上，实质正义并不是完全不可舍弃、不可牺牲的，法律上的形式正义也并非总要服从实质正义，它在一定限度内可以高于实质正义。程序正义的基本要求是按照既定规则办事，而社会变化引起的实质正义的发展不能任意影响法律

[①] 参见姚建宗：《论法哲学视野中的法律思想概念》，载《政法论坛》2023 年第 6 期。

的稳定性。因此，为了法治或法律的权威，我们应当在一定限度内允许法律背离实质正义。① 在法治的要求下，某些实质正义在不得已的情况下是允许舍弃甚至可能是必须进行妥协的，其表现为特定情况下为了满足程序正义的要求，使某些实质正义的要求无法实现。例如，判决结果可能使有正当理由的当事人一方败诉，有罪的人被判无罪，因"不告不理""诉讼时效"原因而不能使受损害的一方得到法律救济，有社会危害性的行为无法受到法律的调整，法律对于某种恶行的处罚显得过于宽容无力，等等。

从这一角度出发，程序正义的价值体现在两方面：一方面在于程序正义对实体正义的价值，另一方面则在于程序正义本身的价值。从程序正义对实体正义的价值来讲，程序正义的功能首先在于其能够保障实体法内容的实现或促进实体正义的实现，其次，程序正义还能促进纠纷的解决。而从程序正义自身独立的价值来讲，一方面，程序正义能够以一种独立的方式保证裁判结论具有正当性。如果裁判的结果是从正义的程序中产生的，其结果便被认为是正义的。程序正义要求司法程序遵循公正、透明和公开的原则，同时要尊重个人权利和利益。这可以确保当事人在审判过程中获得适当的保护和公正的待遇，避免司法滥用和执法不当。另一方面，程序正义还能够吸收不满，提高公众对裁决结果的接受度。程序正义还要求法律程序透明公开，确保当事人和公众能够了解审判的过程和结果，从而增强对裁判结论的信任度和正当性。同时，因为当事人已被给予充分、平等、有效的机会和手段保护自己，所以当事人对裁决结果具有更高的接受度。

三、仲裁注重程序正义

在程序正义与实体正义的问题上，民商事诉讼与商事仲裁表现出了不

---

① 参见孙笑侠：《法的形式正义与实质正义》，载《浙江大学学报（人文社会科学版）》1999年第5期。

同的倾向。相较而言，民事诉讼更注重实体正义，即强调诉讼结果是否公正合理，是否真正维护了当事人的合法权益；而商事仲裁更注重程序正义，即保障仲裁程序的公正、公平、透明和高效。仲裁过程中，仲裁庭需要确保当事人的程序权利得到保障，仲裁程序符合仲裁规则和程序原则，仲裁庭的裁决也需要遵循程序规则和程序原则，从而保证仲裁结果的合法性和公信力。这主要体现在以下四个方面上。

（一）我国民商事诉讼"轻程序、重实体"的传统

我国民商事诉讼"轻程序、重实体"的传统源远流长，可以追溯到中国古代的裁判文化。在传统的中国民商事诉讼中，司法程序相对简单，法官注重的是诉讼结果的公正合理，而对司法程序并不过多关注。这种"轻程序、重实体"的裁判模式在很长时间内成为中国民商事诉讼的主要特点。"重实体、轻程序"的法律传统源自我国古代哲学和文化观念，其中儒家和道家的哲学文化对古代中国的裁判文化产生了深远影响。儒家的仁义道德观念强调人的尊严和社会秩序，影响了法官的裁判理念和行为准则；道家的随遇而安、顺应自然的思想则影响了法官对案件的处理方式和裁判风格。这些文化因素共同促成了"轻程序、重实体"的裁判传统在古代中国的形成和发展。

除历史原因外，我国民事司法审判中审判人员不足、经费严重紧缺也是轻程序现象出现的客观原因之一。一方面，我国民商事案件数量庞大，但法院的审判人员数量有限。这导致每位法官负担的工作量巨大，需要处理大量案件。为了应对高工作压力，法官可能会倾向于简化审理程序，以便更高效地处理案件，这可能导致轻程序的现象出现。人员不足同样导致难以保证每个案件都得到充分审理和深入调查。审判人员在判决案件时更加依赖简单的程序性决定，而不是进行充分的事实审查和法律分析，从而可能产生轻程序的倾向。另一方面，缺乏足够的经费会影响法院的正常运转。例如，法院可能无法提供足够的培训、研究和信息化设备，这会影响

法官的专业水平和案件处理效率。此外，经费不足也可能导致法院无法聘请足够数量的法官和辅助人员，这进一步加重了审判人员的工作负担。在资源有限的情况下，法院可能需要在审判效率和质量之间作出权衡。由于审判人员不足和经费紧缺，法院可能更加注重快速审理案件，而忽视了深入审查和审理程序的重要性，从而导致轻程序的出现。

在这种裁判模式的影响下，中华人民共和国成立后，一段时间里我国占主导地位的法学理论对于法律程序的价值问题仍基本上坚持了程序工具主义的观点，即将法律程序视为实施实体法的手段或工具，强调程序在保证实体法正确实施方面的有效性或有用性，而不承认它具有独立于实体法目标的价值和意义。这一观点若发展到极端，即认为所有程序上的原则、规则和制度都只是为实体裁判结果服务的，离开了实体正义这一目标，程序就没有存在的价值和意义。

尽管近些年来随着法治建设的不断深入和完善，我国民商事诉讼开始注重程序规则的制定和执行，并逐渐走向程序正义和实体正义的结合，程序正义也受到了越来越多的重视和保障。但我国当前的民商事诉讼仍受到"轻程序、重实体"传统一定程度的影响。

（二）相较于民事诉讼，商事仲裁更加关注程序

相较于民商事诉讼，商事仲裁更加关注程序，这在法律文本中有所体现。

根据《仲裁法》第58条的规定，申请撤裁的理由包括：没有仲裁协议的；裁决的事项不属于仲裁协议的范围或者仲裁委员会无权仲裁的；仲裁庭的组成或者仲裁的程序违反法定程序的；裁决所根据的证据是伪造的；对方当事人隐瞒了足以影响公正裁决的证据的；仲裁员在仲裁该案时有索贿受贿，徇私舞弊，枉法裁决行为的等。可以看出申请撤裁的理由基本为程序性事由。而《民事诉讼法》第177条规定的申请上诉的理由包括：认定事实不清、适用法律错误、严重违反法定程序。《仲裁法》第58

条列举了一系列申请撤裁的理由，其中包括仲裁协议的存在与有效性、裁决事项与仲裁协议范围的一致性、程序的合法性等。这些理由基本都是与仲裁程序相关的，如仲裁庭组成、程序违反法定程序等。相比之下，《民事诉讼法》第 177 条规定的上诉理由更为广泛，既包括事实问题（如认定事实不清）、适用法律问题（如适用法律错误），也包括程序问题（如严重违反法定程序）。这说明，在仲裁中，撤裁申请更多地集中在程序性问题上，而在民事诉讼中，上诉的理由涵盖了更广泛的领域，既包括程序性问题，也包括实体性问题。

除此之外，商事仲裁中的仲裁员披露与回避制度也能体现出仲裁对程序正义的追求。

仲裁员回避制度是仲裁制度的重要组成部分之一，是指在仲裁活动中，仲裁员被选定或指定后发现其存在不宜、不能在该案中担任仲裁员的情况，该仲裁员退出案件，不再在该案件中担任仲裁员。任何人不得成为自身利益或潜在利益的裁判者是处理利益冲突的基本规则，且与职业化的法官相比，仲裁员非职业化、当事人选任的特征更加提高了仲裁员回避制度的重要性。仲裁员回避是法律职业利益冲突与回避的一部分，但是否一切利益关系都需要仲裁员回避？例如，本所（含分所）其他律师正在或曾经为一方或双方当事人提供法律服务的、与所在机构有或有过合作或冲突的仲裁员，能否被选定或指定为仲裁庭组成人员？这个问题曾经被仲裁规则严格禁止，但随着法律服务业的不断发展，有的仲裁机构的仲裁规则开始对此予以调整，即将相关信息向当事人充分披露，在当事人同意的前提下即可以担任仲裁庭组成人员——完善信息披露制度与尊重当事人意思自治相结合，既显示出公正性与灵活性的统一，也是解决利益冲突问题的重要原则。

具体而言，机构在册仲裁员能否担任该机构受理案件中一方当事人的代理人的问题，目前国内北京仲裁委员会和中国国际经济贸易仲裁委员会有类似规定。其中：北京仲裁委员会 2006 年 9 月 1 日施行的《北京仲裁委员会仲裁员守则》第 9 条规定，北京仲裁委员会仲裁员不得在北京仲裁委员会的仲裁案件中担任代理人。中国国际经济贸易仲裁委员会 2023 年 10 月 1 日施行的《仲裁员行为考察规定》第 15 条规定，仲裁员代理贸仲受理的仲裁案件的，自其代理案件之日起，本届聘期内不得以仲裁员身份在中国国际经济贸易仲裁委员会办理案件。北京仲裁委员会明文禁止其仲裁员在北京仲裁委员会受理案件中担任代理人；中国国际经济贸易仲裁委员会规定如果其仲裁员在中国国际经济贸易仲裁委员会受理案件中担任代理人，聘期内不得担任中国国际经济贸易仲裁委员会仲裁员（下一个聘期获聘仲裁员概率应该更小），相当于要求仲裁员作出选择。

关于披露与回避问题，多数仲裁机构仲裁规则规定有仲裁员信息披露制度，如北京仲裁委员会 2022 年 2 月 1 日施行的《北京仲裁委员会仲裁规则》第 22 条、中国国际经济贸易仲裁委员会 2024 年 1 月 1 日施行的《中国国际经济贸易仲裁委员会仲裁规则》第 31 条。但这些仲裁规则更多限于披露的程序规定，对于哪些情形应予以披露未作详细规定，几乎所有的仲裁机构仲裁规则都规定有回避制度。对于哪些情形需要披露、哪些情形需要回避，除了遵照《仲裁法》和仲裁规则规定外，还可以参考国际律师协会发布的《国际律师协会国际仲裁利益冲突指引（2024 版）》，其中"不可弃权的红色清单"属于构成利益冲突且必须回避的情形；"可弃权的红色清单"属于构成利益冲突但在当事各方明确同意的前提下可以担任仲裁员的情形；"橙色清单"属于有可能构成利益冲突因而应当披露的情形；"绿色清单"属于确定不构成利益冲突因而不需要披露的情形。

一方面，商事仲裁当事人主义的倾向使其相对而言更加关注程序正义。前文提到，相较于民事审判中的法官，商事仲裁程序中的仲裁员在审判过程中具备更多的当事人主义倾向。商事仲裁与民事诉讼的这一差异导致了二者在程序正义与实体正义问题上的不同。

程序正义与诉讼体制之间存在内在联系：关于实体正义与程序正义关系认识上的分歧内在地根源于所持的诉讼目的观的不同，而不同的程序或诉讼目的观对相应的民事诉讼制度设计与运行存在决定性影响。概括来讲，在以"私法秩序维持说""权利保护说"为代表观念的民事审判中，实体正义是程序的重心，程序的目的仅在于保障实体法内容的实现，即民事诉讼的目的在于实现民法规定的权利。因此民事诉讼在诉讼体制上倾向于职权主义，对于程序正义的态度则倾向于程序的工具主义。而在更强调程序问题的商事仲裁中，程序正义本身具有实体正义之外的独立价值。因此商事仲裁在诉讼体制上倾向于当事人主义，对于程序正义的态度则更倾向于程序的本位主义。

在当事人主义的诉讼模式中，当事人在整个诉讼程序中居于主体地位和主导地位。当事人的处分权是完整的并受到充分的尊重，法院或法官则被定位为绝对中立的裁判者，不能干涉当事人的程序主体权。当事人主义的上述特征集中体现于辩论主义当中。辩论主义的基本要求是：其一，直接决定法律效果发生或消灭的必要事实必须在当事人的辩论中出现，法院不能以当事人之间没有主张过的事实为判决的事实根据。其二，法院应将当事人之间无争议的事实作为判决的事实根据。其三，法院对证据的调查只限于当事双方在辩论中提出来的事实。也就是说，即使可以依职权主动收集调查证据，也只能限定在当事人主张的范围内。对于当事人没有在言词辩论中主张的事实，即使法院通过职权调查已得到心证，仍然不得作为裁判的基础。

与当事人主义模式相对，职权主义的基本特征是国家干预。主要表现为：（1）法院可以依职权主动、全面地收集证据，不受当事人主张的拘束。（2）某些程序的启动权由法院和当事人共同享有，在当事人没有申请时，法院可以依职权开始这些程序。（3）当事人不能随意撤回起诉或者全部或部分地放弃上诉，而要经法院审批。（4）法院可以不受当事人请求范围的拘束，对当事人"实在"的权利义务作出裁判。（5）在管辖方面否定当事人有协议管辖的权利。（6）检察机关可以主动提起参与民事诉讼，可以对民事判决提起抗诉。

不难看出，与当事人主义相比，职权主义更偏爱发现真实，而可能忽视程序的内在价值的实现。从表面上看，法院的积极主动介入源于种种善良的动机，但若职权主义越俎代庖式的积极介入，反而可能造成对程序正义相关原则的违背。例如，职权模式中，法院依职权直接收集证据可能构成对当事人的突袭性裁判，而不得实施突袭性裁判是程序正义的基本要求之一。在这种情况下，即使在程序上规定法院收集提出的证据必须经过当事人质证，也难以弥补程序正义的缺陷。此外，程序正义要求赋予当事人对程序的起始、发展及终结的决定权，而在职权主义模式中，法院可在当事人未提出申请的情况下主动开启某些程序，当事人撤诉也要经法院批准；程序正义要求尊重当事人对诉讼资料的处分权，而法院主动调查收集证据的行为直接构成对当事人这方面处分权的否定。相对来讲，当事人主义对抗式程序将对程序的控制权归于双方当事人，而将裁决控制权归于第三者，从而更易实现对程序公正的保障。

另一方面，商事仲裁对商业风险的认可使其更注重程序正义。正如客观真实标准是一个相对的，且难以固定和掌握的标准一样，实体正义的标准是不确定的。尽管我们追求实体正义是没有错误的，但关于实体正义的标准在不停变动，这就使忽视程序的单纯的结果或实体很难说是否正义。这一点在商业世界中表现得更为突出：在商业活动中，各类新型商业模式层出不穷，商业风险不可避免。再加上法律规定往往具有一定的滞后性，用滞后的法律实体规定套用不断涌现的新型商业模式可能无法保证实体正义的实现。在这一背景下，程序正义的意义也随之突显。

商事仲裁强调形式公正，体现了对商业风险的认可，也是平等保护的要求。民事诉讼强调实质公正，体现了对商业风险的态度，实际上也是倾斜保护的一种体现。

四、商事仲裁违背程序正义的相关后果

商事仲裁程序中，如果当事人或者仲裁机构违背了程序正义的基本要

求和基本理念，将会导致仲裁裁决的效力受到影响，也会对仲裁机构和仲裁委员会的工作人员和仲裁员产生不利后果。

（一）仲裁裁决效力瑕疵

应当注意到的是，若商事仲裁程序违背程序正义，则将对仲裁裁决的效力造成影响，产生具有瑕疵的仲裁裁决。《仲裁法》第58条规定，当事人提出证据证明裁决有下列情形之一的，可以向仲裁委员会所在地的中级人民法院申请撤销裁决：（1）仲裁庭的组成或者仲裁的程序违反法定程序的；（2）仲裁员在仲裁该案时有索贿受贿，徇私舞弊，枉法裁决行为的。因此，根据我国仲裁法相关制度，仲裁庭的组成或者仲裁程序违反法定程序有可能构成仲裁裁决被撤销的法定事由。

例如，在弘钛网络与重若公司申请撤销仲裁裁决案[1]中，2018年，当事人公司之间签订业务协议，其中载明弘钛网络的联系地址，并约定双方在该协议中填写的联系地址即其有效的通信地址，双方均有权在任何时候更改其通信地址，但应按该协议约定的送达方式在变更后7个工作日内向对方送达通知。该协议还约定了仲裁条款。

因履行发生纠纷，重若公司向上海国际经济贸易仲裁委员会申请仲裁。仲裁庭向弘钛网络在协议中记载的联系地址寄送仲裁材料，邮件投递状态为退回。因弘钛网络未出席庭审，仲裁庭依法缺席仲裁。2020年1月14日，仲裁庭作出〔2020〕沪贸仲裁字第0048号仲裁裁决。弘钛网络认为，重若公司知道其已经搬至新的地址办公，故在邮寄合同联系地址未签收的情况下，应当根据《上海国际经济贸易仲裁委员会（上海国际仲裁中心）仲裁规则》（以下简称《上国仲仲裁规则》）第61条第2款的规定，投递给受送达人最后一个为人所知的营业地，如此才能视为已经送达。遂以重若公司向仲裁委隐瞒弘钛网络的实际经营地址，致使弘钛网络缺席仲

---

[1] 参见上海市金融法院民事裁定书，（2021）沪74民特1号。

裁,违反了《上国仲仲裁规则》第 61 条第 2 款、最高人民法院《关于适用〈中华人民共和国仲裁法〉若干问题的解释》(以下简称《仲裁法解释》)第 20 条之规定为由,向法院申请撤销仲裁裁决。

上海金融法院经审查认为,根据《仲裁法》第 58 条第 1 款第 3 项的规定,只有违反仲裁法规定的仲裁程序和当事人选择的仲裁规则可能影响案件正确裁决的,当事人才可以送达不当为由申请撤销仲裁。《上国仲仲裁规则》第 61 条第 2 款规定:"向一方当事人及/或其仲裁代理人发送的有关仲裁的文书、通知、材料等,如经当面递交或投递至营业地、注册地、住所地、惯常居住地或通讯地址,或者经对方当事人合理查询不能找到上述任一地点,秘书处以挂号信或能提供投递记录的其他任何手段投递给受送达人最后一个为人所知的营业地、注册地、住所地、惯常居住地或通讯地址,即视为已经送达。"当事人选择仲裁意味着其接纳《上国仲仲裁规则》所包含的送达规定。该案仲裁庭根据合同约定向弘钛网络的联系地址进行送达,符合合同签订的本意,应视为已经送达,无须再查询并投递至最后一个为人所知的营业地、注册地、住所地、惯常居住地或通信地址。该案仲裁程序并未违反法定程序,弘钛网络的该项主张不能成立。综上,上海金融法院裁定驳回弘钛网络的申请。

从以上案例可以看出,申请撤销仲裁裁决是法律为了保护当事人的合法权益,在一裁终局制度下,赋予当事人申请法院对仲裁裁决行使司法监督的权利。有实证分析指出,"仲裁庭的组成或者仲裁的程序违反法定程序"是当事人申请撤销裁决最常见的事由。仲裁程序通常包含受理、送达、组成仲裁庭、庭审、裁决等诸多阶段,由于涉及的程序事项繁多,仲裁案件处理过程中不免存在无法完全契合仲裁规则之处,申请撤销裁决也成了当事人寻求自身权利救济的一种途径。违反法定程序的申请撤销裁决常见理由有仲裁庭组成不符合规则、庭审程序不符合规则、裁决形成不符合规则、送达程序不符合规则等,其中由于送达的不确定性较高,送达程序不符合规则也是当事人申请撤销裁决的常见事由。①

从上述判决可以看出，法院在审理仲裁裁决撤销案件的申请时，采取了以下"三步走"的审查标准：一是识别适用的仲裁法定程序；二是判断是否违反了法定程序；三是判断违反法定程序的行为是否可能影响仲裁案件实体结果。

首先，对于所适用的仲裁法定程序，法院通常会尊重仲裁各方当事人的意思自治，观察仲裁协议中当事人选择的仲裁机构和相关仲裁机构的仲裁程序，如果仲裁庭在仲裁案件审理的过程中严重违背了该仲裁机构的仲裁规则，则属于违反了仲裁裁决的法定程序。应当注意的是，对这里的所谓"法定"程序应当进行较为广义和宽泛的理解，并不是法律对仲裁程序具体的规则进行规定，实际上法律也不可能把所有的仲裁规则一一规定。因此，在这种情况下，所谓的"法定程序"应当理解为由民事程序法授权的、现行有效的约定的仲裁机构所包含的仲裁规则。特别应当强调的是，仲裁规则的选取应当尤为尊重当事人的意思自治，也就是说，如果当事人选择了某个仲裁机构，但同时选定本案的仲裁裁决审理程序按照其他仲裁规则来进行，如果上述选择确系当事人真实有效的意思自治，则同样应当予以肯定和支持。

其次，在识别了仲裁裁决所对应的仲裁程序之后，法院通常对于仲裁庭审查相关案件是否违背仲裁程序进行判断和确认。这里的违背仲裁程序，实质上是指仲裁裁决作出的过程、仲裁庭组庭的过程、仲裁案件的分案过程等方面均需要进行实质性审查。实质性审查意味着法院对于仲裁从立案到最终裁决的作出的全流程进行审查判断，而不拘泥于当事人所提出的申请仲裁事由，原因在于仲裁裁决的效力审查程序体现了基于公共利益的考量因素等，由审判权对仲裁权进行全面监督和审查，而并非由法院替当事人对仲裁裁决效力进行质疑。因此，仲裁裁决的审查属于基于公共利

---

① 参见单素华、唐若颖：《以违反法定程序为由申请撤销仲裁裁决的审查理念》，载《人民司法》2022年第35期。

益进行的审判权运行过程,其理由不受当事人申请的事由所限。换言之,如果仲裁裁决作出的过程存在当事人在撤销仲裁裁决的申请中没有指出的瑕疵,法院同样应当予以指出并判断是否构成撤销仲裁裁决的事由,以体现出对于公共利益的充分考量。

最后,法院在审查仲裁程序是否违法时会充分考查并判断违反法定程序的行为是否可能影响仲裁案件实体结果。这个构成要件属于对程序违法的实质性或者程度性判断标准。对程序正义的关注不能吹毛求疵,不能对全部的细微的违法行为揪住不放,否则将会动摇仲裁作为替代性纠纷解决机制的根基。也就是说,司法权对于仲裁权的介入和监督不宜过度,应当允许一般性、细节性仲裁程序瑕疵的客观存在。那么,如何区分一般性、细节性的仲裁程序瑕疵与重大仲裁程序违法的红线呢?其本质上就在于判断违法行为是否可能影响仲裁的实体结果,即所谓的重大性标准。[1] 只有违反程序正义的行为有可能影响到仲裁裁决的实体结果,才应当作为撤销仲裁裁决的法定情形;如果程序性瑕疵没有造成对于仲裁裁决的实体影响,而且不可能造成对于仲裁裁决结果的实体性影响,则不应因仲裁程序存在瑕疵而轻易撤销仲裁裁决。此外,应当注意的是,所谓可能影响仲裁的实体结果,并不要求这种程序性违法已经造成了实质性的错误仲裁结果。即便仲裁裁决最终的结果没有问题,没有错误,但如果仲裁程序存在严重问题,也应当对此类仲裁裁决予以撤销。这里的影响仲裁的实体结果,是指从构成要件意义上,仲裁的程序导致构成要件相关的认证与采信存在严重问题,因此应当予以撤销。

(二) 对仲裁机构工作人员的可能惩戒

仲裁程序公正的违背行为既有可能涉及仲裁案件的当事人,也有可能涉及仲裁委员会的工作人员乃至仲裁员本身。因此,对于违背仲裁程序正

---

[1] 参见牛正浩、刘允霞:《虚假仲裁规制与案外人权利保障》,载《法律适用》2020年第17期。

义的行为，仲裁委员会的工作人员乃至仲裁员均有可能承担相关惩戒和处分的责任。

结合我国仲裁司法审查实践，大部分案件中，法院认为，在仲裁机构任职仲裁员的律师原则上不能在本仲裁机构代理仲裁案件。

在某学校申请撤销仲裁裁决案中，[1] 刘某在某仲裁委员会担任仲裁员，同时在该仲裁委员会受理该案仲裁时又担任某公司代理人，主要争议焦点为刘某的行为是否违背了程序公正的基本原则。

法院认为，该案在仲裁裁决时，刘某系某仲裁委员会的在任仲裁员，其作为某建筑公司的委托代理人参与仲裁，虽然其本人并未担任该案仲裁庭的仲裁员，但由于刘某的特定身份必然在一定程度上导致仲裁程序的合法性和正当性丧失，很容易导致对方当事人和其他社会公众质疑仲裁程序，对仲裁结论产生合理怀疑。因此，原仲裁裁决程序违反法定程序。

通过该案判决可以看出，如果仲裁员违背了回避的规则，通常会被认定为违背了仲裁程序公正的基本原则。但值得注意的是，不同地区仲裁委员会的仲裁规则对仲裁员的回避事项的相关规定有所区别，不同仲裁委员会的仲裁规则对仲裁员是否需要主动披露上述信息的规定亦不尽相同，需要具体问题具体分析。实际上，仲裁员如果在某一特定仲裁机构担任仲裁员的同时，兼任律师职务并代理在该仲裁机构的仲裁案件，其通常会被认定为有可能对仲裁案件造成一定程度的影响。即便该仲裁员并不会因为所代理的案件与相关仲裁员"打招呼"，但也有这样的一种可能性，即仲裁员的中立公正身份有可能因为代理案件而受到影响。在上述情况下，仲裁员主动披露相关情况，并请求仲裁机构进行判断，似乎不失为一种更好的方法。

此外，如果仲裁员在仲裁案件中存在严重违法违规的行为，有可能会被追究相关法律责任。

---

[1] 参见湖北省宜昌市中级人民法院民事裁定书，（2020）鄂 05 民特监 1 号。

一方面，如果仲裁员故意违背程序公正裁决案件，有可能会被追究刑事责任。《刑法》第 399 条之一明确规定了枉法仲裁罪的行为及后果："依法承担仲裁职责的人员，在仲裁活动中故意违背事实和法律作枉法裁决，情节严重的，处三年以下有期徒刑或者拘役；情节特别严重的，处三年以上七年以下有期徒刑。"根据上述规定，如果仲裁员故意违背法律作出枉法裁决，无论违背的是民事实体法规范还是仲裁程序法规范，都有可能构成枉法裁决罪。概言之，这里的"故意违背法律"包括实体法规范和程序法规范。但是追究枉法仲裁罪的刑事责任要求仲裁裁决的实际作出，现实过程中存在大量仲裁当事人因仲裁员存在程序违法行为而投诉举报的情况，如果仲裁裁决尚未作出，且仲裁员在后续的仲裁程序中对上述行为予以及时纠正，则不应当承担刑事责任。

另一方面，当前各主要仲裁机构均对仲裁员的行为规范及惩戒进行了详细明确的规定。例如，无锡仲裁委员会在其《仲裁员聘用和管理办法》中明确规定，如果仲裁员存在违背程序公正的行为，一旦查实，就有可能面临相应惩戒措施，如在仲裁员名册中隐去其姓名 6 个月，直至除名。通过诸如此类的行业惩戒措施，仲裁委员会可以减少、降低并最终逐步禁止违背程序公正的仲裁员的执业机会，通过限制其在该仲裁委员会的执业权利，用经济学手段督促仲裁员自觉自愿减少仲裁过程中的违反程序法的行为。也就是说，这种惩戒措施将仲裁员看作理性经济人，一旦实施了违反仲裁法定程序的行为，就将面临经济上的不利局面，违反法定程序的行为越严重，其面临的经济上的不利益越多，因此在这种情况下仲裁员作为法律人，往往会衡量其在特定个案中违法行为的可能收益与将来面临的不利后果，从而作出理智科学的判断，自觉自愿减少违反法定程序的仲裁行为。另外，行业惩戒往往会对仲裁员的社会评价带来一定的不利影响，影响其正常的接案过程和本职工作，这些因素都是仲裁员在实施违背仲裁程序正义的行为时所不得不考量的。

除了刑事责任与行业惩戒以外，由于当前我国大多数仲裁员为兼职仲裁员，仲裁员往往有其本职工作，如高校法学教师、执业律师、司法机关现职或退休人员等，在这种情况下，如果仲裁员实施了违背程序公正的行为，则有可能被仲裁机构和司法行政部门通报其所在单位，从而有可能带来后续相关的党纪政务处分措施。

五、商事仲裁程序正义的基本维度

根据前述分析，程序正义不仅是民事诉讼程序中的必然原则和必要要求，在包括仲裁裁决在内的任何纠纷解决过程中，都应当把程序正义的基本原则作为一以贯之的基本要求进行贯彻落实。例如，商事调解、和解、公证程序、行政复议程序等纠纷解决程序，均应坚持最基本的程序正义基本原则。因为程序正义或者程序公正，是指"游戏规则"层面的公正，无论纠纷解决的程序是何种程序，参与者对规则的尊重和坚守都是有效解决纠纷的前提和题中应有之义。笔者认为，商事仲裁程序正义应当包含程序效率、实质正义、社会公益、专业素养四个要素，分述如下。

（一）程序效率是商事仲裁程序正义的本质要求[①]

如前所述，当事人选择商事仲裁而非法院的司法审判，最主要的考量因素应该是仲裁作为纠纷解决方式的效率性与专业性。其中，效率性是几乎所有仲裁案件当事人最为看重的程序公正要素。如果仲裁程序与司法审判程序在效率上无异，仲裁案件的高收费、缺乏司法强制性保障的问题便会凸显。仲裁程序的效率是指无论是当事人还是仲裁机构、仲裁员，均应当以及时迅速快捷有效地解决纠纷为基本目的，不得妨碍或拖延仲裁程序的运行效率，更不得因过度追求所谓结果的实质公正而拖延仲裁程序。

当前我国商事仲裁实践中，部分当事人自知仲裁裁决结果对自己不

---

① 参见牛正浩、刘允霞：《虚假仲裁规制与案外人权利保障》，载《法律适用》2020年第17期。

利,为防止生效仲裁裁决强制执行造成已方的财产被剥夺,便在仲裁程序中百般拖延,例如,反复提出调查取证的申请、滥用仲裁案件中的保全程序、在没有必要的情况下反复向仲裁机构申请延长举证期限等,都有悖仲裁程序正义效率的要求。另外,仲裁的效率性原则还要求仲裁机构的工作人员、仲裁员及时有效地处理仲裁案件,不应因为仲裁案件受理较多便降低处理仲裁案件的效率。事实上,部分发达地区仲裁机构受案量呈现逐年飙升的趋势,但仲裁机构的工作人员数量、仲裁员的人数没有随之扩容,导致仲裁案件的审理效率一定程度上反而不如法院的司法审判程序。因为司法审判程序中,法院受到民事程序法的时限要求,不会过度拖延案件的审理过程;而仲裁程序中,由于当前大多数仲裁规则并不会对仲裁案件的审理结案提出明确的时限要求,且仲裁审理时限往往有赖于各方当事人和仲裁机构之间的协商确定,所以在这种情况下,部分仲裁案件的审理期限往往会呈现过长的局面,不利于当事人实体民事权益的及时救济和保障,使仲裁裁决的公信力及仲裁作为纠纷解决重要途径的公定力受到减损。提升仲裁的效率是实现程序公正的必然要求。一方面,仲裁的效率依赖仲裁机构的高效运行、仲裁员的高效履职;另一方面,仲裁的效率提升亦有赖于当事人之间的协调、理解和配合。各方当事人无故拖延仲裁程序同样无益于仲裁整体化解纠纷效率的提升。只有仲裁机构、仲裁员、仲裁当事人三方共同努力,才能最大限度地促进仲裁效率的有效提升。然而,当前我国仲裁法、司法解释和相关主要仲裁机构的仲裁规则并未对当事人促进仲裁的义务进行明确规定,这就导致部分当事人滥用仲裁程序从而拖延仲裁案件的审理过程,笔者认为,应当从制度建构层面对此问题及时加以研究分析。

(二)实质正义是仲裁程序正义的最终目标

无论程序多么公正,如果仲裁的裁决结果存在问题,实质性公正便难以实现,仲裁程序便是空转,没有起到任何社会治理效果。因此,从这个意义上说，在研究仲裁的程序正义事项时，也应当关注相关程序的运行对仲裁裁决结果实质正义的可能影响。实质正义应当理解为仲裁裁决的最终结论符合实体法的要求，同时兼顾各方当事人的利益和诉求主张。程序正义和实质正义二者在绝大多数情况下是相辅相成的，二者是相互促进、一体两翼的关系；而在个别情况下，程序正义的追求有可能会牺牲实质正义的基本要求。在此情况下，可能需要仲裁员运用利益衡量的基本原理，在形式逻辑与实质逻辑之间加以衡量并取得一个最佳平衡点。

例如，在大量的建设工程施工合同纠纷中，由于证据数量庞大，动辄几千上万页的相关施工单位结算凭据，在这种情况下，将全部事实均查清往往需要耗费巨大的时间和精力，但是否应将全部证据对应的事实情况均调查清楚，则需要考验仲裁员的智慧。在此情况下，或许仲裁员的思维要求其更加注重案件重要的要件事实的查明确认，只要将相关要件事实对应的证据查明无误，则通常仲裁裁决的实质正义是能够得到充分有效的保证的。这就需要借鉴和参考民事审判工作中法官对要件事实的把握角度和调查取证的方法，民商事仲裁和民事审判活动在这一点上是完全一致的。要件事实是指认定某些系争法律关系成就、阻却或消灭的民事实体法规定的关键事实，又称"主要事实"或"基本事实"，仲裁审理过程中，仲裁员应当引导仲裁案件的当事人围绕构成要件相关的事实和证据加以举证质证，从而保障案件的实质正确性与高效性的统一。

此外，仲裁案件争议焦点即"争点"的总结归纳正确与否，将很大程度上影响仲裁案件审查结果的实质公正性。在大量案件中，当事人存在"醉翁之意不在酒"的情况，其矛盾纠纷的真实争议焦点并非完全与仲裁案件的仲裁请求重合。例如，在R公司控制权系列纠纷案件中，当事人由于对某合资公司股权比例、合资期限产生争议，便向某仲裁机构提起仲裁，要求确认最初的合资协议效力。该案中，实际上双方的争议焦点不真正在于合资合同的效力问题，而是对公司的控制权问题。因此，仲裁员在审理该案的过程中，并未单纯针对合资合同效力径行予以确认裁决，而是尝试解决各方当事人背后的股权争端，从而实现矛盾纠纷的一揽子化解，保证案件审理的实质公正。笔者认为，从程序正义的角度而言，该案的处理过程以及仲裁员审理该案的逻辑和关注重点较为值得借鉴。

（三）社会公益是仲裁程序正义的应有之义

随着我国纠纷解决的社会化，仲裁程序成为社会成员高效解决相互之间矛盾纠纷的重要方式。部分学者和实务界人士认为，仲裁是各方当事人之间的事，仲裁员和仲裁机构也都源于当事人之间的意思自治，因此不涉及社会公共利益，笔者认为，这种理解是失之偏颇的。其根本原因在于，其一，仲裁的裁决结果并不是孤立于其他社会成员独立存在的，而是有可能对其他社会主体造成重大影响的；其二，我国的商事仲裁机构并非单纯的民间私营组织，而是大多由政府及其司法行政部门产生并加以监管。因此，在仲裁案件的审理过程中，程序公正自然应当包含对仲裁程序及仲裁裁决结果是否符合社会公共利益的要求。

仲裁程序和仲裁裁决结果符合公共利益，主要内涵应当包括两个方面：其一，虚假仲裁的防范。所谓虚假仲裁，一般是指各方当事人没有真正的案件矛盾纠纷，而是通过借助仲裁程序，炮制虚假仲裁裁决，用以逃废债务或对抗法院其他生效裁判文书的执行过程。虚假仲裁的泛滥将造成案外人财产权益的重大损害，也就是说有可能侵害社会公共利益。这里的公共利益是指不特定多数人的财产权益将有可能因虚假仲裁裁决结果的出炉而受到实质性影响，从而使其财产权益乃至人格权益受到不可逆转的损害，因此仲裁机构、仲裁员应当重点防范和关注虚假仲裁行为的发生。其二，对仲裁资源的高效利用。所谓对仲裁资源的高效利用，是指仲裁资源并非私人资源，而是国家通过行政机关和行政组织开办的公益性公共法律服务。仲裁的公共性也体现为仲裁机构的监督管理对象是司法行政机关的公共法律服务监管部门。国家在顶层设计上的上述布局体现了法律对于仲裁机构、仲裁活动公共性的实质肯定。这就对所有仲裁从业人员提出了明确要求，也就是说，作为一种重要的社会治理方式，仲裁程序的运行应当遵循最基本的比例原则，也就是治理资源与治理目标之间应当是相互成比例的关系，切忌"用大炮打蚊子"。在仲裁案件的办理过程中，仲裁机构应当提升仲裁各项程序运行的效率，着力完善仲裁程序的实质化程度，防止仲裁程序的空转，从维护社会公共利益的角度出发，最终推动实现仲裁的程序正义。

（四）专业素养是仲裁程序公正的特有要素

仲裁的专业性或者专业素养体现在以下三个方面：其一，仲裁庭受理案件的专业性。随着我国经济社会的不断发展，对新质生产力的提升和保障成为今后我国各项工作的重要目标。因此，为实现纠纷解决的新质生产力提升，仲裁机构的逐步专业化是其重要途径。当前，我国在知识产权、海事海商、证券金融等专业化程度较高的领域已经逐渐形成了专业化程度高、专门性程度较强的仲裁机构，对高效公正解决专业领域的纠纷案件起到较高的治理效果，后续其他专业领域的仲裁机构的设立依然有待于进一步深化改革，加强研究。其二，仲裁员身份的专业性。仲裁员除在特定的法律行业或领域中具备较为资深的经验外，往往是金融、建设工程、知识产权、海事海商等专业性较强的领域中具有丰富实操经验的专家学者。相对于法院的法官而言，这些专家学者资历对于专业性问题的分析判断把握更为准确。除专业知识和专业技能的领域中的专家外，当前我国商事仲裁员中往往包含了知名的法学专家学者，特别是顶尖法学院校中的资深专家教授，这一部分仲裁员在总体仲裁员数量中占有相当比例。法学专家教授学者群体大多参与过或正在参与我国重要法律规范的立法、法律解释、司法解释和规范性文件的制定过程，对法律制度的理解通常较为深入，能够协助当事人在法律框架范围内最大限度地维护其合法权益，这也是仲裁程序公正的专业性体现。其三，仲裁审理程序的专业性。当前仲裁程序特别是专业性案件的审理过程中，部分审理程序可以由各方当事人、仲裁员意思自治，相较于较为固定的民事诉讼程序而言，仲裁审理程序较为灵活且能够充分体现纠纷解决过程的专业性水平。也就是说，当事人可以灵活根据所涉专业的不同来选择不同的专业化审理程序，从而高效灵活地处理疑难仲裁案件。

六、商事仲裁实现程序正义的主要对策

根据前述商事仲裁程序正义的几个维度和内涵，我们可以知道，当前商事仲裁程序虽然绝大多数的案件处理过程符合程序正义的要求，但违背仲裁程序正义的案件和现象的确时有发生，这给仲裁制度的发展和完善带来了一定程度的不利影响。因此，仲裁员、律师和仲裁机构的工作人员应当从构建仲裁法律职业共同体的荣誉角度和商事仲裁程序公正的四个维度出发，尽最大可能实现商事仲裁的程序正义。

（一）提升商事仲裁案件审理效率

商事仲裁案件审理效率的提升需要从以下三个方面入手加以落实。首先，应当构建针对当事人滥用仲裁程序、拖延仲裁诉讼审理过程行为的识别与规制机制。对于当事人没有正当理由滥用调查取证等权利的行为，仲裁机构应当依法予以纠正和规制。司法行政机关可以通过设置全国性的仲裁规则示范规则的方式，明确仲裁当事人滥用仲裁程序的制裁与后果。例如，在适当的时机，学术界可以研究讨论对当事人无故拖延仲裁的行为予以罚款或收取额外的仲裁处理和受理费用，用经济学的手段对拖延仲裁的行为加以限制，从而减少并最终杜绝拖延仲裁的情况。另外，对于仲裁当事人较为严重的拖延仲裁程序、滥用仲裁权利的行为，可以研究制定相关规范，参考借鉴法院审理案件过程中的"证明妨碍"制度，将无故延期不举证或拖延举证过程的行为识别并认定为证明妨碍行为，以推定对方当事人主张成立或推定有利于对方当事人的事实为真实的方式，减少当事人对

于举证过程的迟滞与延误。

其次，在仲裁规则中应当及时加入仲裁案件审理期限的相关要求，这里的要求不仅是仲裁庭自受理案件至结案的审限要求，而且要明确各个审理程序环节细节性的程序要求，例如，举证的时限要求、证据保全的时限要求、财产保全的时限要求、作出裁决的时限要求等，从整体和部分两个角度提出要求，加强对仲裁时限的明确规范，尽量督促仲裁各程序参与方提升仲裁案件的审理效率。值得注意的是，鉴于当前仲裁案件拖延的情况较为普遍，法院在审理确认仲裁协议、确认仲裁裁决是否执行、撤销仲裁裁决等案件时可以考虑将严重拖延仲裁程序的情况作为严重程序违法的类型的一种，依法撤销严重拖延仲裁程序、超时仲裁的仲裁裁决书，从而形成示范效应，从末端加强对前端的治理。

最后，国家应当在适当时机研究适当加大仲裁机构和仲裁员队伍的建设力度。鉴于当前仲裁案件"案多人少"的现实困境和仲裁案件的审理效率普遍较低、仲裁员受案压力普遍较大的基本局面，国家应当从顶层设计入手，加强对仲裁活动的经费投入，改革优化仲裁机构的管理模式，增加仲裁机构的工作人员力量，扩增仲裁员名单，从上述角度将仲裁作为替代性纠纷解决的重要方式，降低仲裁员人均受案量。需要说明的是，降低仲裁员的人均受案量对仲裁员来说并非坏事，而是可以通过提高仲裁效率的方式，吸引优质仲裁案件选择相应的仲裁委员会。因为对仲裁机构的选择主要是当事人的意思自治，在这种情况下一旦某个特定的仲裁机构处理案件的效率具有显著优势，必然会吸引更多仲裁案件的当事人选择该仲裁机构作为争议解决的首要平台，因此仲裁效率的提升与仲裁员的收入、仲裁案件的审理质量三者之间是相互促进的良性循环关系，应当在今后的制度设置过程中予以着重考量。

（二）促进仲裁裁决实质正义的实现

仲裁裁决实质正义是程序公正的重要乃至唯一目标，失去仲裁的实质正义，仲裁程序的公正没有任何意义。因此，仲裁裁决的实质正义应当是包括仲裁机构工作人员、仲裁员和当事人在内的各方主体共同的追求。当前如何促进仲裁裁决的实质正义？需要各方共同配合，协同治理。

首先，仲裁裁决的实质正义应当作为仲裁员考评的重要标准之一。仲裁员适用法律错误导致仲裁裁决被不予执行或者被撤销的，或者因此受到当事人投诉的，应当对仲裁员的相关资质、执业范围、执业受案数量等方面进行限制，对于仲裁员的考评应当进行实质化考核。没有因仲裁法律适用错误产生不良影响的，可以对这样的优秀仲裁员加以鼓励或奖励。只有在考评机制上凸显实质公正的重要价值，鼓励仲裁机构和仲裁员对案件实体正义加以不懈追求，才能从根本上提升仲裁裁决的质量，促进仲裁裁决的实质正义实现。也就是说，仲裁员应当严格认真对待每一个仲裁案件，平等对待各方当事人，积极耐心听取当事人的合理诉求，从而实现案件的公平公正处理。

其次，仲裁案件实质正义的实现有赖于仲裁当事人所委托聘请律师的有效细致认真负责的代理工作。对仲裁案件的代理律师而言，应当认识到仲裁程序与民事诉讼程序的不同点，尊重当事人的意思自治和各项仲裁权利，凸显当事人的仲裁主体地位。因此，仲裁案件的代理律师应当更为审慎地处理仲裁证据，以协商性纠纷解决为主要目标来与对方当事人和律师沟通，科学准确归纳争议焦点，争取在仲裁程序中实现矛盾纠纷的实质性化解，而不能因缺乏有效制裁的手段，单纯为了自身的利益，掩饰隐瞒相应关键证据，误导仲裁庭作出错误裁决。如果仲裁实质正义无法得以保障，作为委托人的当事人的实体权益将难以得到维护和保障，因此在这种情况下律师的代理效果也难以称为良好。此外，作为仲裁案件的代理人，律师应当着重促进当事人之间矛盾纠纷的化解，在调解或和解更有利于当事人实现商业目标与诉求的情况下，可以积极建议当事人采用替代性纠纷解决的方式方法妥善化解矛盾争议，避免形成多年陈年积案。

最后，对仲裁机构而言，仲裁机构可以借鉴北京仲裁委员会、深圳仲裁委员会的先进经验，不定期进行仲裁裁决合法性和质量标准的评查，不以当事人投诉或举报为转移。也就是说，仲裁机构在每年度可以抽取一部分仲裁文书加以评价，分析其中存在的实质正义方面的相关问题，并进行适当的梳理总结，在今后年度作为重点改进改良的工作方向。

（三）着重推进民商事仲裁符合社会公共利益要求

2024年2月，广东省高级人民法院发布仲裁司法审查典型案例，其中案例第10号虚假仲裁裁决不予执行的案件系我国首例明确规定民商事仲裁需要符合社会公共利益的案例。通过案外人黄某申请不予执行仲裁裁决案[①]，法院对此类案件的裁判要旨和主要的司法政策予以明确，即依法不予执行虚假仲裁裁决，维护社会公共秩序。该案中，广州市中级人民法院认为，当事人龙某在明知生效民事判决已经撤销其将案涉房屋转让给其父的行为的情况下，又签订仲裁协议并提出案涉房屋确权的仲裁申请，属于虚构法律关系，恶意申请仲裁。案涉仲裁裁决结果错误，损害了案外人黄某的合法权益，故裁定不予执行该仲裁裁决。随后，广东省高级人民法院认为广州市中级人民法院裁定不予执行该仲裁裁决符合最高人民法院《关于人民法院办理仲裁裁决执行案件若干问题的规定》，故驳回复议申请。

仲裁案件当事人之间存在虚构法律关系、捏造案件事实进行虚假仲裁的情形，是支持案外人申请不予执行仲裁裁决的条件之一，也是仲裁司法审查的难点。该案中，法院结合案外人的举证，对仲裁当事人之间的法律关系、资金流转状况、债权债务等情况进行充分审查，认定仲裁当事人之间存在虚构法律关系、捏造案件事实进行虚假仲裁的情形，依法保护案外人的合法权益，维护仲裁秩序。

[①] 参见广东省高级人民法院：《以案释法 | 广东高院发布首批仲裁司法审查典型案例》，载汕头仲裁委员会网2024年2月28日，https：//www.shantou.gov.cn/stszcwyh/zcal/content/post_2310445.html。

在另一虚假仲裁监督案①中，广州市白云区人民检察院认为，当事人并非竹三村幼儿园的员工，另一当事人无双份职责且其工资正常领取，两人虚构与竹三村幼儿园的劳动争议纠纷申请劳动仲裁，意图侵吞国有财产。2020年6月11日，检察机关向广州市白云区仲裁委发出检察建议书，建议撤销该两份仲裁裁决书。2020年6月17日，广州市白云区仲裁委作出仲裁决定，撤销该两份仲裁裁决；2020年7月28日重新作出仲裁裁决，以当事人与竹三村幼儿园不存在劳动关系、不予采信欠资主张为由，驳回仲裁请求。广州市白云区仲裁委以此案为契机，专门组织仲裁员培训，防范虚假劳动仲裁案件，要求在案件受理时向证据材料单一的劳动者发放相关通知及提示，提醒劳动者补充相关证据，切勿虚构劳动关系、伪造证据。2020年11月16日，广州市白云区人民检察院与区委政法委、区人民法院、区公安分局联合签署了《白云区健全防范和打击虚假诉讼长效机制的实施意见》，强化对虚假诉讼的监督。

虚假仲裁行为损害了司法审判和仲裁裁决的程序公正。因此，对虚假仲裁，检察机关应积极履职，集多方力量实现多点监督。近年来，部分当事人恶意串通，通过虚构劳动关系，伪造劳动合同、工资欠条等方式提请劳动仲裁，并申请法院强制执行，以达到获取非法利益、转移财产、逃避债务等目的。部分劳动仲裁机构未对案件事实和证据进行充分审查，导致虚假仲裁频发。检察机关应坚持积极履职，加强与劳动仲裁机构及其主管部门的沟通协作，重点审查是否存在虚假仲裁行为，形成防范惩治虚假仲裁合力。上述案例中，广州市白云区人民检察院依托与白云区人力资源和社会保障局会签的规范性文件，充分运用调阅卷宗、询问当事人和有关证人等调查核实措施，促使劳动人事争议仲裁委在撤销了原裁决的同时开展源头治理，提高甄别、规制虚假仲裁的意识和能力。另外，对于申请执行虚假劳动仲裁裁决的民事执行案件，检察机关及时建议法院终结执行，避

---

① 参见《广东省人民检察院公布入选最高人民检察院典型案例的3件典型案例》，载搜狐网2023年11月21日，https：//www.sohu.com/a/738097728_222493。

免国有财产遭受损失。对当事人参与制造虚假劳动仲裁的违法犯罪线索依法进行移送，相关人员被以虚假诉讼罪追究刑事责任，切实做到了多点监督。

本章小结

程序正义对商事仲裁的公信力和生命力有至关重要的意义和价值。在民事诉讼审判和商事仲裁的不同语境下，程序正义的内涵、外延和重点内容具有一定程度的相似性和多样性，应当重点予以区分把握。作为商事仲裁业务的从业人员，无论是仲裁机构的工作人员，抑或仲裁员、仲裁业务的代理律师，都应当从不同角度出发，为维护民商事仲裁的程序正义作出自身应有的贡献。

第九章

法律效果

　　仲裁制度的法律效果是仲裁裁决的生命线，也是仲裁裁决政治效果和社会效果的前提与基础。离开法律效果，仲裁裁决乃至仲裁制度便丧失了存在的价值基础。因此，在仲裁实务工作中，各方仲裁从业者应当从实质正义和程序正义的角度出发，依法公正审理仲裁案件，在保障公平的前提下，尽可能做到效率优先、平等保护，并提升仲裁裁决程序的透明度、构建"仲裁—调解"对接机制，以期最大限度化解社会矛盾纠纷，实现仲裁制度法律效果与政治效果、社会效果的有机统一。

一、概述

　　著名法学家、最高人民法院原副院长李国光认为，判决的法律效果是法官依法审判，即严格适用法律来维护法律的尊严，保证法律得到一体的遵循和适用；判决的社会效果则是通过判决来实现正义、效率、自由、秩序、人权等法的价值的效果。江国华认为，法律效果的含义有三，即法律规则之实现，法律原则之实现，法律目的之实现；社会效果的含义有三，即当事人息诉服判，判决获得公众普遍认同，判决有利于扬善抑恶。①

法律效果与社会效果相统一是中国的一项司法政策，这项政策要求法官在司法过程中既关注法律的实现程度，同时不能忽略审判在社会生活中的可接受度。我国的民事审判即体现了对社会效果的重视：一方面，法律不可避免地存在局限性、滞后性和非完善性；另一方面，司法也不可能完全脱离社会，不能免于受到公共意见的影响，尤其是在我国这样一个法律制度还不够完善、司法的公信力还不够高的国家中，社会效果的重要性更加凸显。

关注判决的社会效果将导致一种后果主义的思维方式，这一思维方式确有其存在的合理性。因为现有的法律体系为司法裁判留下了不可避免的裁量空间，后果主义的确在一定程度上能够协助法官应对疑难案件。但需要注意的是，对社会效果的关注以及后果主义的思维方式不能被任意地放大和普遍化。社会效果本身就是一个极为模糊和宽泛的概念，在实践中缺乏相应的界定标准，以至于实践中法官往往根据自己的偏好和判断为之，长此以往就可能助长司法专横。如果在任何案件中法官动辄以后果来替代或规避法律，以社会效果为由抛弃法律效果，将会导致一种司法裁判中的法律虚无主义，最终危及裁判的合法性并进而危害法治社会的建设。因此，社会效果必须受到法律框架的制约，法官必须在法律的框架内谋求最佳的社会效果。

陈金钊教授也指出："法律人思维过程中的法律因素越来越少，这不是说法律的数量在减少，而是讲，在法律思维过程中决定法律人判断的法外因素在增多。在法律因素与其他因素的较量中，法律的地位被矮化，规范作用在减弱。"② 在这样一种背景下，对于法律效果的重视就显得弥足珍贵。相较于关注社会效果的民事审判，商事仲裁更加追求裁决的法律效果。下文将从平等保护和效率优先两方面进行论述。

---

① 参见江国华：《司法规律层次论》，载《中国法学》2016 年第 1 期。
② 参见陈金钊：《作为法治原则之法律的体系性》，载《济南大学学报（社会科学版）》2024 年第 1 期。

二、平等保护

(一) 民商事审判中的倾斜性保护及其正当性

法律面前人人平等是法律的基本原则之一，这一原则强调每个人不论社会地位、财富、性别、种族等因素如何，都应在法律面前享有平等的权利并受到平等的对待。从司法的角度来看，它要求裁判者在全面了解和掌握冲突事实前，不对冲突及其解决方式形成先验的结论或倾向；对冲突主体各方的请求或主张予以相同的重视，不对任何一方当事人有歧视或偏爱。

然而在这一原则的基础上，我国民法体系中又普遍存在倾斜性保护的现象。如民法关于格式条款的规定就考虑了合同双方的强弱关系，关于安全保障义务的规定调整大型组织与个体之间的强弱关系。还有学者将劳动法、消费者保护法视为特别民法。劳动法基于劳动者"弱者"的身份认定，通过对失衡的劳动关系作出必要的矫正，以此缓和实质上的不平等、不自由。《九民纪要》中也体现了司法对于金融消费者的倾斜性保护："会议认为，在审理金融产品发行人、销售者以及金融服务提供者（以下简称卖方机构）与金融消费者之间因销售各类高风险等级金融产品和为金融消费者参与高风险等级投资活动提供服务而引发的民商事案件中，必须坚持'卖者尽责、买者自负'原则，将金融消费者是否充分了解相关金融产品、投资活动的性质及风险并在此基础上作出自主决定作为应当查明的案件基本事实，依法保护金融消费者的合法权益，规范卖方机构的经营行为，推动形成公开、公平、公正的市场环境和市场秩序。"尽管从表面上看，这种倾斜性保护的做法与法律面前人人平等的原则是相互冲突的，但实际上二者相辅相成。司法对弱势群体的倾斜性保护并不违反司法的中立；相反，对弱势群体的倾斜性保护是实质公正的要求，也是平等保护原则的必要补充。

法律层面的弱势群体实质是一种权利上的弱势，具有得不到权利保障的共性。其在权利层面上的弱势主要体现在两个方面：一是权利分配的弱势地位，二是权利实现的困难处境。恩格斯曾以辩护权为例，指出了诉讼权利受经济条件制约的情况：富人请得起需要支付高额报酬的好律师，而穷人却不可能做到。即使由法庭为穷人指定律师，这样的律师也极有可能是既无名气又无能力的，最终的裁决结果是不利于穷人的。经济、知识等资源的占有情况显然对诉权的实现有至关重要的影响。在这一背景下，民商事审判强调平衡当事人之间的利益，考虑当事人之间风险和责任承担能力的差别以及裁判结果对当事人的影响，从而进行倾斜性保护，体现出维护社会公平的价值取向。曾有观点认为，对弱者的倾斜性保护应当限定在立法之上，司法中则应保持克制且坚守平等。但实践中立法上倾斜保护的理念必然会对法官的价值观念、意识形态产生影响，进而反馈在具体的案件处理中。倾斜性保护是现实存在于民事审判中的。

（二）商事仲裁倾向于平等保护

民事审判中倾向于对弱势群体作出倾斜性保护，以实现实质正义。然而在商事仲裁中，这种倾斜被极大地淡化。原因一方面在于商事仲裁的当事人不同于民事案件，其通常为具有经商能力和经验的商业实体，它们更加理性和成熟。因此商事主体在商事活动中应风险自担、责任自负。法律假设商事主体均有当然的风险预测能力、风险控制能力、风险承担能力。责任自负是推定当事人具有专业的判断能力、当然的注意义务、对等的交易能力。此外，商事活动是自由的市场活动，商事主体之间的交易普遍基于双方之间的商业契约，且这些契约通常经过了双方当事人严密的谈判和协商，体现出双方商事主体的真实意思表示。因此，在商事仲裁中，仲裁庭更加注重平等保护当事人的商业自由和商业利益，而不会轻易地干涉商业自由和合同自由的原则。

三、效率优先

在实现法律效果方面,效率是非常重要的一个因素。如果法律适用的程序太过烦琐复杂,那么法律的效果就会大打折扣,无法良好地实现对公民权利的保护以及对社会秩序的维护。商事仲裁的程序相对于民事审判程序通常更加快速和高效。商事仲裁的程序相对简便,通常只需要少量的书面材料和几次庭审就可以完成。相比之下,民事诉讼的程序更加复杂,需要耗费大量的时间和精力。商事仲裁程序相对于民事诉讼也更加灵活,可以根据当事人的具体情况进行调整,从而更快地解决争议。

商事仲裁强调效率优先,一方面,是因为商事主体对争议解决的效率提出了更高的要求;另一方面,商事仲裁对效率的追求也是商事仲裁管辖权范围有限的结果。商事仲裁中,仲裁庭的权力源于双方的委托,法律认可的权力范围也只限于双方,不能像法院一样,通过追加第三人的方式将案外人加入诉讼,查明与案涉争议相关的所有事实,着眼于案内案外的所有利益相关方作出裁判;而只能立足于双方当事人之间,在双方当事人之间的权利义务责任的层面上作出裁决。以一个设备买卖合同纠纷为例,申请人是买方,被申请人是卖方。一开始,是案外人 A 与被申请人签订的买卖合同,A 是买方,被申请人是卖方。接着,A 将买卖合同概括转让给 B;再接着,申请人、被申请人、B 签订三方协议,约定 B 将买卖合同概括转让给申请人;同时,申请人和被申请人据此另行签订了案涉买卖合同。被申请人在答辩时主张,申请人、被申请人、B 签订三方协议,约定 B 将买卖合同概括转让给申请人,未经 A 的确认,A 作为债权人没有事先通知被申请人,A 要将 A 与被申请人签订的买卖合同概括转让给 B,三方协议不具有债权转让的效力,申请人和被申请人据此另行签订的案涉买卖合同也就没有约束力。针对这个案例,按照效率优先的原则,被申请人既然已经签订了三方协议,就无权再提出这些抗辩。至于三方协议是否损害了 A 的利益，可以由相关主体另行救济。

相对来讲，诉讼思维侧重于公平优先或者兼顾效益与公平，强调实质公平，避免利益失衡。例如，刘贵祥指出："为保障交易简便迅捷、维护交易安全，民商事审判更加强调外观主义，更加强调尊重当事人的意思自治。但强调效率不意味着'效率优先'，没有公正，也就不可能实现所谓的效率。"这也是"辩证司法"的体现。此处强调商事仲裁相比于民事审判更注重效率，其所关注的是商事仲裁一裁终局的制度安排以及仲裁程序的便捷，以及民事审判在公正与效率两大原则上对公正的倾斜。但从其他角度考虑，民事审判相比于商事仲裁反而可能表现出更强烈的对于高效结案的要求。在避免错案的基础上，法官以高效结案为首要任务，结案率是评价法官办案的重要指标之一。追求效率就是要尽量降低个案占用时间，即如何用最短的庭审时间获取案件的所有信息。高效、精要是法官的职业偏好。也正是出于对高效结案的强烈追求，庭审中法官往往会打断律师的长篇大论。对于律师来说，这是当事人眼中负责、卖力的表现，但对于法官来说是"讲不到点子上"。司法实践中常有法官会对律师庭后提交的代理词篇幅提出要求，不能太长；甚至会有法庭对律师在法庭辩论中的发言时间作出明确的限制，均是对庭审效率追求的体现。

在我国四级法院制度安排之下，这种高效结案的追求更为明显地体现在基层法院中。相比于其他层级的法院，基层法院的案件数量压力最大、梳理案件事实的任务最重、律师委托率最低、发改率的威胁最大。在这种背景下，法官不可能把极其稀缺的工作时间花在塑造精品案例上，而是高度关注结案数、结案率以及错案率。而相对来讲，仲裁庭对律师发言长短持更为宽容的态度。仲裁员的这种包容度有两方面的原因：一方面，从制度上讲，仲裁员没有"结案率"的考核指标，因此有相对于法官更为优裕的办案时间和心态。同时，仲裁通常也不存在案多人少的问题，不需要通过压缩庭审时间实现绩效的提升。另一方面，仲裁员的营收和仲裁案件的数量正相关，对于仲裁员来说，仲裁案件多多益善。若仲裁的"服务"不好就会赶走案件，市场会用脚投票。从这个意义上讲，仲裁庭和仲裁员受市场机制控制。

商事仲裁注重效率，但并不意味着商事仲裁完全不考虑公平原则。商事仲裁同样需要在公正、公平、公开的原则下进行，仲裁庭也会根据事实与证据的查明情况兼顾公平原则。下文的案例即体现出仲裁庭在裁判中对公平原则的考虑。

在某绿色生态俱乐部合同仲裁案①中，申请人一方是 80 多岁的老人，其义务是每年支付一定的会员购置费，在会员费额度内可以在俱乐部消费。该案特殊之处在于，申请人作为合同的一方，已近耄耋之年，被申请人利用申请人支持绿色生态经济的社会责任感，与申请人签订了该案合同，却逾期违约且下落不明，致使申请人产生损失，辜负了申请人的一片热心。根据《老年人权益保障法》的相关规定，国家保障老年人依法享有的权益，全社会应当敬老、养老、助老，被申请人不仅没有遵循法律的倡议帮扶老年人，反而违约导致申请人损失了积蓄。因此，仲裁庭对被申请人这种全面违约、侵害老年人权益的行为予以谴责。仲裁庭希望以该案的裁决，让申请人感受到法律的威严和对老年人权益的保障，社会的公平正义必将得到维护。

在申请人 G 公司与被申请人 W、C 某投资合同纠纷仲裁案②中，2022 年 2 月 17 日，被申请人 W 通过号码为×××的手机接收到 S 仲裁委员会电子送达的仲裁通知书及相关仲裁资料，得知其作为第一被申请人，被 G 公司提起权益转让合同纠纷仲裁申请。申请人认为，该案本质上属于一起持续多年的合同诈骗案件的一个环节，申请人和配偶对于案涉合同等文件自始一无所知，绝大多数签名均确系伪造冒签，根本不存在任何真实有效的仲裁意思表示或仲裁协议，申请人紧急恳请仲裁委依法查明事实真相，

---

① 参见《老年人投资理财产品被骗，京云律师帮助维权》，载京云律师事务所网 2022 年 4 月 12 日，http：//www.yunelaw.com/case/1709。

② 参见深圳国际仲裁委员会裁决书，（2022）深国仲受 6653 号。

驳回 G 公司的仲裁申请，依法作出撤销案件决定。S 仲裁委员会在受案后，并未因该案 W 为自然人而选择倾向于保护自然人，其主要理由为，商事仲裁主体均具备一定的市场经验和相关领域的专业知识，因此不应当对自然人加以倾斜保护，而是应当平等保障各方当事人的合法权益。但该案中由于申请人 G 公司存在私刻公章、伪造证据等违法违规情形，故 S 仲裁委员会依法驳回 G 公司全部仲裁请求，并将相关犯罪线索移送 S 地区公安机关立案侦查。笔者认为，仲裁委员会作为受理以商事争议纠纷为主要案件类型的仲裁机构，作出的相关平等保护认定无可非议。只有在平等保护各方当事人的合法权益的前提条件下，仲裁委员会才能基于公平公正的预设，对该案中的相关事实疑点进行调查分析，最终发现 G 公司的有关违法犯罪行为。商事法律制度与民事法律制度相比的平等性在该案中得到充分体现。

仲裁过程中的平等保护更加强调机构和个人平等意义的风险自担的商事原则。例如，在申请人 M、J 与 Z 公司投资合同纠纷案[①]中，2022 年 12 月，申请人 M 女士与作为发行人的被申请人一 Y 公司、作为受托管理人的被申请人二 Z 公司三方签署《资产收益权计划认购协议》，认购产品为相关资产收益权计划，认购金额为 600 万元。认购协议第 1 条约定，产品期限为 12 个月，预期收益率为 9.2%，收益计算方式为按日计算收益，不计复利，收益支付方式为：发行人自产品成立起每半年度支付一次预期收益，到期一次性回购本应收账款收益权和支付剩余预期收益。随后，被申请人一 Y 公司向 M 女士出具了认购确认函，后相关资产收益权计划出现违约的情况。B 仲裁委员会认为，M 女士与 Y 公司、Z 公司的合同合法有效，各方构成投资关系。M 女士主张该案案涉法律关系为民间借贷法律关系，应当根据合同约定，支付本金和利息，但被仲裁庭驳回。仲裁庭认为，该案中各方之间是基于投资获取收益的目的，对利息予以明确规定且

---

① 参见北京仲裁委员会裁决书，（2023）京仲案字第 06325 号。

高于民间借贷的一般市场利率。在此情况下，M 女士应当作为金融投资者，而 Y 公司、Z 公司作为投资产品的发行者和受托管理者，三者之间是投资法律关系。作为投资法律关系的各方主体，对于投资的风险特别是有可能损失本金的风险应当做到明确知悉，且 M 女士作为合格投资者，对于案涉投资活动的风险应当具备一定程度的了解。因此，各方在法律关系上是平等的，各方应当受到法律的平等保护。

从上述典型案例的审理经过可以看出，仲裁庭通常不会因当事人是自然人或者个体投资者而对其遭受的损失进行倾斜保护，而是将各方仲裁当事人作为具备较高理性和知识技能的市场主体加以平等对待和保护。实际上这也是仲裁法的核心要义之一，即只有对商事主体进行平等保护，才有可能贯彻市场经济的基本原则，尊重市场经济的基本规律，即风险自担、意思自治。作为仲裁员，在审理仲裁案件时，应当将目光和争议焦点集中于案涉法律关系本身，尽量减少各方当事人的身份、地位、能力对仲裁裁决结果的影响，不宜因为案涉仲裁主体是央企、国企就予以"特别优待"，也不能因为案涉主体系自然人就当然地予以没有事实和法律根据的倾斜保护，否则不利于仲裁制度的完善和发展。

四、法律效果强调仲裁裁决对于社会公序良俗的维护

社会公共利益审查也表述为公共政策审查，是一国仲裁司法审查制度的"底线"，也是一国司法政策的体现，旨在维护国家根本利益，为各国仲裁法以及联合国《承认及执行外国仲裁裁决公约》所认可，其关于可以拒绝承认与执行仲裁裁决的第 5 条第 2 款专门规定如下："二、倘声请承认及执行地所在国之主管机关认定有下列情形之一，亦得拒不承认及执行仲裁裁决：（甲）依该国法律，争议事项系不能以仲裁解决者；（乙）承认或执行裁决有违该国公共政策者。"

"有违该国公共政策"与我国《仲裁法》第 58 条第 3 款中的"违背社

会公共利益"是同一意思表示,且该条款的适用是"承认及执行地所在国之主管机关认定"即可,并不以当事人是否主张为限。

我国是《承认及执行外国仲裁裁决公约》的170多个成员国之一,无论在我国还是在其他任何一个司法主权国家,社会公共利益审查都是仲裁司法审查中当地法院可以主动行使的司法审查权,是一国维护自身法治统一、维护社会公认的公序良俗等重大社会价值的重要方式。

就社会公共利益的相关认定标准而言,社会公共利益审查不仅维护着我国的基本制度、社会的根本利益和善良风俗,还兼有防止"私益"抢占"公益"的利益平衡功能。社会公共利益通常是指关涉重大利益、基本政策、道德的基本观念或法律的基本原则等事项。在仲裁司法审查领域,社会公共利益不是静止的概念,而是一个由法院统一认定调整的、与时俱进的动态概念。

为保障司法审查中对社会公共利益认定标准的统一,最高人民法院《关于仲裁司法审查案件报核问题的有关规定》规定国内仲裁司法审查案件中,凡是拟以"违背社会公共利益"为由撤销的案件,均要报核至最高人民法院审查决定,体现了法院对社会公共利益审查的高度重视。司法实践中对"公共利益"的审查主要基于两个焦点,即"公共性"和"根本性"。"公共性"指以社会公众为利益主体、涉及整个国家、社会层级的政治、法律、经济、文化、道德等方面的共同利益,体现公共利益的表面要件。"根本性"指公共利益要反映的是"国家或社会的重大利益或者法律和道德的基本原则",体现公共利益的实质要件。只有同时具备二者的要素,才构成违反社会公共利益。

在著名的中国黄金集团有限公司申请撤销仲裁裁决案[①]中,法院即以"违反社会公共利益"为由撤销裁决。法院在该案中认定:(1)生效刑事判决认定李某与中国黄金集团有限公司工作人员恶意串通的情形,根据签

---

① 参见北京市第四中级人民法院民事裁定书,(2021)京04民特383号。

约时的法律规定，恶意串通，损害国家、集体或者第三人利益的民事法律行为无效，法律关于恶意串通行为无效的规定构成效力性强制性规定。（2）尽管仲裁庭有权独立判断合同效力，但在生效刑事判决已经认定合同存在以行贿行为表现的恶意串通情形并实际损害国家利益的情况下，仲裁庭仍然作出"合同不违反法律、行政法规的强制性规定""合法有效"的裁决结果，不仅与生效判决相悖，而且使法律强制性规定的规制目的落空。仲裁庭漠视生效裁判对行为性质的判断，无视效力性强制性规定的裁决结果，违反了法律的基本原则。

最高人民法院2022年12月27日发布的首批针对仲裁司法审查的指导性案例中，第199号指导性案例——高哲宇与深圳市云丝路创新发展基金企业、李斌申请撤销仲裁裁决案的裁判要点为"仲裁裁决……违反了国家对虚拟货币金融监管的规定，违背了社会公共利益，人民法院应当裁定撤销"。其中，法院认定的违背社会公共利益情形即违背行政规章和规范性文件层面的金融监管政策，明确认定违反的"文件"包括《关于防范比特币风险的通知》（银发〔2013〕289号）以及《关于防范代币发行融资风险的公告》。法院认为"上述文件实质上禁止了比特币的兑付、交易及流通，炒作比特币等行为涉嫌从事非法金融活动，扰乱金融秩序，影响金融稳定。涉案裁决……与上述文件精神不符，违背了社会公共利益，该仲裁裁决应予撤销"。

五、"三个效果"有机统一的重要性

民事司法审判活动中，法院强调"政治效果、法律效果和社会效果"的统一。根据司法实务界人士的观点，"三个效果"中政治效果是前提和根本，脱离了政治效果，损害了政权稳定、制度安全，法律效果、社会效果就失去了存在的基础。政治效果就是要在以习近平同志为核心的党中央坚强领导下，同党中央保持高度一致，深刻领悟"两个确立"的决定性意义，增强"四个意识"、坚定"四个自信"、做到"两个维护"。具体到司法裁判中，法官要牢牢把握人民法院政治机关的属性，在法律适用上时刻与党的路线方针政策保持高度一致。①

前已述及，法律效果是指司法活动遵守法律的实体规定和程序规定。首先，法律是司法裁判的实体依据。如《民法典》第 10 条规定："处理民事纠纷，应当依照法律；法律没有规定的，可以适用习惯，但是不得违背公序良俗。"法律是司法裁判的实体依据，这就意味着司法裁判应符合形式理性，司法人员不得脱法裁判；同时意味着类案应当同判。其次，司法活动要遵守法定程序，"法律效果"体现在司法活动的程序正义中。② 也就是说，法律效果源于裁判对实体法的遵从和对程序法的遵守。

社会效果是指社会公众对司法过程和结论的认同，司法裁判符合普通人的价值观和朴素正义感，社会公众能够感受到司法的人文关怀和司法的温度。从裁判路径而言，"社会效果"要求司法裁判体现实质理性。社会效果侧重于实现法律价值和目的，强调在法律适用中把社会利益、社会价值作为重要因素进行必要的判断和衡量。③ "三个效果"的有机统一是法院审理民事诉讼案件的基本司法政策理念和逻辑遵循。仲裁程序作为国家法治体系和多元化纠纷解决机制的重要一环，亦应当做到政治效果、法律效果和社会效果的有机统一。其原因有三：

首先，仲裁裁决的强制执行效力源于法院司法审判权和执行权的保障。对大多数仲裁裁决而言，当前在实践中，当事人的仲裁自觉自愿履行率通常较低，大多数情况下需要法院对生效仲裁裁决加以强制执行，在此情况下，仲裁裁决结果成为强制执行案件的重要执行名义和执行依据。如

---

① 参见陈坚：《树立正确司法裁判思维努力实现"三个效果"的有机统一》，载中国法院网 2023 年 1 月 12 日，https：//www.chinacourt.org/article/detail/2023/01/id/7098330.shtml。
② 参见胡田野：《论"三个效果"有机统一的司法理念与裁判方法》，载《中国应用法学》2022 年第 3 期。
③ 参见胡田野：《论"三个效果"有机统一的司法理念与裁判方法》，载《中国应用法学》2022 年第 3 期。

果仲裁裁决本身难以做到政治效果、法律效果和社会效果的有机统一，必然带来的后果是后续的民事审判与执行活动难以做到"三个效果"的有机统一，必然会对民事审判和执行活动特别是民事执行活动的执行到位率等问题带来严重影响。值得注意的是，"三个效果"的统一并不必然等于仲裁结果符合社会公共利益，表面上符合社会公共利益的仲裁裁决结果也有可能不满足"三个效果"的统一，二者是并列关系。① 因此，部分学者关于"三个效果"的统一等于社会公共利益或公共秩序的判断，相对而言值得商榷。如果某仲裁裁决结果单纯只是注重法律效果而忽视了对社会现实的关切，表面上是没有任何法律问题的，但是在实际执行过程中，法院通常囿于案件事实难以全面掌握的现实处境，难以对仲裁裁决是否存在隐性的短板进行深入分析探究，据此造成的影响可能是"捡了芝麻，丢了西瓜"，"执行一案，信访一片"。

其次，"三个效果"的有机统一是提升仲裁裁决质量的不二法门。仲裁裁决的质量体现为仲裁裁决结果的可接受性，这里的"可接受性"，一方面，是指仲裁案件当事人对仲裁结果的接受程度，是否会大面积存在针对生效的仲裁裁决结果申请撤销仲裁、不予执行仲裁或者逃避仲裁的执行行为。作为仲裁员，在仲裁案件时适当关注裁决结果对当事人今后生产生活的可能影响，善意文明地帮助当事人解决纠纷的同时，尽可能降低仲裁案件对当事人正常生产经营秩序的干扰，这就是实现法律效果与政治效果、社会效果相统一的最佳路径。不能"事不关己、高高挂起"，不顾及裁决结果作出后当事人的反应和评价，这样当事人对仲裁结果的接受程度才能尽可能提升，仲裁裁决乃至仲裁制度化解纠纷的质量才有可能得到保障。另一方面，除当事人本身对仲裁裁决结果的评价和可接受性外，社会公众对仲裁裁决结果的可接受性也是影响仲裁制度公信力和仲裁裁决质量的重要因素。虽然基于仲裁裁决过程和裁决结果的保密性，社会公众通常

---

① 参见潘剑锋、牛正浩：《构建专家法律意见书裁量采纳机制的思考——基于全国法院1418件裁判文书实证分析与比较法研究》，载《理论学刊》2020年第3期。

难以掌握部分仲裁案件结果的具体文书，但是不排除部分热点重点或争议性较高的仲裁案件当事人选择主动将仲裁裁决公开甚至诉诸媒体进行舆论监督。近年来，随着互联网自媒体的发展，当事人的维权意识逐渐增强，如果仲裁裁决结果只聚焦于仲裁的法律效果而忽视了政治效果和社会效果，则有可能引发公共负面舆情事件，致使仲裁的公信力受到损害。因此，基于上述两方面原因，仲裁庭在审理仲裁案件时应当做到"三个效果"的有机统一，以维护仲裁裁决的质量和可接受性。

最后，仲裁裁决实现"三个效果"的有机统一是仲裁机构作为社会公共法律服务机构、践行通过法治服务社会义务的必然要求。我国的商事仲裁机构并非私人开设运营的私主体，而是按照地域、行业等不同属性划分形成的具有公共法律服务职能定位属性的公共事务主体。根据我国司法行政机关对仲裁行业的指导和发展定位，仲裁活动和仲裁业务归我国司法部公共法律服务局指导监督。因此，同其他国家不同，我国商事仲裁机构和仲裁活动并非单纯私人属性，而是不可避免地带有一定程度的"公共法律服务"色彩，这也是我国仲裁活动的鲜明底色和独特优势。因此，作为公共法律服务机构的仲裁委员会或者其他仲裁机构或组织，不能将盈利作为唯一的运营目的，还需要兼顾对社会的公共法律服务，即通过纠纷的多元化解引导倡议社会公众对知法守法的推崇，即所谓的"法治宣传教育"功能定位。因此，基于仲裁机构和仲裁活动的上述特性，仲裁员在开展仲裁活动时必须将仲裁活动与党和国家的大政方针保持一致，自觉用习近平法治思想武装头脑，做到公共法律服务不缺位、社会治理功能不缺席。

在仲裁活动中，努力实现仲裁的法律效果与政治效果、社会效果有机统一的重要意义已得到我国中央人民政府部门、各地仲裁委员会和仲裁员的广泛认可。例如，人力资源和社会保障部便公开发文要求，仲裁员和仲裁活动应当"树立大局意识，牢固树立为调解仲裁事业科学发展和群众服务的理念，努力实现法律效果、社会效果、政治效果的有机统一。仲裁员要热情接待群众，公平对待每一名当事人，认真处理每项仲裁请求"①。安徽省芜湖市司法局亦明确要求，仲裁活动和仲裁委员会应当使"仲裁法律效果与社会效果实现双促进。在仲裁案件审理活动等各项积极重要的工作中，仲裁机构从业人员和仲裁员应当始终保持高度的政治责任感和使命感，提前预判存在系统性、群体性矛盾风险，采取有效手段妥善化解"②。从上述地区的试点等经验可以看出，当前我国各地仲裁机构和仲裁活动在强调仲裁的法律效果的同时，亦强调仲裁结果法律效果与政治效果、社会效果之间的统一。对仲裁员而言，在仲裁活动中研究思考如何提升仲裁裁决的法律效果、政治效果和社会效果的统一，可以说是至关重要的一项具体工作。下文将结合具体实例，对如何提升三个效果的有机统一加以分析说明，为仲裁员在仲裁活动中提供有效参考和支持。

六、仲裁裁决实现良好且理想法律效果的路径

对仲裁员而言，如何在具体的案件裁决过程中实现政治效果、法律效果和社会效果的统一呢？笔者认为，应当首先将关注和实现仲裁裁决理想法律效果这一方面作为根本，如此方能有效实现政治效果、社会效果和法律效果的有机统一。

首先，法律效果是政治效果和社会效果的基础，仲裁员应当做到根据实质正义和程序正义的要求，依法秉公公正审理仲裁案件，这是"三个效果"有机统一的前提。最高人民法院院长张军在其论述中强调，社会效果就是法律的实质正义，法律的立法、司法、执法就是为了追求好的社会效果。从这一点出发，我们可以说，法律效果和社会效果比起来，法律效果

---

① 《仲裁释义｜仲裁委员会应加强仲裁员作风建设和仲裁文化建设》，载澎湃号"人力资源和社会保障部"2020 年 9 月 15 日，https：//www.thepaper.cn/newsDetail_ forward_ 9182645。

② 安徽省芜湖市司法局：《发挥仲裁制度优势促进经济社会和谐发展》，载芜湖市司法局网 2023 年 12 月 20 日，https：//sfj.wuhu.gov.cn/openness/public/6596371/38970616.html。

是第一位的、绝对的、客观的，因为法律是有标准的，是固定的。违法的判决产生的社会效果肯定不好，合法、有法律依据是社会效果最基本的要求。所以有一个固定的标准，有一个客观的法律标准、事实标准、证据标准，是自由裁量结果的基础。也就是说，离开了法律效果就不要谈什么社会效果。[1] 笔者认为，理想的仲裁裁决良好法律效果的实现，应当从以下三个方面加以考虑：

其一，程序公正与实质公正相统一。如前所述，仲裁的法律效果依赖总体上的效率优先，兼顾公平的审理逻辑。而效率的提升很大可能会造成仲裁案件总体审理质量的下降，毕竟仲裁员的精力有限，分配到每个仲裁案件的时间和资源相对而言是比较固定的。在此情况下，如果一味强调仲裁的化解纠纷效率，而忽视了实质公正，会带来的情况是仲裁结果的可接受性一定程度上的下降，造成"欲速则不达"的不良结果。因此，作为仲裁案件的主要核心办案人员，仲裁员在审理仲裁案件时应当做到程序公正与实质公正的统一，也就是说在程序公正、实质公正能够得到较高程度的保障的前提下，对仲裁案件的相关内容特别是效率的提升应当尽可能最大化。但是这并不意味着仲裁效率可以无穷无尽提升，最基本的程序正义和最起码的实质公正在效率的提升问题上应当作为前提和保证。如果仲裁案件的重要事实尚未查清，或重要审理程序尚未进行，便以提升效率的名义匆匆结案，则纠纷有可能并没有得到真正意义上的化解，反而会导致当事人继续通过其他途径和方式主张权利。因此，虽然效率优先是仲裁法律效果的重要维度，但效率的提升必须以仲裁的程序公正和实质公正为前提条件和基础。

其二，各方当事人之间利益相协调。商事仲裁作为妥善化解各方当事人之间纠纷的重要制度，应当在效率优先的同时，平等保护各方当事人的合法权益，即实现各方当事人之间利益的协调。所谓利益协调，并非平均

---

[1] 参见张军：《法官的自由裁量权与司法正义》，载《法律科学（西北政法大学学报）》2015年第4期。

主义让各方当事人之间相互妥协，而是应当在程序公正和实质公正的前提下，善意文明地裁决每一起案件。著名法学家、北京仲裁委员会原主任梁慧星教授曾指出，利益协调的实现有赖于仲裁员对案件进行利益衡量的裁判方法，而这一裁判逻辑同样是法院审理民事诉讼纠纷案件时贯彻的审判方法之一，需要重点予以关注。① 仲裁案件的处理过程中，特别是疑难案件进行裁决时，仲裁员往往需要进行利益衡量，其中制度利益的衡量极为关键。制度利益具有现实性、具体性、广泛性等特性。与法律制度构造的类型化相适应，制度利益需要区分内部不同的具体类型进行衡量。在利益衡量时，需要对潜藏于法律制度背后的制度利益做深入剖析，可分为两个步骤：一是理清核心利益；二是以制度涉及的社会广泛性为依据，对制度所涉具体利益作广泛的铺陈与罗列。利益衡量的基础性要求包括两个方面：第一，在复数制度中选择妥当制度，避免误入歧途；第二，结合法律情境探寻制度利益，避免利益误判。从功能上讲，制度利益衡量既是牵引法律制度演进的内在动力，又是判断法律制度效力的实质依据。② 具体而言，仲裁员可以通过利益衡量，即首先分清仲裁案件中的核心利益和各方关切的主要矛盾焦点，与此同时，通过耐心的说服沟通工作，将各方利益予以陈列和协调，寻求各方当事人之间利益的最大公约数，尽可能引导当事人求同存异，运用调解或和解等柔性方式进行结案，这些都是利益衡量的主要方法，也是充分实现各方当事人之间利益协调的重要路径。只有各方当事人的利益在一定程度上得到协调，当事人对于通过仲裁解决矛盾纠纷的满意程度才能有所保障，对于纠纷解决的主要效果才能有所体现。

在现实生活中，案件审理需要进行利益衡量的情况是经常发生的。对于诸如民间熟人之间发生的民事纠纷，如果法院不加区分，一味强调直接证据对事实的证明，不能很好地运用情理和间接证据来认定事实，会不适当地加重权利人的举证责任，导致判决结果与事实相悖，当事人的合法利

---

① 参见梁慧星：《裁判的方法》（第 4 版），法律出版社 2021 年版，第 53 页。
② 参见梁上上：《制度利益衡量的逻辑》，载《中国法学》2012 年第 4 期。

益将得不到维护。"在裁判过程中,审判人员如果不考虑情理,则裁判结果就不能在具体案件中反映人们日常生活的一般规律,既有违人之常情和一般道理,也同样是不公正的。"① 在民间纠纷中,为了平衡当事人之间的利益,运用利益衡量理论常常是必要的。在查明事实的基础上,先对全案进行实质判断,确定需要保护的利益,再寻找适用的法律。这样有助于获得公平公正的结果,也更能被当事人接受。②

其三,个案规则与类案规范相并重。虽然仲裁裁决结果与法院民事诉讼程序相比而言具有更高程度的自由度和对法律理解的灵活性,不必拘泥于其他仲裁裁决结果,但是实现法律效果的重要方面是人们对公正理性的朴素理解和追求,即"同案同判"。具体而言,实现仲裁良好法律效果的重要方式之一就是同样的仲裁机构在处理基本事实相同的案件时,不宜作出差距过大的认定,否则将会造成当事人对于程序公正性的怀疑和挑战。也就是说,虽然仲裁员在审理案件时,不同的仲裁庭之间往往由于保密性的要求而不得共享案情信息和审判思路,以免造成对仲裁裁决结果的不当干预,滋生违法违规仲裁的可能性,但是仲裁机构在仲裁案件的处理过程结束,全部仲裁程序均已完成后,经过适当的"脱敏处理",仲裁庭可以将一段时期内的民商事仲裁裁决书根据所涉及法律关系的不同加以整理总结,总结提炼出该案由项下的一般性的"类案规则",以资仲裁员在处理相同案由类似案件时予以参考。③ 应当说明的是,上述所谓"类案"并非法院司法审判语境下的"类案",二者具有显著区别。后者作为最高人民法院公布的类案或指导性案例,原则上全国法院必须加以援引并按照相应的裁判规则和尺度加以适用;而基于仲裁裁决的自由度和意思自治的基本规则,原则上仲裁员并不必然要引用仲裁机构总结提炼的类案裁判规则或

---

① 梁上上:《制度利益衡量的逻辑》,载《中国法学》2012年第4期。
② 参见郑智兴:《民间纠纷案件中举证责任的合理分配与利益衡量》,载《判例与研究》2012年第1期。
③ 参见叶家平、邵兰兰、石田田:《类案同判规则在基于同一资管产品的不同个案裁决中的适用》,载《中国律师》2021年第3期。

尺度，而只是一种倡导性的适用，如果不适用也不会导致仲裁适用法律错误或违反法定程序。此外，仲裁庭在进行类案裁判规则提炼的同时，也可以定期在隐去当事人信息的前提条件下，适时向社会公布一些典型案例，如北京仲裁委员会曾经编纂的《股权转让案例精读》[1]《建设工程案例精读》[2]，以及各地仲裁委员会出版的如《北京仲裁》《仲裁与法律》等期刊刊登的典型案例等，通过典型案例的发布与参考，引导各地仲裁机构和仲裁员逐渐形成"类案同判"的局面，从而实现仲裁裁决由过去侧重于关注个案规则的形成到个案规则与类案规范并重的理想法律效果的实现。

七、仲裁政治效果和社会效果的兼顾

实现仲裁裁决的政治效果是仲裁各项工作的根本引领和价值遵循。对仲裁机构和仲裁员而言，仲裁政治效果的实现主要集中于三个方面的基本要求：其一，坚持党的领导，以更高的政治站位，在仲裁案件审理过程中贯彻落实习近平法治思想和党中央各项方针政策举措；其二，尽最大可能化解社会矛盾纠纷，维护国家和社会的和谐安宁稳定；其三，维护社会主义市场经济秩序，依法推动营商环境进一步优化完善，保障企业家合法权益。

当前，仲裁制度的政治效果已经逐渐受到仲裁实务界从业人士的广泛关注，例如，汕头仲裁委员会在仲裁案件的审理实践中，创造性地打造"调解—仲裁"对接平台，并以党建引领仲裁各方面工作，始终将党的领导贯穿仲裁工作各方面和全过程，着力打造"赤心玉帛"党建特色品牌。以"党员先锋岗"为抓手，充分调动党员干部的干事创业热情，增强为人

---

[1] 参见北京仲裁委员会、北京国际仲裁中心编：《股权转让案例精读》，商务印书馆2017年版，第1页。

[2] 参见北京仲裁委员会、北京国际仲裁中心编：《建设工程案例精读》，商务印书馆2019年版，第1页。

民服务的意识，积极推进案件调解工作，实现仲裁办案政治效果、法律效果、社会效果的有机统一。① 部分实证研究指出，仲裁案件政治效果的实现能够从根本上促进仲裁法律效果和社会效果的提升。② 其根本原因在于，政治效果体现出仲裁员对于政策法规的理解适用的深刻程度，如果仲裁裁决结果符合国家大政方针政策，则定然符合绝大多数当事人的切身利益，且仲裁裁决结果的政治效果越理想，仲裁裁决的权威性和公信力相对越高，越能够得到仲裁各方当事人的服从、理解、尊重和支持。另外，对仲裁的政治效果的追求也是对仲裁员自由裁量权规范行使的一定程度上的尺度与支撑。仲裁员在审理仲裁案件时，如果自觉将党中央的各项方针政策融入裁决的每一个细节，很大程度上能够避免仲裁员自由裁量权的垄断与恣意行使。也就是说，仲裁员的仲裁活动符合法律规范和党内法规的要求，比单纯依法裁决案件而言，对仲裁员的要求和期待实质上都更高。在这种情况下，仲裁员作出裁决时都是出于公心，出于对国家和社会负责，能有效避免自身利益和群体利益对仲裁裁决结果的不当干预和影响，自然会促进仲裁裁决结果法律效果的提升和完善。

除此之外，仲裁员在审理案件时亦应关注仲裁过程及结果的社会效果。仲裁的社会效果，一是社会公众乃至舆论、新闻媒体对仲裁结果和仲裁程序持有的普遍观点是否积极正面；二是通过仲裁程序的运行，能不能解决该制度所预设应当解决的社会问题。有观点指出，从裁决权威性的角度讲，仲裁庭以一致意见形成的仲裁裁决比存在异议意见的仲裁裁决社会效果更好。③ 此外，仲裁裁决的社会效果也体现为对仲裁案件专业性和权威性的尊崇，④ 也就是说仲裁的权威性程度越高，如越多法学专家参与仲

---

① 参见欧汉华、方楚群：《汕头仲裁委以"案结事了 事心双解"为目标，千方百计化解矛盾纠纷》，载中国社会主义文艺学会网，http：//www.cslai.org/focus/20240427/32425.html。
② 参见曹兴国：《国际投资争端治理中国内法院的参与统筹与制度应对》，载《济南大学学报（社会科学版）》2022年第3期。
③ 参见傅攀峰：《论国际投资仲裁中的异议意见制度》，载《国际法研究》2024年第3期。
④ 参见单菊铭：《国际投资仲裁中的"法庭之友"资格认定——基于法益衡量视角》，载《武大国际法评论》2022年第5期。

裁的审理和裁决的形成，则仲裁的社会效果通常越理想。

根据上述主要理论研究观点，对仲裁的社会效果与政治效果应当从三个要素加以优化完善：

其一，提升仲裁审理程序的透明度和公开性，避免仲裁"暗箱操作"给当事人带来不良影响。这里的透明度和公开性并非广泛意义上的社会公众对仲裁程序和裁决结果的知悉，而是指仲裁案件的各方参与者对仲裁全流程的了解和及时有效的信息共享。"阳光是最好的防腐剂"，只有各方当事人对仲裁员自由心证的形成和内心确信的过程有及时有效的了解和知悉，才能帮助各方当事人消除对仲裁机构的偏见与误会，从而有效提升仲裁案件的社会效果。当前，我国各地仲裁机构在审理仲裁案件的过程中，大多数案件能够做到及时信息公开，且仲裁员能够将自身对案情的理解与当事人沟通，促进当事人及时有效解决"真正的"矛盾争议纠纷，从而提升仲裁制度的社会认可度和公信力。

其二，将仲裁制度作为争议解决纠纷的重要环节，以化解社会矛盾纠纷争议为仲裁制度的主要目标。当前，我国社会已经逐渐从"熟人社会"向现代化、城市化的"陌生人社会"转型，过去依靠邻里乡贤调处矛盾纠纷的机制虽然依然发挥着一定的作用，但由于社会的原子化带来的社会关系的变更，社会迫切需要建立起一套令人信服的、社会公信力高的非诉纠纷解决机制，从而有效化解社会矛盾，维护国家和社会稳定。因此，在此情况下，仲裁制度便成为当前解决社会矛盾纠纷的至关重要的环节。当前各地政法机关进行的纠纷预防与化解工作亦强调纠纷治理的系统性、多层次和实质性。仲裁制度作为替代诉讼的几乎唯一的路径，应当将纠纷治理作为裁决工作的核心和目标。对此，可以通过构建"仲裁—调解"对接机制，完善仲裁与调解之间的协调对接关系，从而将相关矛盾通过相对柔性的方式予以化解，凸显仲裁制度有效解决社会矛盾纠纷、提升仲裁政治效果和社会效果的功能和意义。

其三，完善仲裁的司法审查与法律监督机制。由于仲裁制度的秘密性和隐私性，当前大量仲裁裁决的知悉对象仅限于当事人之间，这就给虚假仲裁逃废债务等不法行为提供了可乘之机。在这种情况下，对仲裁的司法审查和法律监督机制的加强与构建便成为当下提升仲裁裁决的政治效果、社会效果的必要举措之一。应当研究如何加强仲裁的司法审查程序，强化诸如司法行政机关、检察机关对仲裁审理案件和裁决结果的法律监督机制，构建和完善系统性的虚假仲裁线索发现机制，以保障仲裁制度真正实现其化解纠纷的初衷，避免仲裁成为违法犯罪活动的工具。

本章小结

仲裁制度的法律效果是仲裁裁决的生命线，也是仲裁裁决政治效果和社会效果的前提与基础。在仲裁实务工作中，各方仲裁从业者应当从实质正义和程序正义的角度出发，依法公正审理仲裁案件，在保障公平的前提下，尽可能做到效率优先、平等保护，并提升仲裁裁决程序的透明度，构建"仲裁—调解"对接机制，以期最大限度化解社会矛盾纠纷，实现仲裁制度法律效果与政治效果、社会效果的有机统一。

附录

《中华人民共和国仲裁法》(修订草案）征求意见稿

第一章 总 则

第一条 为保证公正、及时地仲裁经济纠纷，保护当事人的合法权益，保障社会主义市场经济健康发展，制定本法。

第二条 仲裁工作坚持中国共产党的领导，贯彻落实党和国家路线方针政策、决策部署，服务国家开放和发展战略，发挥化解社会矛盾纠纷的作用。

第三条 平等主体的自然人、法人、非法人组织之间发生的合同纠纷和其他财产权益纠纷，可以仲裁。

下列纠纷不能仲裁：

（一）婚姻、收养、监护、扶养、继承纠纷；

（二）依法应当由行政机关处理的行政争议。

第四条 当事人采用仲裁方式解决纠纷，应当双方自愿，达成仲裁协议。没有仲裁协议，一方申请仲裁的，仲裁委员会不予受理。

第五条 当事人达成仲裁协议，一方向人民法院起诉的，人民法院不予受理，但仲裁协议无效的除外。

第六条 仲裁委员会应当由当事人协议选定。

仲裁不实行级别管辖和地域管辖。

第七条 仲裁应当根据事实，符合法律规定，公平合理地解决纠纷。

第八条 仲裁依法独立进行，不受行政机关、社会团体和个人的干涉。

第九条 仲裁应当遵循诚信原则。

第十条 仲裁实行一裁终局的制度。裁决作出后，当事人就同一纠纷再申请仲裁或者向人民法院起诉的，仲裁委员会或者人民法院不予受理。

裁决被人民法院依法裁定撤销或者不予执行的，当事人就该纠纷可以根据双方重新达成的仲裁协议申请仲裁，也可以向人民法院起诉。

第十一条 经当事人同意，仲裁活动可以通过信息网络平台在线进行。

仲裁活动通过信息网络平台在线进行的，与线下仲裁活动具有同等法律效力。

第二章 仲裁委员会和仲裁协会

第十二条 仲裁委员会可以在直辖市和省、自治区人民政府所在地的市设立，也可以根据需要在其他设区的市设立，不按行政区划层层设立。

仲裁委员会由前款规定的市的人民政府组织有关部门和商会统一组建，属于公益性非营利法人。

第十三条 依照本法第十二条设立的仲裁委员会，应当经省、自治区、直辖市人民政府司法行政部门登记。

经国务院批准由中国国际商会组织设立的仲裁委员会向国务院司法行政部门备案。

第十四条 仲裁委员会应当具备下列条件：

（一）有自己的名称、住所和章程；

（二）有必要的财产；

（三）有该委员会的组成人员；

（四）有聘任的仲裁员。

仲裁委员会的章程应当依照本法制定。

第十五条 仲裁委员会变更名称、住所、章程、法定代表人、组成人员的，应当提出变更申请，由原登记部门依法办理变更登记。

第十六条 仲裁委员会终止的，由原登记部门依法办理注销登记。

第十七条 仲裁委员会由主任一人、副主任二至四人和委员七至十一人组成。

仲裁委员会的主任、副主任和委员由法律、经济贸易、科学技术专家和有实际工作经验的人员担任。仲裁委员会的组成人员中，法律、经济贸易、科学技术专家不得少于三分之二。

第十八条 仲裁委员会应当依照法律法规和章程规定，建立健全内部治理结构，明确决策、执行、监督等方面的职责权限和程序。

仲裁委员会应当建立健全民主议事、人员管理、收费与财务管理、文件管理、投诉处理等制度。

仲裁委员会应当加强对其组成人员、工作人员及仲裁员在仲裁活动中违法违纪行为的监督。

第十九条 仲裁委员会应当建立信息公开制度，及时向社会公开章程、登记备案、仲裁规则、仲裁员名册、服务流程、收费标准、年度工作报告和财务预决算报告等信息。

第二十条 仲裁委员会应当从公道正派的人员中聘任仲裁员。

仲裁员应当符合下列条件之一：

（一）通过国家统一法律职业资格考试取得法律职业资格，从事仲裁工作满八年，并参加统一职前培训的；

（二）从事律师工作满八年的；

（三）曾任法官、检察官满八年的；

（四）从事法律研究、教学工作并具有高级职称的；

（五）具有法律或者科学技术知识、从事法律或者经济贸易等专业工作并具有高级职称或者具有同等专业水平的。

监察官法、法官法、检察官法等法律规定有关公职人员不得兼任仲裁员的，从其规定；其他公职人员兼任仲裁员的，应当遵守有关规定。

仲裁委员会可以从具有法律、经济贸易、科学技术等专门知识的外籍人士中聘任仲裁员。

仲裁委员会按照不同专业设仲裁员名册。

仲裁员有被开除公职、吊销律师执业证书或者被撤销高级职称等不再具备担任仲裁员条件情形的，仲裁委员会应当将其除名。

第二十一条　仲裁委员会独立于行政机关，与行政机关没有隶属关系。仲裁委员会之间也没有隶属关系。

第二十二条　中国仲裁协会是社会团体法人。仲裁委员会是中国仲裁协会的会员。中国仲裁协会的章程由全国会员大会制定。

中国仲裁协会是仲裁委员会的自律性组织，根据章程对仲裁委员会及其组成人员、仲裁员的违纪行为进行监督。

中国仲裁协会依照本法和民事诉讼法的有关规定制定示范仲裁规则。

第二十三条　国务院司法行政部门依法指导、监督全国仲裁工作，完善监督管理制度，统筹规划仲裁事业发展。

省、自治区、直辖市人民政府司法行政部门依法指导、监督本行政区域内仲裁工作，对违反本法规定的仲裁委员会及其组成人员、工作人员责令改正，视情节轻重给予警告、通报批评、上一年度收费金额百分之一以上百分之十以下的罚款、没收违法所得、限期停止仲裁活动、吊销登记证书等处罚。

第三章　仲　裁　协　议

第二十四条　仲裁协议包括合同中订立的仲裁条款和以其他书面方式在纠纷发生前或者纠纷发生后达成的请求仲裁的协议。

仲裁协议应当具有下列内容：

（一）请求仲裁的意思表示；

（二）仲裁事项；

（三）选定的仲裁委员会。

一方当事人在申请仲裁时主张有仲裁协议，另一方当事人在首次开庭前不予否认的，经仲裁庭提示并记录，视为当事人之间存在仲裁协议。

第二十五条 有下列情形之一的，仲裁协议无效：

（一）约定的仲裁事项超出法律规定的仲裁范围的；

（二）无民事行为能力人或者限制民事行为能力人订立的仲裁协议；

（三）一方采取胁迫手段，迫使对方订立仲裁协议的。

第二十六条 仲裁协议对仲裁事项或者仲裁委员会没有约定或者约定不明确的，当事人可以补充协议；达不成补充协议的，仲裁协议无效。

第二十七条 仲裁协议独立存在，合同是否成立及其变更、解除、不生效、终止、被撤销或者无效，不影响仲裁协议的效力。

仲裁庭有权确认合同的效力。

第二十八条 当事人对仲裁协议的效力有异议的，可以请求仲裁委员会或者仲裁庭作出决定，也可以请求人民法院作出裁定。一方请求仲裁委员会或者仲裁庭作出决定，另一方请求人民法院作出裁定的，由人民法院裁定。

当事人对仲裁协议的效力有异议，应当在仲裁庭首次开庭前提出。

第四章 仲 裁 程 序

第一节 申请和受理

第二十九条 当事人申请仲裁应当符合下列条件：

（一）有仲裁协议；

（二）有具体的仲裁请求和事实、理由；

（三）属于仲裁委员会的受理范围。

第三十条 当事人申请仲裁，应当向仲裁委员会递交仲裁协议、仲裁申请书及副本。

第三十一条　仲裁申请书应当载明下列事项：

（一）当事人的姓名、性别、年龄、职业、工作单位和住所，法人或者非法人组织的名称、住所和法定代表人或者主要负责人的姓名、职务；

（二）仲裁请求和所根据的事实、理由；

（三）证据和证据来源、证人姓名和住所。

第三十二条　仲裁委员会收到仲裁申请书之日起五日内，认为符合受理条件的，应当受理，并通知申请人；认为不符合受理条件的，应当书面通知申请人不予受理，并说明理由。

第三十三条　仲裁委员会受理仲裁申请后，应当在仲裁规则规定的期限内将仲裁规则和仲裁员名册送达申请人，并将仲裁申请书副本和仲裁规则、仲裁员名册送达被申请人。

被申请人收到仲裁申请书副本后，应当在仲裁规则规定的期限内向仲裁委员会提交答辩书。仲裁委员会收到答辩书后，应当在仲裁规则规定的期限内将答辩书副本送达申请人。被申请人未提交答辩书的，不影响仲裁程序的进行。

第三十四条　当事人达成仲裁协议，一方向人民法院起诉未声明有仲裁协议，人民法院受理后，另一方在首次开庭前提交仲裁协议的，人民法院应当驳回起诉，但仲裁协议无效的除外；另一方在首次开庭前未对人民法院受理该案提出异议的，视为放弃仲裁协议，人民法院应当继续审理。

第三十五条　申请人可以放弃或者变更仲裁请求。被申请人可以承认或者反驳仲裁请求，有权提出反请求。

第三十六条　一方当事人因另一方当事人的行为或者其他原因，可能使裁决难以执行或者造成当事人其他损害的，可以申请财产保全、请求责令另一方当事人作出一定行为或者禁止其作出一定行为。

当事人申请保全的，仲裁委员会应当将当事人的申请依照民事诉讼法的有关规定提交人民法院。

申请有错误的，申请人应当赔偿被申请人因保全所遭受的损失。

第三十七条　当事人、法定代理人可以委托律师和其他代理人进行仲裁活动。委托律师和其他代理人进行仲裁活动的，应当向仲裁委员会提交授权委托书。

第三十八条　仲裁文件应当以当事人约定的合理方式送达；当事人没有约定或者约定不明确的，按照仲裁规则规定的方式送达。

第二节　仲裁庭的组成

第三十九条　仲裁庭可以由三名仲裁员或者一名仲裁员组成。由三名仲裁员组成的，设首席仲裁员。

第四十条　当事人约定由三名仲裁员组成仲裁庭的，应当各自选定或者各自委托仲裁委员会主任指定一名仲裁员，第三名仲裁员由当事人共同选定或者共同委托仲裁委员会主任指定。当事人约定第三名仲裁员由其各自选定的仲裁员共同选定的，从其约定。第三名仲裁员是首席仲裁员。

当事人约定由一名仲裁员成立仲裁庭的，应当由当事人共同选定或者共同委托仲裁委员会主任指定仲裁员。

第四十一条　当事人没有在仲裁规则规定的期限内约定仲裁庭的组成方式或者选定仲裁员的，由仲裁委员会主任指定。

第四十二条　仲裁员存在可能导致当事人对其独立性、公正性产生合理怀疑情形的，该仲裁员应当及时向仲裁委员会书面披露。

仲裁委员会应当将仲裁员书面披露情况、仲裁庭的组成情况书面通知当事人。

第四十三条　仲裁员有下列情形之一的，必须回避，当事人也有权提出回避申请：

（一）是本案当事人或者当事人、代理人的近亲属；

（二）与本案有利害关系；

（三）与本案当事人、代理人有其他关系，可能影响公正仲裁的；

（四）私自会见当事人、代理人，或者接受当事人、代理人的请客送礼的。

第四十四条 当事人提出回避申请，应当说明理由，在首次开庭前提出。回避事由在首次开庭后知道的，可以在最后一次开庭终结前提出。

第四十五条 仲裁员是否回避，由仲裁委员会主任决定；仲裁委员会主任担任仲裁员时，由仲裁委员会集体决定。

第四十六条 仲裁员因回避或者其他原因不能履行职责的，应当依照本法规定重新选定或者指定仲裁员。

因回避而重新选定或者指定仲裁员后，当事人可以请求已进行的仲裁程序重新进行，是否准许，由仲裁庭决定；仲裁庭也可以自行决定已进行的仲裁程序是否重新进行。

第四十七条 仲裁员有本法第四十三条第四项规定的情形，情节严重的，或者有本法第六十八条第六项规定的情形的，应当依法承担法律责任，仲裁委员会应当将其除名。

第三节 开庭和裁决

第四十八条 仲裁应当开庭进行。当事人协议不开庭的，仲裁庭可以根据仲裁申请书、答辩书以及其他材料作出裁决。

第四十九条 仲裁不公开进行。当事人协议公开的，可以公开进行，但涉及国家秘密的除外。

第五十条 仲裁委员会应当在仲裁规则规定的期限内将开庭日期通知双方当事人。当事人有正当理由的，可以在仲裁规则规定的期限内请求延期开庭。是否延期，由仲裁庭决定。

第五十一条 申请人经书面通知，无正当理由不到庭或者未经仲裁庭许可中途退庭的，可以视为撤回仲裁申请。

被申请人经书面通知，无正当理由不到庭或者未经仲裁庭许可中途退庭的，可以缺席裁决。

第五十二条 当事人应当对自己的主张提供证据。

仲裁庭认为有必要收集的证据，可以自行收集。

第五十三条 当事人可以就查明事实的专门性问题向仲裁庭申请鉴定。仲裁庭根据当事人的申请或者自行判断认为对专门性问题需要鉴定的，可以交由当事人约定的鉴定人鉴定，也可以由仲裁庭指定的鉴定人鉴定。

根据当事人的请求或者仲裁庭的要求，经仲裁庭通知，鉴定人应当参加开庭。当事人经仲裁庭许可，可以向鉴定人提问。

第五十四条 证据应当在开庭时出示，当事人可以质证。

第五十五条 在证据可能灭失或者以后难以取得的情况下，当事人可以申请证据保全。当事人申请证据保全的，仲裁委员会应当将当事人的申请提交证据所在地的基层人民法院。

第五十六条 当事人在仲裁过程中有权进行辩论。辩论终结时，首席仲裁员或者独任仲裁员应当征询当事人的最后意见。

第五十七条 仲裁庭应当将开庭情况记入笔录。当事人和其他仲裁参与人认为对自己陈述的记录有遗漏或者差错的，有权申请补正。如果不予补正，应当记录该申请。

笔录由仲裁员、记录人员、当事人和其他仲裁参与人签名或者盖章。

第五十八条 仲裁庭发现当事人之间恶意串通，企图通过仲裁方式侵害国家利益、社会公共利益或者他人合法权益的，应当驳回当事人的仲裁请求。

第五十九条 当事人申请仲裁后，可以自行和解。达成和解协议的，可以请求仲裁庭根据和解协议作出裁决书，也可以撤回仲裁申请。

第六十条 当事人达成和解协议，撤回仲裁申请后反悔的，可以根据仲裁协议申请仲裁。

第六十一条 仲裁庭在作出裁决前，可以先行调解。当事人自愿调解的，仲裁庭应当调解。调解不成的，应当及时作出裁决。

调解达成协议的，仲裁庭应当制作调解书或者根据协议的结果制作裁决书。调解书与裁决书具有同等法律效力。

第六十二条　调解书应当写明仲裁请求和当事人协议的结果。调解书由仲裁员签名，加盖仲裁委员会印章，送达双方当事人。

调解书经双方当事人签收后，即发生法律效力。

在调解书签收前当事人反悔的，仲裁庭应当及时作出裁决。

第六十三条　裁决应当按照多数仲裁员的意见作出，少数仲裁员的不同意见可以记入笔录。仲裁庭不能形成多数意见时，裁决应当按照首席仲裁员的意见作出。

第六十四条　裁决书应当写明仲裁请求、争议事实、裁决理由、裁决结果、仲裁费用的负担和裁决日期。当事人协议不愿写明争议事实和裁决理由的，可以不写。裁决书由仲裁员签名，加盖仲裁委员会印章。对裁决持不同意见的仲裁员，可以签名，也可以不签名。

第六十五条　仲裁庭仲裁纠纷时，其中一部分事实已经清楚，可以就该部分先行裁决。

第六十六条　对裁决书中的文字、计算错误或者仲裁庭已经裁决但在裁决书中遗漏的事项，仲裁庭应当补正；当事人自收到裁决书之日起三十日内，可以请求仲裁庭补正。

第六十七条　裁决书自作出之日起发生法律效力。

第五章　申请撤销裁决

第六十八条　当事人提出证据证明裁决有下列情形之一的，可以向仲裁委员会所在地的中级人民法院申请撤销裁决：

（一）没有仲裁协议或者仲裁协议无效的；

（二）裁决的事项不属于仲裁协议的范围或者仲裁委员会无权仲裁的；

（三）仲裁庭的组成或者仲裁的程序违反法定程序的；

（四）裁决所根据的证据是伪造的；

（五）对方当事人隐瞒了足以影响公正裁决的证据的；

（六）仲裁员在仲裁该案时有索贿受贿，徇私舞弊，枉法裁决行为的。

人民法院经组成合议庭审查核实裁决有前款规定情形之一的，应当裁定撤销。

人民法院认定该裁决违背社会公共利益的，应当裁定撤销。

第六十九条 当事人申请撤销裁决的，应当自收到裁决书之日起三个月内提出。

第七十条 人民法院应当在受理撤销裁决申请之日起两个月内作出撤销裁决或者驳回申请的裁定。

第七十一条 人民法院受理撤销裁决的申请后，认为可以由仲裁庭重新仲裁的，通知仲裁庭在一定期限内重新仲裁，并裁定中止撤销程序。仲裁庭拒绝重新仲裁的，人民法院应当裁定恢复撤销程序。

第六章 执 行

第七十二条 当事人应当履行裁决。一方当事人不履行的，另一方当事人可以依照民事诉讼法的有关规定向人民法院申请执行。受申请的人民法院应当执行。

第七十三条 被申请人提出证据证明裁决有民事诉讼法第二百四十八条第二款规定的情形之一的，经人民法院组成合议庭审查核实，裁定不予执行。

第七十四条 一方当事人申请执行裁决，另一方当事人申请撤销裁决的，人民法院应当裁定中止执行。

人民法院裁定撤销裁决的，应当裁定终结执行。撤销裁决的申请被裁定驳回的，人民法院应当裁定恢复执行。

第七章 涉外仲裁的特别规定

第七十五条 具有涉外因素的纠纷的仲裁，适用本章规定。本章没有规定的，适用本法其他有关规定。

第七十六条 涉外仲裁的当事人申请证据保全的，仲裁委员会应当将当事人的申请提交证据所在地的中级人民法院。

第七十七条 涉外仲裁的仲裁庭可以将开庭情况记入笔录，或者作出笔录要点，笔录要点可以由当事人和其他仲裁参与人签字或者盖章。

第七十八条 当事人可以书面约定仲裁地，作为仲裁程序的适用法及司法管辖法院的确定依据。仲裁裁决视为在仲裁地作出。

当事人没有约定或者约定不明确的，以仲裁规则规定的地点为仲裁地；仲裁规则没有规定的，由仲裁庭按照便利争议解决的原则确定仲裁地。

第七十九条 涉外海事中发生的纠纷，或者在经国务院批准设立的自由贸易试验区内设立登记的企业之间发生的具有涉外因素的纠纷，当事人书面约定仲裁的，可以选择由仲裁委员会进行；也可以选择在中华人民共和国境内约定的地点，由符合本法第二十条规定条件的人员组成仲裁庭按照约定的仲裁规则进行，该仲裁庭应当在组庭后三个工作日内将当事人名称、约定地点、仲裁庭的组成情况、仲裁规则向仲裁协会备案。

第八十条 当事人提出证据证明涉外仲裁裁决有民事诉讼法第二百九十一条第一款规定的情形之一的，经人民法院组成合议庭审查核实，裁定撤销。

第八十一条 被申请人提出证据证明涉外仲裁裁决有民事诉讼法第二百九十一条第一款规定的情形之一的，经人民法院组成合议庭审查核实，裁定不予执行。

第八十二条 在中华人民共和国领域内作出的发生法律效力的仲裁裁决，当事人请求执行的，如果被执行人或者其财产不在中华人民共和国领域内，当事人可以直接向有管辖权的外国法院申请承认和执行。

第八十三条 支持仲裁委员会到中华人民共和国境外设立业务机构，开展仲裁活动。

根据经济社会发展和改革开放需要，可以允许境外仲裁机构在国务院批准设立的自由贸易试验区内依照国家有关规定设立业务机构，开展涉外仲裁活动。

第八十四条 鼓励涉外仲裁当事人选择中华人民共和国的仲裁委员会、约定中华人民共和国作为仲裁地进行仲裁。

第八章 附 则

第八十五条 法律对仲裁时效有规定的，适用该规定。法律对仲裁时效没有规定的，适用诉讼时效的规定。

第八十六条 仲裁委员会依照本法和民事诉讼法的有关规定，参照中国仲裁协会制定的示范仲裁规则制定仲裁规则。

第八十七条 当事人应当按照规定交纳仲裁费用。

仲裁收费管理办法，由国务院价格主管部门、财政部门会同国务院司法行政部门制定。

第八十八条 劳动争议仲裁、农村土地承包经营纠纷仲裁和体育仲裁，另行规定。

第八十九条 仲裁委员会、仲裁庭可以依照有关国际投资条约、协定关于将投资争端提交仲裁的规定，按照争议双方约定的仲裁规则办理国际投资仲裁案件。

第九十条 本法施行前制定的有关仲裁的规定与本法的规定相抵触的，以本法为准。

第九十一条 本法自 年 月 日起施行。

致 谢

我走上仲裁之路缘于沈四宝老师的引领。2017年我在对外经贸大学读博期间，根据沈老师的建议，与沈老师合写了一篇文章——《浅论仲裁员的自由裁量权》，发表在《河北法学》2017年第3期。这引发了我对于"独立、平等、谦和、民间、意思自治"的仲裁员事业极大的兴趣。

2016年我获得廊坊仲裁委员会仲裁员资格，这是我人生第一份仲裁员资格，同年获任青岛仲裁委员会仲裁员，2017年5月1日获任中国国际经济贸易委员会仲裁员，2018年获任深圳国际仲裁院仲裁员，直到2024年5月25日获任北京仲裁委员会仲裁员，至此，我已经担任中国国际经济贸易委员会、北京仲裁委员会、深圳国际仲裁院、上海国际经济贸易仲裁委员会等全球25家仲裁机构的仲裁员。2018年1月24日，坐在中国国际经济贸易委员会天津分会庭审中心首席仲裁员的位置上，我还有点紧张并略显青涩，这是我第一次作为仲裁员开庭，因为是和解裁决，被双方当事人直接选为首席，首秀即在中国历史最为悠久的仲裁机构，起点很高。第一个独任庭是2019年在位于深圳市罗湖区中民时代广场的深圳国际仲裁院完成的。迄今为止，中国国际经济贸易委员会、北京仲裁委员会、上海国际经济贸易仲裁委员会、中国海事仲裁委员会、深圳国际仲裁院、海南仲裁委员会均留下了我作为仲裁员开庭的身影，累计审结案件200余起。从律师到仲裁员，变化的是角色，不变的是对法律的信仰。作为一名仲裁员，我一直谨小慎微、如履薄冰，因为一份裁决书不仅能帮助双方当事人定分止争，也可以引起广泛的社会后果，甚至可能成为社会经济发展的风向标。

在通往优秀仲裁员的路上，我一直在不断探索，不停思考，本书即仲裁之路上不断求索的阶段性成果。本书凝聚着我和团队成员长达一年的酝酿、执笔、讨论、争辩、修订的过程，写作的过程既是对已有仲裁知识整理与管理的过程，也是对现在与未来仲裁认知与思维提升训练的过程。

感谢沈四宝老师对我仲裁之路的引领；感谢于健龙会长对本书高屋建瓴的观点和拨云见日的指点，感谢全部仲裁机构对我的信任，感谢编委会委员王英民高级顾问对于本书稿第二章、第四章的撰写；杨东勤律师对于本书稿第一章、第三章、第六章的撰写；何云凤律师对于本书稿第五章、第七章的撰写；牛正浩副教授对于本书稿第八章、第九章的撰写；王秋月律师对于本书稿全部章节细致的统稿和修正，感谢你们夜以继日的努力。感谢本书编辑辛苦付出，共同使本书如期付梓。谨以本书向仲裁事业的全体从业者致敬！